남북한 환경정책 비교연구 2

– 물환경, 대기, 폐기물, 도시계획 –

서울대학교 통일학 연구총서 5

남북한 환경정책 비교연구 2

– 물환경, 대기, 폐기물, 도시계획 –

김정욱 · 한무영 · 이동수 · 박순애 · 김기호

서울대학교출판부

A Comparative Study on Environmental Policy in South and North Koreas

volume 2

Kim, Jung-Wk

Han, MooYoung

Lee, DongSoo

Park, Soonae

Kim, Ki-Ho

Seoul National University Press

서울대학교 통일학 연구총서를 내면서

냉전체제가 와해되고 남북교류가 증대하면서 21세기 한반도의 창조적 미래구상이 절실히 요청되고 있다. 우리의 희망과는 달리 남북관계는 여전히 불안정하고 국제정세 또한 유동적이지만, 상호적대적인 분단체제는 더 이상 유지되기 어려운 상황임이 분명하다. 민주화와 경제발전을 성공적으로 이룩한 우리 사회의 역량을 바탕으로 통일한국의 미래를 기획하고 추진하는 일이 핵심적인 시대적 과제로 부각되고 있다.

어떤 형태의 통일이 바람직할 것인가에 대해 완전한 합의를 얻기는 쉽지 않다. 통일이 이루어질 시기를 예측하기도 어려우며, 통일과정이 반드시 점진적이거나 평화적일 것이란 보장도 없다. 우리가 원치 않는 방식으로 통일 문제에 맞부딪치게 될 가능성도 얼마든지 있다. 그럼에도 불구하고, 아니 그렇기 때문에, 통일에 대한 연구는 더욱 총체적인 시야에서 체계적으로 이루어져야 한다. 실제로 통일과정에 돌입했을 때 그 전 과정을 적절히 관리할 역량이 갖추어지지 못하면 오히려 심각한 갈등과 후유증을 겪을 우려가 크기 때문이다.

통일논의가 구체화되고 정책적 실현가능성이 높아지면 높아질수록 그에 적합한 전문성과 책임성을 갖추기 위해 노심초사해야 하는 것이 한국 지식인의 책무일 것이다. 반세기 이상 남북한 주민들이 경험해 온 상이한 제도와 관행을 적절히 통합하고 전쟁의 상처와 오랜 대립에서 비롯되는 적대감과 이질성을 극복하기 위해서는 고도의 전문성과 기획력이 무엇보다도 필요하다. 한반도 통일을 바람직한 동북아 지역질서와 연계시키고 보다 나은 공동체를 구현하는 일도 지식인들의 높은 식견과 섬세한 대응역량이 없이는 불가능하다.

서울대학교는 2003년부터 통일학 연구 지원사업을 시작하였고, 우리 사회의 지적 대응능력을 키우는 데 진력하고 있다. 서울대학교의 통일연구사업은 북한에 대한 지역연구 차원을 넘어서 통일과정 전반에서 고려되어야 할 쟁점들을 학제적으로 분석하는 데 목적을 둔다. 따라서 정치, 경제, 사회, 역사, 문화, 환경의 영역은 물론이고 농학과 의학, 과학기술과 예술 및 체육에 이르기까지 광범위한 영역을 포괄한다. 이 일을 총괄하는 서울대학교 통일연구소는 국내외의 연구기관 및 연구자들과 교류하면서 종합학문으로서의 통일학을 정립하고자 애쓰고 있다.

서울대학교 통일학 연구총서는 이러한 학문적 노력의 결실이다. 이 총서가 우리 시대 최대의 과제인 분단극복과 통일한국을 향한 역사적 장정에 긴요한 지적 자산이 되기를 기대한다. 또한 소모적인 이념 논란을 지양하고 창조적인 대안과 정책적 지혜를 탐색하는 이성적 도구로 활용되기를 바란다. 끝으로 통일연구의 시대사적 중요성을 인식하고 서울대학교 통일연구사업의 제도적 바탕을 마련해 주신 정운찬 전 총장님과 변함없이 이 연구사업을 지원, 격려해 주시는 이장무 총장님께 깊은 감사를 표한다.

2006년 8월

서울대학교 통일연구소 출판위원회

머리말

우리나라가 분단된 지 벌써 60년이 넘었다. 사람의 인생으로 보면 환갑이 지난 것이다. 그러나 우리 민족 구성원 대부분이 언젠가는 나라가 하나가 되길 바라는 것으로 생각된다. 그럼 남북한이 하나가 되기 위해서 학자는 무엇을 준비하여야 하는가 하는 질문을 스스로에게 하게 된다. 우리는 이러한 질문에 답하기 위하여 남한과 북한의 환경에 대하여 깊이 있게 알아보고 통일 조국의 미래를 위하여 남북한 사이에 환경보전 분야에서 무엇을 준비할 수 있는가를 연구하게 되었다.

이 연구는 남북한 산림 등 자연환경관리, 다락밭 개간에 따른 산림황폐화 현상, 상하수도와 수자원, 수질 및 대기오염 실태와 관리정책, 폐기물 관리, 광물과 에너지 자원의 현황과 협력과제, 에너지 수급체계와 정책 및 협력과제, 가정의 에너지 이용실태, 국토 및 도시계획의 현상을 남한과 비교하고 우리나라의 지속가능한 미래를 위하여 남북한이 협력할 수 있는 환경 분야 사업과 이를 지원할 수 있는 정책을 제안하고자 한다.

이 연구는 12명의 필자가 공동연구를 진행하면서 각자의 전문 분야에서 독자적으로 연구한 정보를 함께 공유하고 결과를 토론을 통하여 남북한의 환경정책에 관한 다양한 정보와 시각을 제시함으로써 통일 조국의 지속가능한 환경을 위하여 필요한 정책 대안을 모색하였다. 북한에 대한 연구 자료의 수집은 주로 국제기구의 보고서와 통계, 신문, 잡지, 학술지 등에 발표된 문헌 자료, 북한 전문가와의 회합, 북한을 떠나 남한으로 이주한 사람들과의 인터뷰 등 2차 자료에 주로 의존하였고 일부는 위성자료와 현지 실측 자료 등 1차 자료도 사용하여 분석하였다.

이 연구서는 남북한의 환경정책을 각 분야의 전문가가 다양한 시각에서 조명한 연구서로서 남북한의 환경 분야 교류협력과 통일 이후의 지속가능한 한반도 환경보전 방안의 구상에 필요한 기초 자료를 제공하고 있다. 이 연구결과가 관련 분야에서 더 많은 연구가 수행될 수 있는 선행연구로서 장차 후학과 관련 연구자들의 통일을 위한 준비와 북한 환경 분야 연구를 촉진하는데 기여할 수 있기를 기대한다.

이 연구는 연구자의 북한 방문의 어려움으로 인하여 토지이용 변화 등 몇몇 분야를 제외하고는 대부분 2차 문헌자료에 의존할 수밖에 없었다. 이러한 제약에도 불구하고, 국제기구와의 협력과 이주민을 대상으로 한 인터뷰 등 다양한 접근을 통하여 남북한 환경정책 비교연구의 가능성도 확인할 수 있게 되었다.

이번 연구에서 다루지 못한 남북한 환경 정책 연구 분야도 있다. 예를 들어 남북한의 토지이용, 농수산업과 관련된 환경정책의 비교라든지, 기후변화협약, 생물다양성협약, 람사르협약 등 국제환경협약에 대한 남북한의 정책 비교 등은 이 연구에서 다루지 못하였다. 앞으로 이러한 분야에 대한 연구가 이루어질 수 있기를 기대한다.

마지막으로 이 연구가 가능하게 연구비를 지원해 주신 서울대학교 발전기금재단, 교육과학기술부 및 (주)유한킴벌리에 감사한다. 그리고 이 연구 수행과정에 많은 도움을 준 연구보조원 김영민과 최병이 님에게 감사를 표한다.

저자 대표 김정욱, 윤여창

차례

〈표 차례〉

〈그림 차례〉

제1장 서 론

김정욱_ 서울대학교 환경대학원

2000년 6.15 남북정상회담 이후 남북 화해 협력 분위기가 조성되어 남북 간 경제교류도 급속도로 확대되었다. 금강산 관광은 시작된 지 6년 만에 관광객 100만 명을 돌파했으며, 남북 간의 교역액은 2003년부터 7,000억 달러를 넘어선 상태이다. 북한의 대외무역 가운데 남한이 차지하는 비중은 20%로 40%인 중국 다음으로 높다. 더불어 북한의 경제성장률은 1990년대 내내 마이너스로 부진했지만 2004년에는 플러스 2%를 기록하고 있다.

특히 개성공단 설립과 운영은 여러 가지 측면에서 의미가 있다. 현재 11개 업체가 가동 중인 개성공단은 50년이라는 기간 동안 토지를 임대해주었을 뿐만 아니라 개성공단에서 발생하는 갖가지 문제에 대한 치안·사법권까지도 남한에게 넘겨줬다고 볼 수 있을 정도이다. 이에 남한에서도 북한의 부족한 전력사정을 고려해 한국전력이 전력을 공급하며, 토지공사가 기반시설을 조성하였고 중소기업들이 활동할 수 있게 제도적 지원방안 등을 마련하였다. 이런 개성공단의 성공에 힘입어 2007년 남북정상회담에서는 해주, 남포 등지에 제2의 개성공단 설립이 논의될 수 있었다.

물론 남북교류에는 핵문제나 북미관계 등의 여러 가지 정치적 요인에 따라 상황이 급변할 수 있는 위험성이 남아 있기는 하지만, 국내외 정세를 고려해볼 때 경협을 포함한 남북 간의 교류협력은 앞으로도 꾸준히 확대될 것으로 기대된다. 그러나 남북교류의 양적 확대에만 집착한 나머지 북한의 환경파괴라든가 기본적인 환경영향평가조차 무시된 채 사업이 진행될 수 있다. 따라서 남북교류협력의 증진뿐만 아니라 환경적으로 지속가능한 교류협력이 될 수 있도록 남북한의 환경정책에 대한 체계적인 연구가 필요하다. 또한 사회주의와 자본주의라는 서로 다른 체제의 북한과 남한이 멀지 않은 미래에 통일이 될 상황에 대비해 통합환경정책에 대한 기초연구에 대한 필요성도 제기된다.

이에 서울대학교 통일연구소에서는 지난 3년간 '남북한의 환경정책 비교 및 통일 후의 통합 환경정책비전 개발'이라는 학제간 연구를 지원하였다. 이 연구를 통해 분단 이후 자본주의적 경제성장을 이룩한 남한과 사회주의적 계획경제를 추진한 북한 간의 환경정책을 비교해볼 수 있었다. 즉 수자원, 수질, 대기, 에너지, 자원, 폐기물, 농림, 자연생태, 국토계획, 문화유산 등 환경정책 전반의 제도적 차이와 현상적 차이 등을 다양한 방향에서 분석할 수 있었다. 3년에 걸친 연구결과는 두 권의 책으로 발간될 수 있었다. 1권은 산림, 토지이용, 광물자원과 에너지 정책을 다루며, 2권은 수자원, 수질, 대기, 폐기물, 도시계획에 관한 정책을 다룬다.

2권의 2장에서는 남한과 북한의 상하수도 현황 비교로 북한 환경문제의 구조적 특성이 사회주의 체제에서 무리하게 추진된 공업화의 부작용 때문임을 밝혀낼 수 있었다. 또한 북한의 수자원이 개선될 가능성이 낮기 때문에 남북한의 물 관련 교류가 필요함을 보여준다. 특히 빗물을 모아서 이용하는 빗물저금통 지원 사업을 남한에서 북한에 지원할 경우 정부와 민간부문이 공동으로 추진할 수 있는 바람직한 협력사례가 될 것으로 제안한다.

3장에서는 남북한의 수질 관련 법규와 정책을 비교한다. 구체적으로는 남북한의 수질오염 현황을 살펴봄으로써 제도적 요인이 북한의 수질오염에 미친 영향을 밝혀낼 수 있었다. 즉 북한에서는 공업지역이나 광산 등이 가장 중요한 오염원이며 대도시에서 배출되는 하수, 농약과 비료 등도 수질오염을 일으킬 것으로 추정한다. 그러나 북한의 수질오염 전망은 경제난으로 인한 다락밭 개간 같은 수질악화 가능성과 생산활동 감소로 인한 수질개선의 가능성이 상존하기에 남북한 공동의 노력이 필요할 것으로 전망된다.

4장에서는 북한의 대기가 심각한 수준으로 오염되었다는 주장과 대기오염 배출원 자체가 적기 때문에 양호한 수준일 것이라는 상반된 주장이 논란을 불러일으키고 있다는 현실인식에서 출발하고 있다. 필자는 북한 대기의 질 현황을 파악하기 위해 북한의 대기관리 정책을 살펴본 뒤 북한의 지역별 대기오염도를 분석하고, 평양시의 주요 대기오염 농도를 측정해서 분석결과를 서울시와 비교해볼 수 있었다. 연구결과 기존의 많은 연구에서 지적되었던 것과 달리 북한 대기의 질 상태는 매우 양호한 것으로 판단할 수 있었다. 하지만 북한 경제가 발전할 경우 남한과 마찬가지로 북한의 대기 질 상태도 얼마든지 악화될 수 있다. 이에 북한의 대기 상태를 지속적으로 모니터링함과 더불어 대기오염 저감대책을 미리 수립해둘 필요가 있음을 제안한다.

5장에서는 산업이나 경제적 현실 등을 고려할 때 북한에서 환경정책이 제대로 작동하기 어렵다고 판단해서 북한 폐기물 정책의 현황을 살펴본다. 북한에서는 외국에서 불법적으로 반입되는 각종 생활·산업 폐기물 등의 처리나 관리가 적절히 이루어지지 못해서 주민들이 환경오염에 무방비 상태에 놓여 있다. 이에 필자는 북한은 무엇보다 폐기물 발생을 줄이기 위해 생활폐기물보다는 산업폐기물 관리감독이 중요하며, 다음으로는 안전한 폐기물 매립지와 소각시설 건립과 운영이 필요함을 제안한다.

6장에서는 도시계획 관점에서 사회주의 도시계획의 기본원리와 이념을 살펴본 뒤 사회주의 이념과 체계가 북한의 도시계획 분야에 미친 영향을 보여준다. 또한 북한의 국토개발 및 도시계획체계와 토지이용 실태에 대한 문헌고찰을 통해서 북한의 국토개발정책과 도시계획의 체계를 밝혀낼 수 있었다. 필자는 정책적인 차원에서 뿐만 아니라 미시적 차원에서 북한의 주거지계획과 주택의 변천과정도 세밀히 설명한다. 끝으로 북한의 도시설계에 대한 이론에 기반해 평양을 중심으로 한 도시설계의 실천과정을 보여준다.

북한 관련 모든 연구들이 그렇듯이 이 연구도 환경오염 실측이 불가능하고 관련 자료가 적어서 정보수집이 제한적이라는 한계가 있다. 그러나 이 연구는 남한과 미국, 중국 등지에 흩어져 있는 다양한 북한 관련 자료를 종합적으로 수집해, 환경정책이라는 틀에서 체계적으로 정리했다는 의의를 가지고 있다. 또한 멀지 않은 미래의 남북한 통일환경정책을 수립하는 데 기본방향을 제시할 수 있다는 측면에서 그 정책적 함의를 지닐 수 있다.

제2장 남북한의 수자원 정책

한무영_ 서울대학교 건설환경공학부

제1절 남한의 상하수도 현황

1. 관리체계 현황

남한의 상하수도 관리체계 현황은 여타 물 관리 업무와 연관되어 있다. 〈표 1〉은 현재 남한의 전체적인 물 관리 부처별 물 관리 업무를 비교한 것이다.

〈표 1〉에서 보듯이 상하수도 업무의 주된 관리부처는 국토해양부와 환경부이다. 국토해양부는 주로 댐, 광역상수도 건설과 운영을 맡고 있으며, 세부적으로는 주로 수량관리와 연관된 업무를 관장한다. 환경부는 상수도 정책 총괄과 더불어 지방상수도와 하수도 관리를 담당하고 있다. 지방상수도와 하수도의 계획수립과 건설 및 직접적인 운영, 유지관리는 각 해당 지방자치단체가 담당하고 있다. 도시 상하수도 시스템 시설 인프라 건설 및 유지관리와 직접 관련된 업무 외에 일부 농촌생활용수, 농업용수 공급 등을 위한 상수도 시스템은 농림수산식품부에서 담당하며, 이외에 기상관련 업무는 기상청, 예산·교육 등의 직간접적 지원업무는 지식경제부, 기획재정

부, 교육과학기술부 등에서 담당하고 있다.

2. 시설의 설계와 시공관리

각종 상하수도 관련 시설의 설계와 시공관리는 관련법령에 의해 상하수도 담당 부서에서 이루어지고 있다. 상수도의 경우 상수도 시설과 관련된 가장 상위법은 수도법이라고 할 수 있다. 〈표 2〉는 수도법의 구성과 대략적인 내용을 정리한 것이다.

수도법 이외에 구체적인 시설기준으로는 환경부에서 제정한 상수도시설

〈표 1〉 남한의 부처별 물 관리 업무현황

부처명	수자원관리	기타 관련조직
국토해양부	광역 및 공업용수도 건설 및 운영관리 다목적댐건설 및 운영 지하수관리 업무 수자원종합개발정책 입안 및 집행 하천유지관리 및 홍수 예경보	각 지방국토관리청 5대강 홍수통제소 한국수자원공사
환경부	하수처리시설 확충 및 정비 상수도정책 총괄 및 지방상수도 시설확충 산업폐수, 분뇨, 축산폐수 처리대책 추진 수질보전 종합정책 수립 및 추진 환경오염사고조사 및 대책총괄	4대강 환경관리청 및 지방환경관리청 4대강 수질검사소 환경관리공단
농림수산식품부	농촌생활용수 및 농업용 지하수 개발 축산분뇨, 처리대책 추진 농업용 댐 건설 및 간척지 담수호 개발	농어촌진흥공사
행정안전부	지자체 지도감독을 통한 물 관리 업무 추진 소화전 관리 및 재해대책 추진	-
지식경제부	수력 발전 댐 개발 및 관리 폐 광산 유출폐수 정화대책 온천수 관리	-
기상청	기상 및 예보업무에 관한 주요정책 수립 장마, 가뭄 등 기상정보의 생산	-
지식경제부 교육과학기술부 기획재정부	각 부처 물 관리 업무 추진을 위한 예산 등 지원업무 담당	-

기준이 있다. 상수도 관리와 관련된 모든 시설의 설계는 상수도시설 기준상의 각종 기준을 반드시 만족시키도록 되어 있다.

〈표 2〉 수도법의 구성 및 주요내용

수도법의 구성	주요 내용
제1장 총 칙	목적, 책무, 정의, 수도정비기본계획의 수립, 물수요관리목표제의 실시, 전국수도종합계획의 수립, 상수원보호구역지정, 상수원보호구역의 관리, 주민지원사업, 재원, 상수원보호구역의 비용부담, 수도사업의 경영원칙, 영리행위금지, 중수도의 설치, 절수설비 등의 설치, 빗물이용시설의 설치 등에 관한 설정
제2장 일반수도사업	일반수도사업의 인가, 시설기준, 수도공사기술자의 배치, 준공시 수질검사, 수도시설의 보호, 수도시설의 관리, 수도사업의 민간자본유치, 수질기준, 수질검사 및 수량분석, 수돗물수질평가위원회 설치, 건강진단, 위생상의 조직, 저수조청소업의 신고, 저수조청소업의 영업정지, 교육, 급수의 긴급정지, 공급규정, 급수의무, 관할구역 외의 급수, 긴급급수지원, 사업의 폐지 또는 휴지, 국가가 설치하는 수도의 특례, 수도시설 등의 매수, 소화전, 다른 법률과의 관계, 간이상수도에 관한 설정
제3장 공업용수도사업	국가 등이 설치하는 공업용수도, 공업용수도사업의 인가, 준용규정 등에 관한 설정
제4장 전용수도	국가가 설치하는 전용수도, 전용상수도인가, 전용상수도에 관한 준용규정, 전용공업용수도에 관한 중용규정, 소규모급수시설 등에 관한 설정
제5장 한국상하수도협회	한국상하수도협회의 설립, 임원의 선출방법 등, 감독, 민법규정의 준용에 관한 설정
제6장 토지 등의 수용 및 사용	토지 등의 수용 및 사용, 타인 토지에의 출입 등에 관한 설정
제7장 감 독	지휘, 감독, 법령위반자 등에 대한 조치, 개선명령, 공급조건의 변경, 보고의 요구 등에 관한 설정
제8장 보 칙	수도시설의 관할권, 요금 등의 강제징수, 수입금의 사용제한, 수도설치비용의 부담, 원인자부담금, 손괴자부담금, 기술연구 및 개발, 수도시설에 대한 기술진단, 국고보조, 수도사업용댐의 수몰민에 대한 지원, 국유지의 매각 및 임대, 권한의 위임 및 위탁, 청분 등에 관한 설정
제9장 벌 칙	벌칙, 양벌규정, 과태료

3. 상수도 요금체계

남한의 상수도 요금체계는 주로 용도별로 구분되어 단일 및 체증적인 초과요율제도를 채택하고 있다. 또한 지방상수도 요금은 업종별 구분 없이 징수하며, 지자체별로 요금과 구성에서도 약간 차이가 있다.

〈표 3〉 광역상수도 용수 요율표

용도	수 종	기본 요율	개량 요율	초과 요율
생활용수	원 수	30.68	14.88	61.36
	정 수	61.73	28.79	123.46
공업용수	원 수	30.68	14.88	61.36
	정 수	61.73	28.79	123.46
	침전수	33.76	14.77	67.52

〈표 4〉 지방상수도 업종별 요금표(대전광역시 사례)

<table>
<tr><th rowspan="2">구분</th><th colspan="2">기본요금</th><th rowspan="2">물이용 부담금</th></tr>
<tr><th>사용량(톤/월)</th><th>요금(원)</th></tr>
<tr><td>가정용</td><td>1~10
11~20
21~30
31~40
41~50
51 이상</td><td>240
310
400
480
550
640</td><td rowspan="3">업종에 관계없이 물 1톤당 110원

2003.1.1~2.31까지 물사용량에 대하여 1톤당 120원</td></tr>
<tr><td>업무용</td><td>1~20
21~50
51~100
101~300
301 이상</td><td>460
530
580
680
780</td></tr>
<tr><td>영업용</td><td>1~30
31~50
51~100
101 이상</td><td>210
290
420
570</td></tr>
</table>

제2절 북한의 상하수도 현황

1. 북한의 수도시설 역사와 남북한 비교

남한과 북한의 수도 산업의 역사를 비교해 본다. 우선 남한의 수도사업을 구분 지을 때 1960년대 태동기, 1970년대 생성기, 1980년대 성장기, 1990년대 성숙기, 2000년대 포화기로 나누는 반면, 북한은 1950년대 태동기, 1960년대 생성기, 1970년대 성장기로 남한보다 오히려 일찍이 보급이 진행되었지만 1980년대 이후로는 투자가 이루어지지 않아 양적으로 점차 퇴행한다고

〈표 5〉 시대별 남북한 수도화 과정 비교

구 분	남 한		북 한	
	도 시 화	용수수요의 특성	도 시 화	용수수요의 특성
1950년대	전후 복구	산업의 미발달로 낮은 용수수요	전후 복구와 기초적 산업화	전후 복구와 산업화 강조로 용수수요 증대
1960년대	도시의 소규모화	산업의 미발달로 낮은 용수수요	산업화 도시화 가속	공업용수와 생활용수의 지속적 증가
1970년대	산업화 도시화 가속	공업용수의 수요증대 양적인 용수수요 증대 광역상수도 개발	산업화 도시화 가속	공업용수의 수요증대 양적인 용수수요증대 투자지원의 어려움으로 자력갱생이 어려움
1980년대	산업화 도시화 가속	단위 급수량 증대 질적인 용수수요 증대 광역상수도 확장 수질관심	산업화 도시화 가속	급수량 정체 상수도시설 투자 중단
1990년대	산업화 도시화 가속	수원시설의 대체 수질중요성 가중 고도의 질적 용수 수요	산업화 도시화 정체 에너지난 가중 국가적 경제난	급수량 정체 상수도시설 투자 중단
2000년대	산업화 도시화 가속 환경적 측면 고려	유수율의 증대 고도정수처리 도입 주민들의 필요 반영 환경의식 반영	산업화 도시화 정체 에너지난 가중 각종 경제조치 시도	지역간 물 사용의 격차 저에너지 물 생산 구조로 전환

판단된다. 또한 1980년대 이후 남한에서는 산업 활동으로 인해 수원지가 심각하게 오염되고 먹는물에 대한 주민들의 기대가 높아지자 질적 성장에도 주력하는 것과 달리, 북한은 이 시기에 투자가 중단되었기 때문에 질적인 수도 관리를 시도하지 못하였다고 할 수 있다.

북한수도의 문제는 단지 지난 20년간의 투자부족에 국한되는 것만은 아니다. 수도시설이 대부분 설치되었던 1960~70년대를 살펴보면, 이 시기에도 소요재원, 원자재, 인력 등을 중화학 공업 같은 특정 부문에 지나치게 집중하여 수도부문과 관련된 구체적인 투자계획을 세울 수 없었다. 따라서 지역의 여건에 맞게 '자력갱생' 방법으로 개발하라고 지시한 결과 도시든 농촌이든 해당기관들이 수도사업에 의욕이 별로 없었다. 그나마 투자가 제대로 이루어진 것은 1960년대 이후 동독의 전후복구 지원사업의 일환으로 일부 도시에 시설을 설치한 정도이다.

2. 관리체계 현황

해방 직후 1946년에 북한에서 가장 먼저 실시한 환경관련 법령은 상하수도에 관한 것이었다. 북한의 물 관리는 최상위법으로 환경보호법과 물자원법을 들 수 있다. 환경보호법은 오폐수 방류 관리관련 조항을 포함하며, 청정공장 건설 권고와 오염자 부담원칙을 규정하고 있다. 물자원법은 남한의 수자원기본법같이 수자원 보호를 목적으로 하는 기초 법으로 중요성에 따른 지역구분과 용도별 수질기준에 대한 조항을 포함하고 있다.

평양시를 중심으로 북한의 상하수도 현황을 살펴보았다. 북한은 모든

〈표 6〉 북한의 주요 환경관련 법령

법령 명	기능	주요내용
환경보호법	오폐수방류 관리	청정공장 건설 권고, 오염자 지불원칙 적용
물자원법	수자원 보호의 기초	특별수질지역과 일반수질지역으로 구분 용도별로 수질기준 적용

도시의 인프라 시설을 계획수립부터 시공, 유지관리에 이르기까지 국가기관에서 전적으로 담당한다. 용어에서도 약간 차이가 있는데 시설시공을 건설, 운전과 유지관리를 경영이라고 표현한다.

상하수도 사업 계획수립은 상하수도 관리국에서 한다. 계획은 기간별로 중장기 계획과 세부단기계획으로 구분되는데, 중장기 계획은 대략 50년을 주기로 하여 도시계획의 일환으로 수립된다. 세부단기계획은 5~10년을 계획기간으로 필요에 따라 비주기적으로 수립된다.

상하수도 시설 배관계획은 '기술망 종합도'라는 설계도에 각종 도시지역의 여타 배관설비와 함께 표시된다.

3. 설계와 각종 규정시공

북한의 상하수도 등 토목 인프라 관련 규정의 변화는 북한의 정치사상적 변화와 맥을 함께한다. 김일성의 주체사상이 북한사회 전반에 기본원칙으로 확립되던 1980년대를 기준으로 그 이전에는 주로 러시아 규정을 차용하여 그에 따랐으나, 1980년대 이후 김일성의 친필지시에 의해 관련규정 전반이 수정·보충되어 현재에 이른다고 한다. 이러한 관련규정은 북한의 국가적 공문서로 '기관 내' 자료로 분류되어 반출이 거의 불가능한 실정으로 자세한 내용을 알 수는 없다. 단지 현재로서는 국가 기준과 전문가 교육 분야에서 설비, 관리, 운전이 총망라된 표준 교과서가 존재한다는 사실만 확인되었다.

〈표 7〉 북한의 상하수도 시설 관련 업무와 담당 기관

구분	담당기관
건설(시공)	각 도 및 직할시 산하 도시건설총국 시설사업소
경영(운전과 유지관리)	중앙정부 도시경영성 산하 도시건설총국이 관리 및 유지, 보수 시행
기타	시 산하 군의 상하수도 사업소: 기술지원 도시경영사업소: 건설물 및 기타 토목구조물 경영 평양시 외 기타지역: 상하수도 사업소가 따로 없고, 여타 도시 인프라와 함께 상하수도 시설 관리

4. 상하수도 보급 현황과 요금체계

평양시를 중심으로 북한의 상수도 보급 현황과 요금체계를 살펴보았다. 먼저 용어에서 가장 큰 차이는 북한에서는 정수장을 수원지라고 하는 것이다.

북한은 오래전에 전 국토의 수도화를 달성하였다고 하였지만, 지역특성에 맞게 자력갱생을 통한 수도시설을 보유하였다는 뜻으로 수도, 우물, 졸짱 등을 통하여 주민들이 물을 이용하는 데에 불편이 없게 되었다는 당국의 의견이지, 우리 수준에서 생각할 수 있는 안전하고 지속적인 물 공급이 실현되었다는 말은 아니다.

실제로 북한은 1970년대 초에 수돗물 소독과 공급시스템을 완성하였으나 당시의 상황일 뿐이고, 최근에는 상황이 좋지 못하여 수돗물 공급률이 1996년 현재 53%에 불과하다. 북한의 물 사정에 정통한 국제 구호가들의 평가에 따르면 북한은 새로운 물 공급시설을 만들 수 없을 뿐 아니라 노후화된 시설을 보수할 여력조차 없는 상황이다.

현재 북한은 경제, 전력난으로 상수도 공급에도 어려움이 많다. 실제 6층까지 직결급수식의 공급방식이나 에너지 부족으로 제한급수를 실시한 지는

〈표 8〉 북한의 상수도 현황

구분	내 용
수원 및 정수장	수원: 대동강 정수장 능라도 수원지(대동강 능라도 부근에 위치): 본 평양지역(현 평양의 서쪽지역, 관공서 밀집)에 급수 녹산 수원지: 동평양 지역 급수
급수현황	시간: 아침, 저녁 1시간씩 시간제 급수 6층 이상 아파트: 옥상 물탱크 저류조 설치 6층 미만: 직결급수 방식
상수의 용도	음용수와 생활용수
요금제	사용량과 관계없이 가구별 거주자 수에 따라 정액 부과

오래되었으며, 게다가 충분한 압력을 확보하지 못해 실제로는 1~2층까지만 상수가 급수되는 실정이다. 그 이상 층에 거주하는 주민은 급수시간에 맞추어 아래층에서 물을 길어다 먹는 실정이다. 또한 평양시외 지방의 단독주택은 실제 옥내 설치된 상수관에서는 물이 거의 나오지 않아 집 가까이 지나가는 상수도 본관에다 임의로 구멍을 뚫어 상수도로 사용하는 사례도 많다고 한다.

상수는 음용수와 생활용수로 사용하기에도 부족하여 평양시내 수세식 화장실 용수는 생활하수를 모아뒀다가 재활용하는 실정이며, 이 때문에 많은 가정이 악취에 시달린다고 한다. 〈표 9〉는 하수도 현황을 정리한 것이다.

하수도의 경우 하수처리장을 오수정화장으로 표현하며, 평양시에는 오수정화장이 운영 중이나, 최근에는 처리용량을 초과하여 대동강이 생활 및 공업오폐수로 오염이 가중되는 실정이라고 한다.

5. 북한 수도 사업 현황

북한 수도는 집중적인 투자로 개발이 시급하지만 국가적 경제난과 이름뿐인 이용료 때문에 스스로 투자할 만한 여건을 갖추지 못하고, 사회적 특성 때문에 외부 투자자의 참여도 저조하다. 그나마 유엔아동기금(UNICEF), 국제적십자연맹(IFRC) 같은 국제기구와 NGO에 의한 사업이 추진되고 있다.

〈표 9〉 북한의 하수도 현황

구분	내 용
하수도 보급	평양시내: 거의 100% 이외 지역: 도로변 대형 아파트·건축물만 보급, 이외 단독주택은 침투조 활용
하수관	평양시: 분류식 생활 및 공업오폐수: 오수정화장 경유 후 대동강으로 방류 우수: 우수관망을 거쳐 대동강·보통강으로 방류, 단층 주택은 우수관망이 없어 종종 침수피해 겪음

UNIICEF의 사업을 중심으로 최근 성과를 보면 다음과 같다.

- 시설이 열악한 관동, 관북 지방의 5개 시군(고원, 고산, 정평, 혜산, 회령)을 대상으로 총 40만 명의 주민을 위해 상하수도 시설을 지원
- 인구 200만 명 이상의 3개 도시(평양, 남포, 개성)의 정수처리시설을 정상 가동하기 위해 필요한 소독약품과 시설부품 등을 제공
- 30개 아동시설과 15개 학교에 상하수도시설 설치
- 200개 우물과 200개 수동펌프 설치
- 혜산시와 회령군의 10만 명 주민을 위한 상하수도 시설 확장
- 1개 중앙기관과 17개 지자체의 수자원 부서를 대상으로 상하수도시설 평가, 재건계획, 누수조사, 수질측정, 소규모 상수도시스템의 유지관리 등에 대한 기술교육
- 주민 위생교육 실시
- 다양한 참여기관들의 북한수도 지원 사업을 위한 정부주도 회의 2회 개최

〈표 10〉 WES 프로그램을 통한 대북 상하수도 지원 현황

기 구	대상지역	연도	자금처	지원액수(US$)
UNICEF	평양시 개성시 남포시 신의주시 원산시, 고산군, 정평군(강원도) 고원군, 북청군(함경남도) 인산군, 연산군(황해북도) 은율군(황해남도) 혜산시(양강도) 회령군(함경북도)	2001	ECHO	1,743,000
			Norway	312,503
		2002	UK	377,142
			ECHO	841,998
			Denmark	132,055
			UN	100,000
		2003	ECHO	1,000,000
			Denmark	454,256
			Finland	209,994
			Norway	289,860
		2004	Canada	451,128(part)
			ECHO Finland	1,616,914
			Norway	426,750
			OPEC	250,000
			UK	1,817,053(part)
			Japan	5,000,000(part)
			AusAID	1,000,000
			Australia-GOVT	500,000
			ECHO	7,254,000
IFRC	개성시 평안북도, 평안남도 자강도의 200여 마을	2001	SWEDISH-GOVT/RC	668,981(part)
			SWEDISH RC	97,706
			NORWEGIN-GOVT/RC	970,412(part)
		2002	ECHO/NETHERLANDS RC	868,753(part)
			SWEDISH-GOVT	320,153(part)
		2003	SWEDISH-GOVT	349,088(part)
		2004	ECHO/NETHERLANDS RC	1,572,189
			SWEDISH-GOVT	442,313
			UNHCR	25,000
CESVI	원산시,통천, 법동군,천내, 판교,세포군(강원도)신천군 벽성군 (황해남도)	2001	ECHO	200,000
		2002~2003	ECHO	836,000
			SIDA	188,857
			OCHA	21,826
			CESVI	20,600
			SWEDEN	188,857
		2004MYR	ECHO	649,971
CORCEN	북창,회창,덕천 (평안남도)	2002~2003	ECHO	890,000
		2004MYR	ECHO	796,860
TRIANGLE G.H	평원,문독,대동군 (평안남도), 문천군(강원도)	2002~2003	ECHO	689,750
		2004MYR	ECHO	514,000
		2005	ECHO	526,500
DWHH/GAA	구장,운상,황상군 (평안북도)	2002~2003	ECHO	1,080,000
		2004MYR	ECHO	664,099

6. 고등교육기관의 전문인력 양성 현황

앞으로 통일학 관련 연구의 원활한 진행을 위해서는 북한 측과 협력·유대 교류가 필수적이라고 할 수 있다. 이를 위해 상하수도 등 토목 관련 분야 기술연구와 전문인 양성의 중심이 되는 고등교육기관 현황도 조사하였다.

평양건설건재대학: 북한에서 가장 높은 등급인 1급 중앙대학의 하나로 남한에도 잘 알려진 김일성 종합대학, 김책 공과대학 같은 수준으로 토목기술 분야의 최고대학으로 꼽힌다. 도시경영학부에 상하수도과가 있으며, 상하수도 분야에서도 최고학부로 평가되고 있다.

이외 토목 관련 대학

- 청진건설건재대학: 상하수도 분야 전문
- 함흥건설건재대학: 건설기계 분야 전문
- 청주건설건재대학: 철도 전문
- 평양도시경영대학: 도시계획과 설계

남한에 가장 잘 알려진 북한의 유명대학으로 김일성 종합대학과 김책 공과대학을 꼽을 수 있으나, 이들 학교는 인문학 중심 대학으로 건설과 상하수도 관련 학과가 없어 이 분야의 교류 파트너로는 적합하지 않다고 판단된다.

7. 북한의 물 문제와 그 원인

앞에서 살펴본 북한 수도현황에서 문제점과 그 원인을 정리하면 [그림 1]과 같다. 가장 근본적인 원인은 1980년대부터 계속되는 경제 불황과 최근의 기후 변화를 들 수 있다. 북한의 연평균 강수량은 1,000mm를 약간 넘어 세계 평균 강수량보다 많은 편이며 하천의 수량도 풍부한 편이다. 그러나

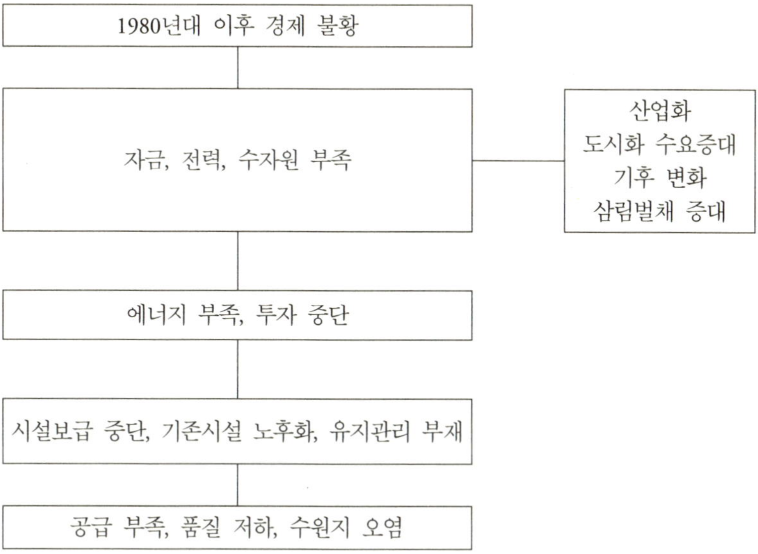

[그림 1] 북한의 물문제와 그 원인

최근 들어 북한 지역의 강수량이 현저히 줄어들고 있다. 조선중앙텔레비전 보도에 따르면 1990년대에 들어 연평균 강수량이 평년의 89% 수준이며, 특히 여름철 강수량은 평년의 84%로 줄어들었다고 한다. 원산, 함흥 등 동쪽지역을 제외하고는 대부분 지역에서 이러한 현상이 나타나고, 평양도 2002년에는 평소의 절반 수준의 강수량을 보인 것으로 전해졌다. 자금, 전력 등 여타 사회 인프라 자원의 수급에도 문제가 발생하였고, 이는 수도사업에도 직접적인 타격을 입혔다. 북한의 수도는 현재 기존시설 기능 마비와 시스템 전체의 양적 기능이 절대적으로 부족하다고 할 수 있다.

제3절 남북한 수도 사업 협력방안

1. 국가적 차원의 교류협력 전망

(1) 북한 환경 문제의 구조적 특성

남한의 환경오염이 경제발전에 따른 산업화, 도시화의 결과라면 북한의 환경오염 원인은 남한과 약간 다른 특징을 보인다. 이는 환경부문이 산업공해, 생활오염, 자연환경 등 매우 다양한 요소를 동시에 담고 있기 때문이기도 하지만 각 분야별로 문제가 제기된 배경이 다르며 또 각기 다른 메커니즘 아래 문제가 심화되었기 때문이다. 북한의 환경문제는 저성장 개발도상국들이 일반적으로 겪는 공해와 자연환경 파괴문제를 갖고 있기도 하지만 이에 더하여 체제의 구조적 결함에 의해서 더욱 심화된 것으로 분석된다.

먼저 북한의 환경문제 원인으로는 사회주의 체제에서 무리하게 추진한 공업화의 부작용을 지적할 수 있다. 이러한 문제는 사회주의 국가 가운데 공업화 정도가 비교적 높은 동구제국이나 러시아에서 보편적으로 발견되는 현상이기도 하다. 즉 자본과 기술이 부족한 상황에서 무리하게 추진된 산업화는 낡은 기술에 의존하지 않을 수 없었으며 생산측면에 높은 우선순위가 부여됨으로써 환경보전 문제는 정책의 우선순위에서 크게 벗어났을 것으로 예상할 수 있다.

개발도상국들이 제한된 자원으로 공업화를 추진할 경우 저비용 기술 채택은 불가피하기 때문에 환경문제 악화 가능성 상존은 당연하지만 폐쇄적인 경제체제에서는 국내기술에 국한되어 개별국가의 자연환경 조건에 적합한 기술을 선택할 범위가 줄어들기 때문에 환경문제가 더욱 심화될 가능성이 있다. 그밖에도 국제시장에서 태환성에 기초한 자유거래는 경제 효율성 제고와 함께 환경개선 여지를 제공하나 경제의 폐쇄성은 이러한 가능성을 봉쇄할 것이다.

또한 사회주의 경제의 본원적 문제인 시장 가격기구의 부재는 환경 문제를 더욱 심화시킬 것으로 보인다. 국내 시장가격 부재는 가격이 자원의 희소성을 반영하지 못함으로써 어떤 자원을 절감하고 어떤 자원의 이용도를 높여야 하는지를 전혀 알려주지 못한다. 따라서 북한의 수자원 문제는 기초투자도 중요하지만 합리적인 가격체계가 도입될 경우에 근본적인 해결을 기대할 수 있다. 이러한 가격구조가 도입되지 않는 이상 수질 관리 노력이나 이를 가능하게 하는 새로운 기술 도입, 전반적인 산업의 구조조정을 기대하기는 곤란하다.

최근 북한에서는 환경보호법을 제정하고 형법에서 환경오염사범에 대한 강력한 처벌규정을 두었으며, 비상설기구이기는 하지만 '국가환경보호위원회'를 설립하는 등 초보적인 환경관련 법제를 도입하는 것으로 알려졌다. 그러나 환경문제 개선은 단순히 형식적인 법제 마련에 앞서 사회적 인식이 선행되어야 하며, 그 다음 단계에서 사회적 인식이 정치적이고 정책적인 의지로 구체화될 때 법률이나 제도는 제대로 힘을 발휘할 수 있다. 북한 같은 지령형 사회주의 체제에서 국가의 생산계획은 법적 구속력 이상의 강제력을 가지며 이를 충족하기 위해서는 모든 희생을 감수하여야 한다. 따라서 의사결정의 분권화가 이루어지지 않은 체제에서 상대적으로 우선순위가 낮은 환경문제나 이를 담당하는 관련부처가 영향력을 행사할 가능성은 근원적으로 봉쇄되었다고 할 수 있다.

(2) 북한의 수자원 부분 전망

앞에서 살펴본 북한의 수자원 현황을 볼 때 북한의 전반적인 수자원 관리 수준은 평양시를 제외하면 대체적으로 남한의 1970년대에 해당하는 것으로 판단된다. 즉 개념적으로는 지속발전이라는 패러다임이 도입되었으나, 현실적으로는 국민보건과 위생 관점에서 산업과 경제개발로 야기되는 오염물질을 처리하려는 전통적인 사후처리 개념에 근거해서 수질 관리가 이루어지고 있다. 북한의 향후 수질관리 여건은 다른 환경문제처럼 빈곤극복, 대외개방,

경제개발, 산업구조 개편, 에너지 문제 등 경제·사회 전체에 걸친 구조적인 문제에 의해 크게 좌우되므로 수자원 문제에 국한하여 논하는 것은 그다지 의미가 없을 수 있다. 그러나 비교적 빠른 속도로 대외개방이 진행되고 이에 따른 산업활동이 증가된다고 가정하면 초기에는 환경오염산업이 입지할 가능성이 커져 산업단지가 주로 입지하는 연안해역의 수질이 크게 악화될 것이다. 또한 식량과 에너지 부족에서 오는 산지의 개간과 남벌은 강우시 비점오염물질의 부하를 더욱 증가시킬 것이다. 반면 북한이 폐쇄 체제를 유지하면서 제한된 범위에서 개방을 시도하는 경우 급격한 수질 악화는 없을 것이나 획기적인 수질개선도 기대하기 어렵다고 판단된다. 또한 경제적 문제로 적극적인 산업폐수 처리시설 설치보다는 오염된 산업폐수로부터 주민을 격리하려는 소극적이고 피동적인 수질관리에 치중할 가능성이 크다. 최근 북한의 식량위기와 경제적 상황으로 보아 처리시설 확충을 위한 여력이 그리 크지 않다는 점을 고려하면, 전반적으로 경제상황이 개선되지 않는 한 사실상의 수질 관리는 추가적으로 건설되는 개별 처리시설의 확충에 의존할 수밖에 없다. 또한 평양을 제외하고는 대단위 오수정화장 건설이 미흡한 실정이므로 인구 10만 명 이상의 도시를 관류하는 하천은 생활하수 때문에 수질오염이 더욱 가중될 것으로 판단한다.

(3) 북한과의 환경부문 교류협력 현황

북한의 환경 현황은 매우 심각한 상황에 처했으며 더구나 열악한 경제상황과 환경에 대한 낮은 관심도 등으로 북한만의 힘으로 가까운 시일 안에 해결하기 쉽지 않을 전망이며 오히려 더욱 악화될 가능성이 있다는 데 심각성이 있다. 북한의 환경문제는 북한만의 문제가 아닌 체제와 이념을 초월하여 한반도 전체, 나아가 동북아 공동의 과제로 대두되고 있다. 따라서 북한의 환경을 개선하고 한반도 환경개선을 위한 남북 환경협력이 필요하다. 지금까지 이루어진 남북한 환경보전 분야의 교류협력 형태는 크게 남북 당사자 간의 직접 교류협력과 제3국이나 국제기구를 통한 민간차원의 교류협력으로 구분된다. 남북한 간의 직접적인 교류협력을 추진하기 위해 남한은 1992년 리우 유엔환경개발회의에서 비무장지대 생태계 공동조사와 생태계보전사업을 시작으로 북한에 수차례 제의했다. 하지만 북한 측이 무응답과 거부의사를 보여 남북 당사자 간의 직접적인 환경부문 교류협력 사업은 실질적으로 추진되지 못하고 있다.

한편 제3국이나 국제기구를 통한 민간차원의 남북한 교류협력은 여러 차례 시도되었다. 남북 접촉을 위한 노력을 대략적으로 살펴보면, 백두산과 비무장지대의 생태계조사 제의, 민간 환경단체의 환경회의 개최 제의와 참가초청, 국제기구를 통한 남북 전문가 만남 등이 있다.

(4) 북한의 환경 개선을 위한 전제조건: 개혁과 개방

위에서 살펴본 내용이 의미하는 바는 결국 북한의 체제개혁과 대외적 개방이 없을 경우 환경문제의 본질적인 개선이 불가능하다는 점이다. 또한 북한은 전형적인 저성장 경제구조에서 반복되는 경제침체와 환경악화의 악순환 구조에 빠진 것으로 평가되며 이를 벗어나려면 침체된 경제를 회생시키며 지속적 성장 기반을 마련하는 것이 무엇보다 중요하다. 하지만 오늘날 경제의 지속적 성장은 결국 체제의 근본적인 변화가 있을 때에만 가능할 것이다. 북한은 구조적으로 에너지의 자급자족이 불가능한 것으로 평가되기에 에너지의 상당부분은 해외에서 공급되어야 한다. 이러한 기초에너지와 원자재 수입이 가능하려면 필요한 외화 획득이 이루어져야 하며 과감한 개혁과 개방 없이는 환경 문제의 근본적인 해결이 어려울 것이다. 따라서 북한은 개방을 통해 국제 분업체계에 편입되어 환경의 악순환 구조를 탈피해야 할 것이다.

그러나 북한이 개방된다고 하여 환경문제가 해결될 수 있다는 것은 아니다. 북한은 중화학공업 진흥에 관심이 여전히 높으며, 북한이 외자유치를 희망하는 산업 중 절대다수는 산업공해를 유발할 가능성이 높다. 북한이 유엔공업개발기구(UNIDO)를 통해서 밝힌 외자유치 희망분야를 보면 중화학부문이 전체의 80%를 차지할 정도로 비중이 높다. 또한 북한이 개방을 통해 추가적인 외화를 획득할 경우 북한 내 에너지 증산 투자가 예상되며 이로부터 수질이 오염될 가능성이 있다. 외화사정이 개선되고 에너지 공급이 확대될 경우 공단지역의 생산시설이 재가동되어 수질을 악화시킬 수 있으며, 북한의 개방은 극히 제한적이며 소극적이기 때문에 이는 환경 측면에서 볼 때 결코 바람직하지 않다. 그러나 북한이 대외개방을 통해 극도로 침체된 경제를 회복할 수 있을 경우 이는 자연환경조건의 악화를 완화하는 데 도움을 줄 것으로 기대된다. 대외개방을 통해 경제적 조건이 개선되고 식량·연료 등의 공급 상태가 호전되면 이는 분명히 자연환경 파괴행위를 줄이는 데 기여할 것이기 때문이다. 그러나 북한의 대외개방과 개혁 전망, 현재의 조건을 감안할 때 개방을 통한 경제 회생이 불확실하며 과거 남한이 성취한 것같이 자연환경의 대규모 복구가 이루어질 것으로 기대하기는 어려울 것이다.

2. 수도사업 분야의 협력방안

(1) 남북한 수도 현황과 새로운 물 관리 패러다임

북한의 현 상황은 경제침체로 인한 기존시설 유지관리 미비가 가장 큰 원인으로 볼 수 있다. 도시를 중심으로 상하수도 시설 보급률은 크게 떨어지지 않으나, 이들 시설이 제대로 유지·관리되지 못하고 있다. 경제문제는 곧 에너지문제로 이어져 국가 전체적으로 에너지 생산이 원활하지 못하며, 이 때문에 중국으로 대표되는 주변국가에 대한 에너지 의존도도 상당히 높은 것으로 파악된다. 기후 문제에서도 최근 30년간 한반도의 강우패턴 변화 때문에 기존 시설을 완전히 복구한다고 하더라도 홍수에 의한 수해, 지역적인 가뭄문제, 지하수 수위저하 등은 해결하기 힘들 것으로 예상된다.

이러한 문제는 현재 남한이 겪는 물 문제와 기본적으로 유사하다. 남한 역시 강우패턴 변화로 기존의 각종 수자원 인프라 시스템이 기능한계를

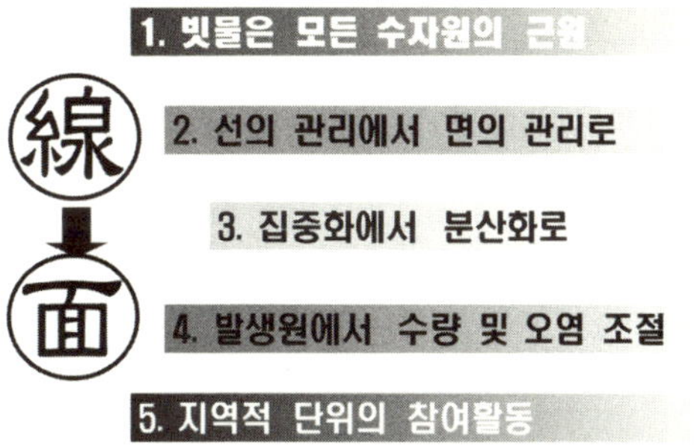

[그림 2] 빗물이용을 통한 새로운 물 관리 패러다임

드러내는 실정이어서, 물 수급과 풍수해 대책에서 미래의 지속가능성이 크게 우려된다. 문제해결을 위해 분산형 물 관리 시스템을 통한 통합적 관리방안이 각광을 받는다. 또한 이의 실현을 위해 분산형 빗물이용 시스템 같은 저에너지, 저비용 형태의 기술이 각광받고 있다.

① 빗물은 모든 수자원의 근본: 빗물은 하천수, 호소수, 지하수 등 우리가 이용하는 모든 수원의 근본이다. 북한의 물 문제는 최근에 급변한 강우기상 특성에서도 기인한다. 빗물이용과 관리를 통해서 기상특성 변화에 근본적이고 유연하게 대처할 수 있을 것이다.

② 선적인 관리에서 면적인 관리로: 북한의 수도시스템에서 큰 문제점은 중앙 집중형 시설에 의존한 기존시설 기능복구와 향상에 필요한 재원과 인력이 절대 부족하다는 것이다. 소수의 대규모 수원에 크게 의존하는 시설을 복구하기보다는 비용투자와 인력 면에서 유연한 면적 관리체계의 구축이 더욱 유리할 것이다.

③ 집중화에서 분산화로: 기존의 집중화된 대규모 인프라 시설은 규모와 사회적 비용부담이 커서 남한에서조차 효율적 확대 보급에 한계가 드러나고

있다. 유역 전역에 걸쳐 중소규모의 분산화된 빗물이용시설을 보급하면 북한경제에 미치는 부담을 최소화할 수 있을 것이다.

④ 발생원에서의 유출량 제어: 이용 가능한 물 부족도 문제이지만, 빈번한 홍수피해 또한 북한의 물 문제 중 하나이다. 분산형 빗물관리 기술은 홍수유출을 발생원에서부터 효율적으로 제어할 수 있게 해줄 것이다.

⑤ 지역적 단위의 참여와 활동: 북한은 이미 1980년대부터 물 관련 시설 보급에 '자력갱생'을 강조했다. 북한 중앙정부의 부담을 줄이기 위한 방안이었지만, 이 때문에로 수도시설 사업 기획과 추진에서 북한은 지역적 단위의 경험이 남한보다 풍부할 것으로 추측된다. 이런 점은 북한이 빗물이용의 도입과 확대에서 남한보다 유리한 점으로 작용할 수 있을 것이다.

이상의 여러 가지 측면에서 북한의 현 실정은 새로운 물 관리체계를 실현하는 데 기회로 볼 수도 있다. 기존 인프라 시설은 낙후되었고, 도시지역을 제외하고는 시설보급률이 낮은 것이 현실이다. 또한 경제문제는 새로운 방식의 저비용-저에너지 기술을 보급하는 데 오히려 장점으로 파악할 수도 있다. 기존 시설의 보급과 비중이 낮은 상태는 최근 주목받는 지속가능하고 환경 친화적 기술시설 보급에 오히려 도움이 될 것이다. 상수도 보급과 방재 분야에서 분산형 물 관리 방식과 이들을 효율적으로 운영하기 위한 빗물관리 기술을 고려해 볼 수 있을 것이다.

(2) 북한의 빗물이용 도입과 보급방안: 빗물저금통 지원 사업

빗물이용에서 남한은 사회적 인식이 상당히 높은 편이고, 제도적 면에서 실행 여건은 세계 어느 나라보다 빠르게 진행되고 있다. 그러나 북한은 빗물이용을 사회, 국가적 차원의 물 공급과 관리방안으로 인식하는 모습은 전혀 찾아볼 수 없었다. 이에 북한의 빗물이용 도입과 보급을 위해 선행되어

관악구 신림동 민 여사 댁의 4톤짜리

관악구 봉천동 양 선생 댁의 900리터짜리

[그림 3] 남한의 빗물저금통

야 할 일은 빗물이용에 대한 북한사회의 인식전환이며, 남북한 상호간 신뢰 형성이라 판단된다. 연구팀은 이를 위해 북한 지원사업 형태를 띤 가칭 '빗물저금통' 지원과 보급을 제안하고자 한다.

빗물저금통은 각 가정에 하나씩 보유하는 동전 저금통같이 1~5톤 정도의 작은 빗물 저장조를 가정마다 설치하도록 하여 빗물을 모아 잡용수로 활용하는 것은 물론, 빗물이용 인식과 효용성을 직접 체험하게 하는 것이다. 실제 이와 같은 시범사업이 관악구청 지원으로 서울대학교 빗물연구센터와 '건강한 도림천을 만드는 주민모임'을 통해 실시된 바 있으며, 실제 사용한 주민들이 여름, 가을철에 상당량의 잡용수를 빗물로 대체하고, 물 절약 효과를 체험한 바 있다.

북한의 기존 상하수도 시설을 복구하려면 기획, 재원마련, 공사추진 등에만 수년의 시간과 막대한 자본의 투입이 필요할 것이다. 또한 북한의 상수도는 에너지 부족이 근원적인 문제이므로 전력시설 복구가 병행되어야 한다. 이러한 방법으로 북한의 생활용수 공급, 하수도 문제를 해결하고 주민이 이를 체험하는 데 시간, 돈, 노력이 얼마나 필요할지는 아무도 정확하게 예측할 수 없다. 또한 남한에서도 북한을 위한 이러한 사업을 전폭적으로 지원하기까지 사회·경제적으로 수많은 문제를 해결하고 사회적 합의를 도출해야 한다.

그러나 빗물저금통을 북한에 지원하는 것은 정부와 공공기관이 조금만 협조하면 민간차원에서도 충분히 실현할 수 있는 방안이다. 지붕의 물을 수조에 모이게 하는 시설 설치 또한 남한뿐 아니라 북한에서도 누구나 손쉽게 할 수 있는 일이다. 그리고 빗물저금통에 모은 빗물을 특별한 처리 없이 화장실 용수, 세척용수 등으로 손쉽게 활용할 수 있다. 거대한 규모의 사회적 인프라 시설 복구 또는 구축사업과 비교해서 북한 주민의 물이용 여건을 즉시 향상시킬 수 있을 것이다.

또한 이 같은 사업으로 빗물이용에 관한 인식과 효과가 보급되면, 현재 서울시에서 추진 중인 도시규모의 분산형 빗물관리 시스템을 북한에서도 추진할 사회적 여건이 자연스럽게 조성될 것이다. 일례로 현재 시행중인 개성공단 사업과 관련하여, 위와 같은 방안의 실제 시행안을 제안하고자 한다. 개성공단 건설로 발생하는 새로운 물 수요를 충족시키기 위해 빗물 모으기 시범사업과 분산형 하수처리 시범사업을 실시할 수 있을 것이다. 시범사업으로 타당성을 입증하면 앞으로 전국의 다른 지역에도 보급을 할 수 있을 것이다. 이런 사업으로 기대되는 또 다른 효과는 지역 여건에 맞는 지속가능한 물 관련 기술 보급 기초가 될 것이며, 세계적인 기술 연구와 개발을 위해서도 큰 도움이 될 것이다. 국가적 차원에서는 유엔의 새천년개발목표(Millenium Development Goals, MDG's) 실현에 큰 성과를 얻는 것이다.

제3장 남북한의 수질관리 정책

이동수_ 서울대학교 환경대학원

제1절 서론

수질오염을 최소화하여 깨끗한 물 환경을 유지하는 것은 인간과 생태계의 건강에 필수적이다. 따라서 남한과 북한의 환경을 전반적으로 비교 평가할 때 수질오염 검토가 당연히 포함되어야 한다. 그동안 남한에서는 북한의 수질현황 분석을 소수의 연구자들이 시도한 적 있다. 그러나 연구자들은 북한의 수질과 관련된 정량적·구체적 자료가 절대적으로 부족한 점을 공통적으로 지적하는데, 실제로 검토 가능한 자료의 양이 매우 빈약하고 대부분 10여년도 더 지난 것들로서 최근 상태를 알려주지 못하며, 그나마 대부분은 언론에서 언급된 자료이거나 간접적인 정보에서 유추된 자료 또는 목격자의 인터뷰 자료 등이어서 신뢰도와 구체성 등을 확인하기 어려운 것들이었다. 이 연구에서 일부 새로운 수질의 실측자료가 추가되었음을 다행으로 생각하나, 기본적으로 자료 빈곤은 여전히 해결되지 않아서 이전 연구들이 지녔던 제약을 크게 벗어나지 못하였음은 마찬가지이다. 다만 흩어져 있던 얼마 되지 않는 기존 자료를 한 곳에 모으고 남한의 자료와 비교하기 쉽게 정리한 것에서 의의를 찾을 수 있을 것이다. 남한의 자료는 북한의 자료보다 풍부하지만 자료를 얻기가 상대적으로 쉽기 때문에 이 연구에서 상세히 소개할 필요는 없으며, 다만 북한과 비교하기 위해 필요한 최소 수준으로 요약하고자 하였다.

제2절 수질관련 법과 정책

1. 남한의 수질정책과 법

(1) 남한 수질정책의 변천

남한의 수질관리정책은 1960년대 공해방지법과 하수도법에 기초한 소극적인 정책으로 출발하였다. 이후 1970년대 후반에 환경보전법이 제정되면서 이전보다 상대적으로 적극적인 수질보전정책이 수립되었으며, 1990년에 수질환경보전법이 제정되면서 이를 기초로 수질보전정책이 좀더 체계화되었다. 그런데도 1989년 중금속오염, 1991년 낙동강페놀오염사고, 1994년 낙동강식수오염사고 등 대형 수질오염사고가 이어져 수질관리의 허점이 드러났을 뿐만 아니라 그때마다 임기응변식 대응이 진행된 것도 사실이다. 이러한 사고 때문에 먹는물에 불신이 매우 커졌으며 이후에는 안심하고 먹을 물 공급이 수질관리정책의 일차적인 목표가 되었다. 대표적 예가 맑은물공급종합대책(1989), 물관리종합대책(1996), 특별종합대책(1998) 등이다. 이렇게 상수원수질 확보를 위해 많은 대책이 세워짐에 따라, 특히 상수원보호구역 등 상수원 주변지역에서는 개발행위에 여러 가지 제약이 가해졌으며 이 과정에서 이해관계를 둘러싼 갈등이 심화되었다. 이에 따라 최근에는 갈등의 완화 또는 해결을 위해 대상지역의 주민지원에 관한 법률도 제정되었다. 남한에서는 산업화가 진행되면서 발생되는 수질오염을 줄이기 위해 그동안 다양한 대책을 세우고 그때마다 새로운 제목의 계획을 발표하고

〈표 11〉 남한의 수환경관리법제

법제명		주요 규정내용	제정연도
보전법제	환경정책기본법	환경정책에 관한 기본원칙과 환경기준, 환경보전장기종합계획의 수립, 환경오염 심화지역에 대한 특별종합대책의 수립 등 기본시책 들을 규정	1990
	수질환경보전법	수질오염물질의 종류와 폐수배출시설의 범위, 폐수배출시설허가제, 폐수배출허용기준 및 배출부과금제도 등 산업폐수배출규제제도와 비점오염원관리제도, 수질오염의 영향권별관리, 호소수질관리, 수질오염의 상시측정 등 공공수역관리제도를 규정	1990
	오수·분뇨및축산폐수의처리에관한법률	개별건축물의 오수처리제도, 분뇨의 수거 및 처리에 관한 제도, 축산폐수배출시설의 허가제 및 그 관리에 관한 제도 등을 규정	1991
	하수도법	시가화 지역 또는 인구밀집지역과 같이 공공수도에 의하여 하수를 차집하여 처리하기가 용이한 지역의 공공하수도 정비에 관한 제도, 하수종말처리시설 설치 관련제도 등을 규정	1967
	한강수계상수원수질개선및주민지원등에관한법률 낙동강수계물관리및주민지원등에관한법률 금강수계물관리및주민지원등에관한법률 영산강·섬진강수계물관리및주민지원등에관한법률	1998년부터 정부합동으로 수립된 4대강 수계별 물관리 대책의 법률적 뒷받침을 위해 제정된 법률들로 수변구역제도, 오염총량관리제도 등 오염예방조치와, 물이용부담금제도, 수계관리기금, 수계관리위원회 등 유역관리를 위한 기본제도를 규정	1999～한강, 2002～낙동강, 금강, 영산강·섬진강 (환경부)
이용및개발법제	수도법	수도수원의 보호를 위한 상수원보호구역제도, 수돗물의 수질기준, 수도사업의 인허가제도 등을 규정	1965
	지하수법	지하수 개발 및 보전에 관한 기본제도를 규정한 법률로서 건설교통부가 관장하는 법률이나 지하수의 수질기준, 오염도의 측정 등 지하수보전 관련제도에 대해서는 환경부가 관장	1994
	먹는물관리법	먹는물 수질기준, 먹는샘물개발허가제 등 규정	1994
	온천법	온천지구 지정, 온천지하수 개발허가 등 규정	
	골채채취법	골재수급기본계획, 골재채취업, 골재채취허가제 등 규정	
	하천법	하천의 관리권, 유수점용허가권등 하천관리	
	댐건설및주변지역지원등에관한법률	댐건설 및 댐 주변지역 지원에 관한 사항 규정 * 특정다목적댐법의 대체입법	1999

자료: ndg.me.go.kr

또한 예산을 많이 들여 여러 사업을 벌였으나 기대한 만큼의 수질개선은 이루어지지 않았으며, 최근에는 4대강 유역을 대상으로 오염물질총량관리제를 실시하려고 준비하고 있다. 그동안 제정하였던 수질보전과 관련된 남한의 주요 법제를 요약하여 〈표 11〉에 정리하였다.

이상의 주요 법 외에도 수질에 영향을 주는 이용과 개발관련 법으로는 수도법(1965), 지하수법(1994), 먹는물관리법(1994), 온천법, 골재채취법, 하천법, 댐건설및주변지역지원등에관한법률 등을 들 수 있다.

(2) 현재의 수질관리

현재 수질환경보전법에 따라 관리대상을 공공수역으로 정하고 여기에 하천, 호소, 항만, 연안 해역, 기타 공용에 사용되는 수역과 수로(지하수로, 농업용수로, 하수관거, 운하)를 포함하고 있다. 수질보전과 관리를 위하여 이들 관리 대상에 따라 수질오염물질의 종류를 규정하고 수질환경기준과 수역별 관리목표를 설정하여 이를 달성하기 위한 여러 정책수단을 사용하고 있는데, 이를 요약하면 〈표 12〉와 같다.

〈표 12〉 남한의 수질관리정책

수질보전	공공수역관리정책	수질환경기준
		4대강 수질보전
		호소수질보전
		상수원보호정책
		오염총량관리정책
		하천환경관리
		지하수 수질보전
		통합물관리대책
		수질환경정책지원시스템
	오염원관리정책	생활하수관리
		산업폐수관리
		축산폐수관리
		비점오염원관리
		환경기초시설 확충
	수질오염모니터링	수질측정망
		지도/단속
		수질오염사고
		수질오염공정시험방법

이상의 다양한 정책과 제도를 실시하기 위해 사용되는 가장 중요한 오염원관리수단을 구체적으로 소개하면 〈표 13〉과 같다.

(3) 주요 수질보전 관련 기준

현재 남한에서는 수질을 보전하기 위해 환경기준인 수질환경기준과 그를 달성하기 위한 규제수단으로 배출허용기준과 방류수기준을 두고 있다.

물리화학적 생물학적 특성이 서로 다른 하천과 호소를 구별하여 수질환경기준을 두고 있다. 기준항목은 하천과 호소에 공통적으로 적용되는 건강항목(9개 항목)과 하천(5개 항목)이나 호소(7개 항목)에 달리 적용되는 생활환경항목으로 구분되며, 생활환경항목은 수질상태에 따라 5등급으로 세분하여 구체적인 기준치를 달리하고 있다. 즉 수역별 환경기준(정책목표)은 하천의 경우 전국 하천을 194개 구간으로 나누어 이 중 120개 구간(61.9%)은 Ⅰ등급, 49개 구간(25.3%)은 Ⅱ등급, 9개 구간(4.6%)은 Ⅲ등급, 8개 구간(4.1%)은 Ⅳ등급, 8개 구간(4.1%)은 Ⅴ등급으로 설정·고시하였으며, 호소의 경우 40개 호소를 선정하여 이 중 33개소는 Ⅰ등급, 3개소는 Ⅱ등급, 4개소는 Ⅲ등급으로 설정·고시하였다. 〈표 14〉와 〈표 15〉에 수질기준치들을 각각 정리하였다. 또한 해역의 수질기준을 설정하고 있는데 이를 〈표 16〉에 요약하였다.

〈표 13〉 남한의 오염원관리수단

관리수단	내 용
배출시설허가/신고제도	산업폐수와 축산폐수배출시설의 허가 및 신고 의무화
배출부과금제도	산업폐수와 축산폐수를 대상으로 배출허용기준을 만족시키지 못하는 경우 경제적인 부담을 줌으로써 처리를 유도함
환경기초시설확충	하수도 정비, 하수종말처리장, 산업 및 축산폐수처리시설, 분뇨종말처리시설 등의 확충을 통한 오염배출의 감소
배출허용기준/방류수수질기준	오염물질의 배출허용기준을 법으로 정하여 이를 지키도록 규제함. 현재는 생활하수, 산업폐수, 축산폐수에 대해 각각 다른 농도규제가 이루어지고 있음.

〈표 14〉 남한의 하천수질환경기준

구분	등급	이용목적별 적용대상	기 준				
			수소이온 농 도 (pH)	생물화학적 산소요구량 (BOD) (mg/L)	부유물질량 (SS) (mg/L)	용존산소량 (DO) (mg/L)	대장균군수 (MPN/ 100mL)
생활환경	I	상수원수1급 자연환경보전	6.5～8.5	1 이하	25 이하	7.5 이상	50 이하
	II	상수원수2급 수산용수1급 수영용수	6.5～8.5	3 이하	25 이하	5 이상	1,000 이하
	III	상수원수3급 수산용수2급 공업용수1급	6.5～8.5	6 이하	25 이하	5 이상	5,000 이하
	IV	공업용수2급 농업용수	6.0～8.5	8 이하	100 이하	2 이상	-
	V	공업용수3급 생활환경보전	6.0～8.5	10 이하	쓰레기 등이 떠 있지 않을 것	2 이상	-
사람의 건강보호	전수역	– 카드뮴(Cd): 0.01mg/L 이하 – 비소(As): 0.05mg/L 이하 – 시안(CN), 수은(Hg), 유기인: 검출되어서는 안 됨 – 폴리클로리네이티드비페닐(PCB): 검출되어서는 안 됨 – 납(Pb): 0.1mg/L 이하 – 6가크롬(Cr+6): 0.05mg/L 이하 – 음이온계면활성제(ABS): 0.5mg/L 이하					

비고

1. 수산용수 1급: 빈부수성수역의 수산생물용
2. 수산용수 2급: 중부수성수역의 수산생물용
3. 자연환경보전: 자연경관 등의 환경보전
4. 상수원수 1급: 여과 등에 의한 간이정수처리 후 사용
5. 상수원수 2급: 침전여과 등에 의한 일반적 정수처리 후 사용
6. 상수원수 3급: 전처리 등을 거친 고도의 정수처리 후 사용 7. 공업용수 1급: 침전 등에 의한 통상의 정수처리 후 사용
8. 공업용수 2급: 약품처리 등 고도의 정수처리 후 사용
9. 공업용수 3급: 특수한 정수처리 후 사용
10. 생활환경보전: 국민의 일상생활에 불쾌감을 주지 아니할 정도

〈표 15〉 남한의 호소수질환경기준

구분	등급	이용목적별 적용대상	기준						
			수소이온농도 (pH)	화학적산소요구량 (COD) (mg/L)	부유물질량 (SS) (mg/L)	용존산소량 (DO) (mg/L)	대장균군수 (MPN/100mL)	총 인 (T-P) (mg/L)	총질소 (T-N) (mg/L)
생활환경	Ⅰ	상수원수1급 자연환경보전	6.5~8.5	1 이하	1 이하	7.5 이상	50 이하	0.010 이하	0.200 이하
	Ⅱ	상수원수2급 수산용수1급 수영용수	6.5~8.5	3 이하	5 이하	5 이하	1,000 이하	0.030 이하	0.400 이하
	Ⅲ	상수원수3급 수산용수2급 공업용수1급	6.5~8.5	6 이하	15 이하	5 이상	5,000 이하	0.050 이하	0.600 이하
	Ⅳ	공업용수2급 농업용수	6.0~8.5	8 이하	15 이하	2 이상	–	0.100 이하	1.0 이하
	Ⅴ	공업용수3급 생활환경보전	6.0~8.5	10 이하	쓰레기 등이 떠있지 않을 것	2 이상	–	0.150 이하	1.5 이하
사람의 건강보호	전수역	– 카드뮴(Cd): 0.01mg/L 이하 – 비소(As): 0.05mg/L 이하 – 시안(CN), 수은(Hg), 유기인: 검출되어서는 안 됨 – 폴리클로리네이티드비페닐(PCB): 검출되어서는 안 됨 – 납(Pb): 0.1mg/L 이하 – 6가크롬(Cr+6): 0.05mg/L 이하 – 음이온계면활성제(ABS): 0.5mg/L 이하							

비고
1. 총인, 총질소의 경우 총인에 대한 총질소의 농도비율이 7 미만일 경우에는 총인의 기준은 적용하지 아니하며 그 비율이 16 이상일 경우에는 총질소의 기준을 적용하지 아니한다.
2. 수산용수 1급: 빈부수성수역의 수산생물용
3. 수산용수 2급: 중부수성수역의 수산생물용
4. 자연환경보전: 자연경관 등의 환경보전
5. 상수원수 1급: 여과 등에 의한 간이정수처리 후 사용
6. 상수원수 2급: 침전여과 등에 의한 일반적 정수처리 후 사용
7. 상수원수 3급: 전처리 등을 거친 고도의 정수처리 후 사용
8. 공업용수 1급: 침전 등에 의한 통상의 정수처리 후 사용
9. 공업용수 2급: 약품처리 등 고도의 정수처리 후 사용
10. 공업용수 3급: 특수한 정수처리 후 사용
11. 생활환경보전: 국민의 일상생활에 불쾌감을 주지 아니할 정도

〈표 16〉 남한의 해역수질기준

1. 생활환경

등급	기준						
	수소이온 농도 (pH)	화학적산소 요구량 (COD) (㎎/L)	용존 산소량 (DO) (㎎/L)	총대장균군 (총대장균 군수/100mL)	용매추출유분 (㎎/L)	총질소 (㎎/L)	총인 (㎎/L)
Ⅰ	7.8~8.3	1 이하	7.5 이상	1,000 이하	0.01 이하	0.3 이하	0.03 이하
Ⅱ	6.5~8.5	2 이하	5 이상	1,000 이하	0.01 이하	0.6 이하	0.05 이하
Ⅲ	6.5~8.5	4 이하	2 이상			1.0 이하	0.09 이하

2. 사람의 건강보호

등급	항목	기준
전수역	6가크롬(Cr+6)	0.05
	비소(As)	0.05
	카드뮴(Cd)	0.01
	납(Pb)	0.05
	아연(Zn)	0.1
	구리(Cu)	0.02
	시안(CN)	0.01
	수은(Hg)	0.0005
	폴리클로리네이티드비페닐(PCB)	0.0005
	다이아지논	0.02
	파라티온	0.06
	말라티온	0.25
	1.1.1-트리클로로에탄	0.1
	테트라클로로로에틸렌	0.01
	트리클로로에틸렌	0.03
	디클로로메탄	0.02
	벤젠	0.01
	페놀	0.005
	음이온계면활성제(ABS)	0.5

비고

1. 등급 Ⅰ은 참돔·방어와 미역 등 수산생물의 서식·양식과 해수욕에 적합한 수질을 말한다.(개정 2006.12.4)
2. 등급 Ⅱ는 해양에서의 관광 및 여가선용과 숭어와 김 등 등급Ⅰ의 해역에서 서식·양식에 적합한 수산생물 외의 수산생물의 서식·양식에 적합한 수질을 말한다.(개정 2006.12.4)
3. 등급 Ⅲ은 공업용 냉각수, 선박의 정박 등 기타 용도로 이용되는 수질을 말한다.(개정 2006.12.4)

(4) 배출허용기준과 방류수 수질기준

배출허용기준은 환경질의 목표치인 수질기준을 달성하기 위한 기본적인 수단으로서 수역이용상황과 오염원분포 등을 감안하여 지역별로 차등을 두어 설징하고 개별 배출입소에 적용된다. 현재 28개 항목에 대하여 폐수배출허용기준을 설정하고, 지역별로 4단계(청정, 가, 나, 특례지역)로 구분하여 적용하며, 또한 BOD, COD, SS의 경우 폐수배출량 2,000m³/일 이상과 미만으로 구분 설정함으로써 폐수배출허용기준을 지역별·규모별로 차등 적용하고 있다. 따라서 농도규제방식과 더불어 미약하나마 총량규제방식을 부분적으로 병행하며, 산업단지나 농공단지의 폐수종말처리구역과 하수처리구역 내에서 종말처리시설에 폐수를 유입하는 배출업소에 대해서는 별도의 기준을 고시할 수 있게 되어 있다. 또한 1997년부터 호소의 부영양화 방지를 위하여 환경부장관이 지정고시한 팔당댐, 대청댐, 낙동강하구언 유역에 대하여 총질소, 총인의 배출허용기준을 적용하게 하고 있다. 한편 폐수배출허용기준이 개별 배출시설에 적용되는 규제기준이라고 볼 때 방류수수질기준은 하수·폐수와 분뇨처리시설 같은 종말처리시설에 적용되는 기준으로 BOD, COD, SS와 T-N, T-P 등 5개 항목을 적용한다. 〈표 17〉, 〈표 18〉, 〈표 19〉에 각각의 기준을 요약하였다.

〈표 17〉 남한의 폐수배출허용기준

1. 생물화학적산소요구량·화학적산소요구량·부유물질량

구 분	1일 배출량 2,000m³ 이상			1일 배출량 2,000m³ 이하		
	생물화학적 산소요구량 (BOD) (mg/L)	화학적 산소요구량 (COD) (mg/L)	부유 물질량 (SS) (mg/L)	생물화학적 산소요구량 (BOD) (mg/L)	화학적 산소요구량 (COD) (mg/L)	부유 물질량 (SS) (mg/L)
청정지역	30 이하	40 이하	30 이하	40 이하	50 이하	40 이하
가지역	60 이하	70 이하	60 이하	80 이하	90 이하	80 이하
나지역	80 이하	90 이하	80 이하	120 이하	130 이하	120 이하
특례지역	30 이하	40 이하	30 이하	30 이하	40 이하	30 이하

비고

1. 하수처리구역에서 '하수도법' 제24조의2에 따라 공공하수도관리청의 허가를 받아 폐수를 공공하수도에 유입시키지 아니하고 공공수역으로 배출하는 배출시설과 '하수도법' 제24조 제1항의 규정을 위반하여 배수설비를 설치하지 아니하고 폐수를 공공수역으로 배출하는 사업장에 대한 배출허용기준은 하수종말처리시설의 방류수 수질기준을 적용한다.(개정 2006.7.19)
2. '국토의 계획 및 이용에 관한 법률' 제6조 제2호에 따른 관리지역에서의 동법 시행령 별표 20 제2호 카목 및 별표 27 제2호 차목(별표 20 제2호 카목에 따른 공장에 한한다)에 따른 공장에 대한 배출허용기준은 특례지역의 기준을 적용한다.(개정 2006.7.19)

2. 페놀류 등 오염물질(2007.12.31까지 적용되는 기준)

지역구분 / 항목		청정 지역	가 지역	나 지역	특례 지역
수온이온농도		5.8~8.6	5.8~8.6	5.8~8.6	5.8~8.6
노말헥산추출물질함유량	광유류(㎎/L)	1 이하	5 이하	5 이하	5 이하
	동식물유지류(㎎/L)	5 이하	30 이하	30 이하	30 이하
페놀류함유량(㎎/L)		1 이하	3 이하	3 이하	5 이하
시안함유량(㎎/L)		0.2 이하	1 이하	1 이하	1 이하
크롬함유량(㎎/L)		0.5 이하	2 이하	2 이하	2 이하
용해성철함유량(㎎/L)		2 이하	10 이하	10 이하	10 이하
아연함유량(㎎/L)		1 이하	5 이하	5 이하	5 이하
구리함유량(㎎/L)		0.5 이하	3 이하	3 이하	3 이하
카드뮴함유량(㎎/L)		0.02 이하	0.1 이하	0.1 이하	0.1 이하
수은함유량(㎎/L)		불검출	0.005 이하	0.005 이하	0.005 이하
유기인함유량(㎎/L)		0.2 이하	1 이하	1 이하	1 이하
비소함유량(㎎/L)		01 이하	0.5 이하	0.5 이하	0.5 이하
납함유량(㎎/L)		0.2 이하	1 이하	1 이하	1 이하
6가크롬함유량(㎎/L)		0.1 이하	0.5 이하	0.5 이하	0.5 이하
용해성망간함유량(㎎/L)		2 이하	10 이하	10 이하	10 이하
플로오르(불소)함유량(㎎/L)		3 이하	15 이하	15 이하	15 이하
PCB함유량(㎎/L)		불검출	0.003 이하	0.003 이하	0.003 이하
총대장균군(群)(총대장균군수)(mL)		100 이하	3,000 이하	3,000 이하	3,000 이하
색도(도)		200 이하	400 이하	400 이하	400 이하
온도(℃)		40 이하	40 이하	40 이하	40 이하
총질소(㎎/L)		30 이하	60 이하	60 이하	60 이하
총인(㎎/L)		4 이하	8 이하	8 이하	8 이하

트리클로로에틸렌(mg/L)	0.06 이하	0.3 이하	0.3 이하	0.3 이하
테트라클로로에틸렌(mg/L)	0.02 이하	0.1 이하	0.1 이하	0.1 이하
음이온계면활성제(mg/L)	3 이하	5 이하	5 이하	5 이하

비고

1. 색도항목의 배출허용기준은 별표 4 제2호 18의 섬유염색 및 가공시설, 19의 기타섬유제품 제조시설 및 23의 펄프, 종이와 종이제품(색소첨가 제품에 한한다) 제조시설에 한하여 적용한다.(개정 2006.7.19)
2. 별표 4 제2호 20. 가죽·모피가공 및 제품제조시설(19101 원피가공시설에 한한다)에 대하여는 위 표의 총질소 항목의 배출허용기준에 불구하고 다음의 기준을 적용한다. 다만, '한강수계 상수원 수질개선 및 주민지원 등에 관한 법률' 제2조 제7호, '낙동강수계 물관리 및 주민지원 등에 관한 법률' 제2조 제5호, '금강수계 물관리 및 주민지원 등에 관한 법률' 제2조 제5호 및 '영산강·섬진강수계 물관리 및 주민지원 등에 관한 법률' 제2조 제5호에 따른 상수원관리지역은 그러하지 아니하다.(개정 2006.7.19)

지역구분	총질소 배출허용기준(mg/L)
청정지역	30 이하
가지역	60 이하
나지역	60 이하
특례지역	60 이하

3. 별표 4 제2호 80. 도금시설과 도금시설 외의 배출시설로서 도금공정이 있는 시설(도금공정에서 발생되는 폐수를 다른 폐수와 섞어서 처리하지 아니하는 시설에 한한다)에 대하여는 위 표의 총질소 항목의 배출허용기준에 불구하고 다음의 기준을 적용한다. 다만, '한강수계 상수원 수질개선 및 주민지원 등에 관한 법률' 제2조 제7호, '낙동강수계 물관리 및 주민지원 등에 관한 법률' 제2조 제5호, '금강수계 물관리 및 주민지원 등에 관한 법률' 제2조 제5호 및 '영산강·섬진강수계 물관리 및 주민지원 등에 관한 법률' 제2조 제5호에 따른 상수원관리지역은 그러하지 아니하다.(개정 2006.7.19)

지역구분	총질소 배출허용기준(mg/L)
청정지역	30 이하
가지역	120 이하
나지역	120 이하
특례지역	120 이하

3. 2008년 1월 1일부터 적용되는 기준

항목 \ 지역구분		청정 지역	가 지역	나 지역	특례 지역
수온이온농도		5.8~8.6	5.8~8.6	5.8~8.6	5.8~8.6
노말헥산추출물질함유량	광유류(mg/L)	1 이하	5 이하	5 이하	5 이하
	동식물유지류(mg/L)	5 이하	30 이하	30 이하	30 이하
페놀류함유량(mg/L)		1 이하	3 이하	3 이하	5 이하

시안함유량(㎎/L)	0.2 이하	1 이하	1 이하	1 이하
크롬함유량(㎎/L)	0.5 이하	2 이하	2 이하	2 이하
용해성철함유량(㎎/L)	2 이하	10 이하	10 이하	10 이하
아연함유량(㎎/L)	1 이하	5 이하	5 이하	5 이하
구리함유량(㎎/L)	1 이하	3 이하	3 이하	3 이하
카드뮴함유량(㎎/L)	0.02 이하	0.1 이하	0.1 이하	0.1 이하
수은함유량(㎎/L)	0.001 이하	0.005 이하	0.005 이하	0.005 이하
유기인함유량(㎎/L)	0.2 이하	1 이하	1 이하	1 이하
비소함유량(㎎/L)	0.05 이하	0.25 이하	0.25 이하	0.25 이하
납함유량(㎎/L)	0.1 이하	0.5 이하	0.5 이하	0.5 이하
6가크롬함유량(㎎/L)	0.1 이하	0.5 이하	0.5 이하	0.5 이하
용해성망간함유량(㎎/L)	2 이하	10 이하	10 이하	10 이하
플로오르(불소)함유량(㎎/L)	3 이하	15 이하	15 이하	15 이하
PCB함유량(㎎/L)	불검출	0.003 이하	0.003 이하	0.003 이하
총대장균군(群)(총대장균군수)(mL)	100 이하	3,000 이하	3,000 이하	3,000 이하
색도(도)	200 이하	300 이하	400 이하	400 이하
온도(℃)	40 이하	40 이하	40 이하	40 이하
총질소(㎎/L)	30 이하	60 이하	60 이하	60 이하
총인(㎎/L)	4 이하	8 이하	8 이하	8 이하
트리클로로에틸렌(㎎/L)	0.06 이하	0.3 이하	0.3 이하	0.3 이하
테트라클로로에틸렌(㎎/L)	0.02 이하	0.1 이하	0.1 이하	0.1 이하
음이온계면활성제(㎎/L)	3 이하	5 이하	5 이하	5 이하
벤젠(㎎/L)	0.01 이하	0.1 이하	0.1 이하	0.1 이하
디클로로메탄(㎎/L)	0.02 이하	0.2 이하	0.2 이하	0.2 이하

비고

1. 색도항목의 배출허용기준은 별표 4 제2호 18의 섬유염색 및 가공시설, 19의 기타섬유제품 제조시설 및 23의 펄프, 종이 및 종이제품(색소첨가 제품에 한한다) 제조시설에 한하여 적용한다.
2. 별표 4 제2호 20. 가죽·모피가공 및 제품제조시설(19101 원피가공시설에 한한다) 및 동호 80. 도금시설과 도금시설 외의 배출시설로서 도금공정이 있는 시설(도금공정에서 발생되는 폐수를 다른 폐수와 섞어서 처리하지 아니하는 시설에 한한다)에 대하여는 위 표의 총질소 항목의 배출허용기준에 불구하고 다음의 기준을 적용한다. 다만, '한강수계 상수원 수질개선 및 주민지원 등에 관한 법률' 제2조 제7호, '낙동강수계 물관리 및 주민지원 등에 관한 법률' 제2조 제5호, '금강수계 물관리 및 주민지원 등에 관한 법률' 제2조 제5호 및 '영산강·섬진강수계 물관리 및 주민지원 등에 관한 법률' 제2조 제5호에 따른 상수원관리지역은 그러하지 아니하다.(개정 2006.7.19)

지역구분	총질소 배출허용기준(mg/L)
청정지역	30 이하
가지역	60 이하
나지역	60 이하
특례지역	60 이하

〈표 18〉 남한의 방류수 수질기준

구 분		생물학적 산소요구량 (BOD) (mg/L)	화학적 산소요구량 (COD) (mg/L)	부유 물질량 (SS) (mg/L)	기타 (mg/L)
하수 종말 처리 시설	특별대책지역 및 잠실수중보권역	10 이하	40 이하	10 이하	총질소: 20 이하 총 인: 2 이하
	기타지역	20 이하	40 이하	20 이하	총질소: 60 이하 총 인: 8 이하
폐수종말처리시설 (농공단지 오·폐수종말처리 시설을 포함한다)		30 이하	40 이하	30 이하	총질소: 60 이하 총 인: 8 이하

비고

1. 산업단지 폐수종말처리시설 또는 하수종말처리시설의 페놀류 등 오염물질의 방류수수질기준은 당해 처리시설에서 처리할 수 있는 오염물질항목에 한하여 별표 5 중 2. 페놀류 등 오염물질의 표 중 특례지역에 적용되는 배출허용기준 이내에서 당해 처리시설 설치사업시행자의 요청에 따라 환경부장관이 정하여 고시한다.(개정 2000.10.23)
2. 이 표에서 특별대책지역은 한강수계 중 환경정책기본법 제22조의 규정에 의하여 수질보전을 위하여 지정된 특별대책지역으로 하며, 잠실수중보권역은 팔당댐과 잠실수중보 사이의 하천(지천을 포함한다)의 집수구역(빗물이 자연적으로 하천·호소 등 공공수역으로 흘러드는 지역으로서 주변의 능선을 잇는 선으로 둘러싸인 구역을 말한다)으로 한다.

〈표 19〉 폐수종말처리시설의 방류수 수질기준

구분	적용기간에 따른 수질기준		
	2007.12.31까지	2008.1.1부터 2012.12.31까지	2013.1.1 이후
생물화학적산소요구량 (BOD)(mg/L)	30(30) 이하	20(30) 이하	10(10) 이하
화학적산소요구량 (COD)(mg/L)	40(40) 이하	40(40) 이하	40(40) 이하
부유물질량 (SS)(mg/L)	30(30) 이하	20(30) 이하	10(10) 이하
총질소 (T-N)(mg/L)	60(60) 이하	40(60) 이하	20(20) 이하
총인 (T-P)(mg/L)	8(8) 이하	4(8) 이하	2(2) 이하
총대장균군 (총대장균수/mL)	–	3,000 이하	3,000(3,000) 이하

비고

1. 산업단지 및 농공단지의 폐수종말처리시설의 페놀류 등 오염물질의 방류수 수질기준은 위 표에도 불구하고 당해 처리시설에서 처리할 수 있는 오염물질항목에 한하여 별표 9 제2호 나목의 표 중 특례지역에 적용되는 배출허용기준 이내에서 당해 처리시설 설치사업시행자의 요청에 따라 환경부장관이 정하여 고시한다.
2. 적용기간에 따른 수질기준란의 ( )는 농공단지의 경우의 폐수종말처리시설의 방류수 수질기준을 말한다.

2. 북한의 수질정책과 법

(1) 북한 수질정책의 변천

손기웅(1995)[1)]에 의하면 북한의 환경정책은 환경문제에 대한 인식의 폭과 대응방안에 따라 크게 두 시기로 나뉜다. 제1기는 해방 이후 1977년도의

1) 손기웅(1995) 참조
- 1963년 김일성의 연설에 의하면 공장이나 광산에서 강으로 배출하는 유독성 물질로 대동강이 오염됨.
- 1964년 김일성의 연설에 의하면 황해북도 신평 광산의 폐수로 대동강의 숭어 및 물고기 죽음.
- 1989년 김일성연설에서 평양 등의 대도시 하수와 공장 및 기업소의 폐수로 인한 대동강의 오염 언급함.

토지법이 제정된 시기까지이다. 이 시기에는 주로 농업, 임업, 수산업 같은 1차 산업과 관련된 환경문제를 다루며, 산업화에 따른 환경문제 인식과 대응은 상대적으로 미약한 시기인 것으로 평가된다. 따라서 이 시기에는 수질보전 자체를 목적으로 하는 법과 정책이 있었다고 보기는 어려우며, 다만 임업과 관련된 산림조성사업, 수산업 관련 수자원보호사업 등이 간접적으로 수질보전에 기여했을 가능성이 있다. 그러나 1970년대에 들어서 중공업 중심의 산업화가 진행되면서 수질을 포함한 환경오염문제가 심각해지기 시작한 것으로 보이는데, 이는 이 시기 이후 김일성이 유독성물질의 강 및 하천 투기에 대책을 마련하라는 지시가 있었다는 사실에서 엿볼 수 있다. 또한 국토개발로 인한 환경파괴를 방지하고, 자원의 효율적인 이용을 위해 1977년에 토지법을 제정하게 되었는데, 여기서 토지를 합리적으로 이용하기 위한 대책과 방향을 정하고, 산림·동식물·수산자원의 보호를 위한 대책과 더불어 공해방지대책을 규정하여 환경보호와 오염의 저감을 꾀하였다. 즉 제17조 국토 총건설계획에는 공해현상을 미리 막기 위한 대책이 포함되어 있어야 함을 규정하고 있으며 제26조에는 수질보전과 관련하여 강, 하천, 호소, 저수지에 더러운 물, 독성물질을 정화하지 않고 내려 보내거나 오물을 버릴 수 없다는 규정을 두고 있다. 북한 환경정책의 제2기는 환경보호법이 채택된 1980년대 중반 이후부터 현재까지로 볼 수 있는데, 환경문제를 사회전반의 중요한 문제로 인식하고 이에 좀더 적극적으로 대처하기 위한 노력이 있었던 시기라고 볼 수 있다. 1986년에 제정된 환경보호법은 전체가 5장으로 이루어져 있으며, 제1장에서는 환경보호의 원칙과 방향을 정하고 있고, 제2장과 제3장에서는 환경을 보호하기 위한 원칙과 질서를 규정하였다. 특히 제3장에서는 환경오염방지를 규정하고 있는데, 대기오염, 수질오염, 상수도보호, 해양오염, 농약오염, 방사능오염의 관리에 대해 규정하고 있다. 제4장에서는 환경보호를 하기 위한 기관과 조직에 대한 규정을 하고 있으며, 마지막 제5장에서는 환경피해에 대한 손해배상 및 제재를 규정하고 있다. 1990년대에 들어서 부분적인 환경기준과 배출허용기준을 제정하였으며(북한의 국가환경보고서, 1992), 1995년에는 환경보호법의 시행규정을 제정한 것으로 알려졌다(내외통신, 1995). 그러나 그 이상의 구체적인 시행령이나 세칙 등에 대해서는 아직 잘 알려져 있지 않다. 이 밖에도 상수원보호, 식수의 수질관리, 오수의 정화처리 및 빗물의 관리, 상하수도시설의 유지보수 등을 담당하는 기관의 의무와 권한에 관한 '상하수도 관리규정'을 제정하였다(정회성, 1995).2)

한편 수질환경보전을 위하여 산업폐수배출기준이 각종 산업과 기업에 대하여 별도로 설정되어 있으며 사업단위별 오염물질 및 폐수배출부과금과 범칙금제도가 마련되어 있는 것으로 알려져 있다(북한의 국가환경보고서, 1992).

(2) 주요 수질보전 관련 기준

북한은 환경정책의 목표로서 환경보호기준을 제정하고 있다. 또한 이를 달성하기 위해 배출허용기준도 정하고 있다는 점에서 남한과 마찬가지이지만, 구체적 내용에는 남한과 큰 차이가 있다.

1) 수질환경기준

북한의 수질환경기준은 남한과는 달리 하천과 호소를 구분하지 않고 있으며 특수구역과 일반구역으로 나누어 설정되어 있다(정회성, 1995). 이를 요약하여 〈표 20〉에 정리하였다.

〈표 20〉의 기준을 보면 특수구역의 BOD와 암모니아성 질소의 기준이

---

2) 정회성(1995) 참조
- 1986년 제7기 5차 최고인민회의 이종옥 대동강 수질 자랑함 COD = 1.36ppm, DO = 8.3ppm.
- 평양, 원산, 청진, 남포 등 공장지대 밀집지역과 대도시지역 주변 수질오염으로 죽은 물고기 수시로 목격됨.
- 보통강 탁도가 심하여 20~30cm 이상 보이지 않음.
- 원산앞바다에서 해조류 사라짐, 5~8월 적조 심함.
- 간척사업으로 인한 해양 오염 심각함.

일반구역에 비해 약간 더 엄격하다는 점을 제외하고는 나머지 기준은 모두 같음을 알 수 있다. 한편 이 기준을 남한과 비교해 보면 우선 남한의 경우 하천과 호소를 구분하고 있다는 점이 다르며 지역별 등급을 나누는 방식과 기준 항목에 있어서 큰 차이가 있음을 알 수 있다. 즉 남한에서는 지역을 5등급으로 나누어 기준을 달리 하는 데 반해 북한에서는 두 개의 등급으로만 나누어 구별하고 있다. 또한 기준 항목으로서 남한에는 있지만 북한에는 없는 것들로 pH, DO, SS, 대장균수, 시안, 유기인, PCB, 음이온계면활성제, 총인, 총질소 등을 들 수 있다. 반면에 북한 기준에는 BOD와 COD가 동시에 들어 있다는 점이 남한과 다르며, 암모니아성 질소, 질산성 질소, 염소이온, 니켈, 아연, 동, 불소, 유기염소, 페놀 등이 포함되어 있지만 남한의 기준항목에는 이들이 없다. 남북한의 기준에 공통적으로 포함되어 있는 항목으로는

〈표 20〉 북한의 수질환경기준

(단위: mg/L)

항목	특수구역	일반구역
COD	3	3
BOD	2	4
암모니아성 질소	0.1	0.3
염소이온	10	30
질산성 질소	10	10
니켈	0.1	0.1
비소	0.05	0.05
수은	없어야 함	없어야 함
크롬	0.03	0.03
아연	1	1
동	0.1	0.1
납	0.1	0.1
카드뮴	0.01	0.01
불소	0.7	0.7
유기염소	0.02	0.02
페놀	0.001	0.001

BOD, COD, 비소, 수은, 카드뮴, 크롬, 납 등이 있는데, 기준 값들을 비교하면 BOD의 경우 북한의 특수구역 기준치는 남한의 1등급과 2등급 사이에 있으며, 북한의 일반구역은 남한의 2등급과 3등급 사이에 해당한다. 북한의 COD 기준은 남한 호소수의 2등급 수질기준에 해당한다. 또한 크롬을 제외하고는 나머지 공통항목들의 남북한 기준치는 서로 같다. 크롬의 경우 기준치 자체는 북한이 0.03mg/L로서 남한의 0.05mg/L보다 더 엄격한데 남한은 6가크롬만을 규제하는 데 비해 북한은 특별한 언급이 없이 크롬이라고 되어 있어서 총크롬을 의미하는지 6가크롬만을 의미하는지 불분명하다.

한편 북한은 수역을 식료품처리 및 제염조수역, 관광/수영장 수역, 항구/공업지대 수역으로 나누어 별도의 해양환경기준을 두고 있는데 이를 〈표

〈표 21〉 북한의 해양환경기준

(단위: mg/L)

기준항목	식료품처리/제염조 수역	관광/수영장 수역	항구/공업지대 수역
COD	3	4	5
비소	0.05	0.1	0.1
수은	0.0005	0.0001	0.001
크롬	0.1	0.5	0.5
아연	0.1	1.0	1.0
동	0.01	0.1	0.1
납	0.05	0.1	0.1
페놀	0.005	0.01	0.05
유기염소	0.001	0.02	0.04
셀레늄	0.01	0.02	0.03
무기질소	0.1	0.2	0.3
카드뮴	0.005	0.01	0.01
무기인	0.015	0.03	0.045
부유물질	10	50	150
기름	0.05	0.1	0.5
pH	7.5~8.4	7.3~8.8	6.5~9.0
온도	4°C	4°C	4°C
대장균	700개/L	1000개/L	1000개/L

21>에 요약하였다(정회성, 1995). 남한의 해역수질기준과는 체계와 기준항목에서 많은 차이가 있으나 공유하는 기준치는 그 엄격함에서는 전체적으로 큰 차이가 없었다.

2) 배출허용기준

북한의 수질오염물질에 대한 배출허용기준은 환경기준과 마찬가지로 특별수역과 일반수역으로 나누어 설정하고 있다. <표 22>에 이를 정리하였다(정회성, 1995). 남한의 폐수배출허용기준과 방류수수질기준항목 가운데 북한에 없는 것은 비소, 유기인, 수은, 용해성 철, pH, 노말헥산추출물질함유량, 총인, 총질소 등이다. 반면에 북한의 기준항목 가운데 남한에는 없는 항목으로는 암모니아성 질소, 아질산성 질소, 질산성 질소, 질산염, 불소산, 염소이온, 유기염소, 대장균 등이 있다. 북한의 부유고형물질 기준치는 남한의 청정지역의 기준치보다도 약간 더 엄격하다. 한편 BOD와 COD의 배출허용기준치는 북한의 환경질 기준과 비슷한 값으로 설정되어 있어서 남한의 청정지역 배출허용기준치의 약 1/10에 불과할 정도로 대단히 엄격한 수준이다. 크롬의 경우 북한은 크롬산염으로 규제가 되는데, 기준치가 남한의 청정지역의 6가 크롬에 비해 약 1/2 수준의 엄격한 값으로 설정되어 있다. 납과 카드뮴도 남한의 청정지역의 1/2 수준, 구리는 1/5, 시안은 1/20, 페놀은 1/1,000 정도의 수준으로 정해져 있다. 이들 중 일부 항목들은 항목 이름이 유사하더라도 세부적으로 구체적 내용에서는 남북한 사이에 차이가 있을 수 있으며, 공식적으로 정해진 분석법에 따라 실질적으로 의미하는 규제수준이 달라질 수도 있다. 또한 엄격하게 정해진 기준치가 있다 하더라도 그 기준치가 현실적으로 잘 지켜질지 여부는 매우 중요하다. 그런데도 알려진 기준치만을 놓고 볼 때 남북한이 공유하고 있는 기준항목들의 경우 북한의 기준이 남한보다 전반적으로 엄격한 것도 사실이다.

〈표 22〉 북한의 배출허용기준

기준 항목	특별수역	일반수역
부유고형물질	20	30
암모니아성 질소	0.1	0.5
아질산성 질소	0.01	0.05
질산성 질소	10	10
COD	3	3
BOD	7.5	5
니켈	0.1	0.1
시안	0.01	0.01
질산염	0.05	0.05
크롬산염	0.05	0.05
아연	1.0	1.0
구리	0.1	0.1
납	0.1	0.1
페놀	0.001	0.001
카드뮴	0.01	0.01
불소산	0.7	0.7
염소이온	10	10
유기염소	0.002	0.002
대장균	1000/L	1000/L

제3절 수질현황

1. 주요 수질오염원

(1) 남한

남한의 주요 수질오염원으로는 도시하수, 산업폐수, 축산폐수, 비료와 농약 등을 들 수 있다. 이들에 대한 상세한 자료는 환경부(www.me.go.kr)에서 쉽게 얻을 수 있기 때문에 이 책에서는 생략한다.

(2) 북한

북한의 수질오염원에 대한 자료는 시공간적으로 추세를 파악할 수 있는 정량적 성격의 것은 거의 없으며 산업활동 자료에서 유추할 수 있는 대단히 파편적 성격을 가진 것들이 대부분이다. 따라서 이 책에서 수질오염원과 관련된 자료라고 판단되는 것들을 정리하는 일 이상의 시도를 하는 것은 현재로서는 적절하지 않다고 판단하였다.

정회성은 전반적으로 북한의 가장 중요한 수질오염원으로 공장과 광산에서 발생하는 폐수를 들고 있으며, 이들에 대한 처리시설이 없거나 기술이 낙후되어 오염이 가중되는 것으로 판단한다(정회성, 1995). 그는 남한과 달리 도시하수의 오염기여도는 상대적으로 작을 것으로 보지만, 분뇨처리시설의 부재 등을 수질오염의 한 원인으로 지목하고 있다. 김경술 등(2002)에 의하면 산업폐수뿐만 아니라 생활하수도 주요 오염원일 것으로 추정하고 있으며 또한 다른 연구에서도 분뇨의 시비, 과도한 비료 사용 등으로 인한 수질오염도 심각할 것으로 지적되고 있다(정회성 등, 1996; 김정인, 2002).[3] 화학비료사용량은 1970년대 이미 1,000kg/ha 정도인 것으로 알려졌으며, 1980년대의 사용목표는 2,000kg/ha, 1990년대의 사용량이 2,000kg/ha 이상인 것으로 보고되고 있다(정회성 등, 1996). 이러한 수치는 다른 아시아 국가나 일부 개발도상국의 사용량의 수배에서 수십 배의 양에 해당하는 것으로서 과대평가된 값일 가능성이 있으나, 화학비료의 사용을 중요하게 생각하고 있음을 잘 보여주는 것으로서 이에 따른 수질오염의 가능성도 잘 보여준다고 판단된다. 또한 부족한 식량의 증산을 위해서 그동안 활발하게 추진된 다락밭 개간은 심각한 홍수와 토사의 유출을 초래하여 수질에 부정적인 영향을 미쳤을 것으로 추정된다.

---

3) 김정인(2002) 참조
－2000년 두만강유역 무산광산폐수가 유입되는 성천강 부유고형물질의 농도가 141.8mg/L로 1981년의 2193mg/L에 비하면 현저히 개선됨.

수질오염원과 오염도가 가장 많이 알려진 곳은 두만강으로서 이 지역의 주요 오염원으로는 북한의 무산철광(1980년대의 폐수 배출량이 1만 5,000톤/일), 아오지화학공장, 운덕화학공장(0.23mg/L 페놀 함유 폐수, 두만강으로 배출)과 중국 측의 개산툰펄프공장(1999년 중국 쪽 두만강 COD 배출의 약 48.4%), 세현제지공장(4만 톤/일 폐수, 중국 쪽 두만강 COD 배출의 약 38.6%) 등을 들고 있다(김정인, 2002). 또한 두만강은 화학비료의 사용 때문에 오염이 가중되었을 것으로 추측되는데, 김정인(2002)에 의하면 1998년 중국 측의 사용량은 비료 4만 8,137톤, 질소 1만 3,558톤, 오산화인 1,066톤, 칼륨 1421톤, 제초제 749톤에 이르는 것으로 조사되었다(〈표 23〉 참조). 한편 남양과 회령의 도시하수, 중국 쪽의 연길, 도문, 훈춘의 도시하수 등도 중요 오염원으로 추측하고 있다(정회성, 1995). 또한 압록강의 경우 탄광, 만포시멘트공장, 중강진, 혜산 만포, 신의주 등의 도시하수, 중국의 단동, 장백현, 집안 등에서 발생하는 산업폐수와 도시하수가 주요 오염원일 것으로 보고 있다. 원산 앞바다가 오염되었다는 사실도 외부에 비교적 잘 알려졌는데 주요 오염원으로 흥남비료, 본궁화학, 2.8비날론 공장, 합성수지 및 도료, 제약, 화학, 섬유산업 등이 입지한 흥남공단과 문천유색금속제련 등을 들고 있다.

〈표 23〉 두만강 수계 지역의 비료사용량

구분	화학비료사용량(t)				
	질소	인산	칼륨	합성물	계
양자	4,059	322	59	541	4,981
두만	2,439	551	40	413	3,443
훈춘	5,924	408	208	1,341	7,281
용정	15,646	1,657	437	2,480	20,220
혜룡	8,820	1,446	197	798	11,261
왕청	7,066	1,695	280	2,568	11,609
안투	4,783	587	200	2,225	7,795
계	48,137	6,666	1,421	10,366	66,590

자료: Jilin Provincial Monitoring Center Station of Environment Protection, Tumen River SAP project: Trans-boundary Diagnostic Analysis, 2001.7.3.

한편 북한의 하폐수처리시설 부족과 기술 낙후는 여러 연구자들이 공통적으로 지적하지만 구체적 자료는 거의 밝혀지지 않고 있다. 다만 평양에는 10여개의 침전지와 더불어 1992년 완공된 평천오수정화장(30만 톤/일)을 두어 평양의 도시하수를 처리하는 것으로 알려졌으나, 이는 평양시의 인구를 고려하면 하루에 140만 톤이 필요하기에 대단히 부족한 규모로 평가되고 있다(김광규 등, 2002).

2. 수질오염 측정

(1) 남한

남한에서 수질오염 측정이 본격화된 것은 수질환경보전법이 제정된 1970년대 말부터이지만 환경부의 전신인 환경청이 1988년부터 환경연감에 월별 수질자료를 공식적으로 공개하면서부터 체계적인 정리가 이루어졌다고 할 수 있다. 수질측정에 참여하는 기관들은 홍수관리와 용수공급 등과 관련해 큰 강의 상류에 있는 댐들을 관리할 책임이 있는 수자원공사와 도시지역을 지나는 하천들에 대한 국민보건위생의 측면에서 책임을 갖는 각 시도 보건환경연구원과 농어촌진흥공사, 국립수산진흥원 등을 들 수 있다. 하지만 1992년 1월 1일부터는 각 기관에서 독자적으로 운영하던 측정망을 환경부에서 통합운영하고 중복조사지점과 측정기관을 일원화하고, 이를 전산처리망을 통해 신속히 유통키로 결정함에 따라 환경부에서는 2005년 현재 한강수계에 있는 396개 지점을 포함하여 전국에 1,877개 지점에 대해 각 기관에서 매월 수질을 측정한 자료를 전산통계 담당관실에서 통합관리하고 있다. 이들 측정지점들은 전국 하천과 호소 등 수질보전대상 공공수역에 대한 수질현황을 종합적으로 파악하여 수질변화 추세를 파악하고, 기존 수질정책의 효과를 분석해서 장래의 수질보전정책을 수립하기 위한 기초자료의 확보를 목적으로 운영되고 있다. 이렇게 축적된 기존 측정망의 수질정보는 그 지역의 장기적인 변화경향을 파악하는 데 효과적이긴 하나, 대부분의 지점

〈표 24〉 남한의 수질측정망 측정항목과 주기

구분		조사항목	조사횟수	시기	비고
하천수 (도시관류포함)		pH, DO, BOD, COD, SS, 총질소, NH_3-N, NO_3-N, 총인, 수온, 페놀류, 전기전도도, 분원성대장균군수, 총대장균군수, DTN, DTP, PO_4-P, 클로로필a	12회/년 (48회/년)	매월	하천수질 환경기준 및 하천보호 상 필요한 항목
		Cd, CN, Pb, Cr+6, As, Hg, ABS	4회/년 (12회/년)	3, 6, 9, 12월	
		PCB, 유기인, TCE, PCE	1회/년	7월	
호소수		pH, DO, BOD, COD, SS, 총질소, DTN, NH_3-N, NO_3-N, 총인, DTP, PO_4-P, 수온, 페놀류, 전기전도도, 클로로필a, 투명도, 분원성대장균군수, 총대장균군수	12회/년	매월	호소수질 환경기준 및 호소수질 변화 상태파악 항목
		Cd, CN, Pb, Cr+6, As, Hg, ABS	4회/년	3, 6, 9, 12월	
상수원수	하천수	pH, BOD, SS, DO, 총대장균군수	월 1회 이상	매월	상수원관 리규칙 규정에 의함
		Cd, As, CN, Hg, Pb, Cr+6, F, Se, NH_3-N, NO_3-N, 페놀류, ABS, 카바릴, 1,1,1트리클로로에탄, TCE, PCE, PCB, 유기인	4회/년	3, 6, 9, 12월	
	호소수	pH, COD, SS, DO, 총대장균군수	월 1회 이상	매월	
		Cd, As, CN, Hg, Pb, Cr+6, F, Se, NH_3-N, NO_3-N, 페놀류, ABS, 카바릴, 1,1,1트리클로로에탄, TCE, PCE, PCB, 유기인	4회/년	3, 6, 9, 12월	
	지하수	Cd, As, CN, Pb, Cr+6, Hg, ABS, 다이아지논, 파라티온, 페니트로티온, F, Se, NH3-N, NO3-N, 카바릴, 1,1,1트리클로로에탄, TCE, PCE, 페놀류	반기 1회 이상		
농업용수		pH, DO, BOD, COD, SS, 총질소, 총인, Cu, Pb, Cd, Cl-, 전기전도도	2회/년	6, 9월	수질환경 기준
공단배수		pH, DO, BOD, COD, SS, 수온, 전기전도도	24회/년	매월 2회	폐수배출 허용 기준 및 방류수수 질기준 항목
		Cd, CN, Pb, Cr+6, As, Hg, Cu, Zn, Cr, F, ABS, 색도, 총질소, 총인, 페놀, N-핵산, 용해성망간, 용해성철, 총대장균군수	12회/년	매월	
		유기인, PCB, TCE, PCE	1회/년	11월	

〈표 25〉 수질자동측정소별 측정항목

측정소	구 분	측 정 항 목	설치시기
가평	본류	수온, pH, 전기전도도(EC), 용존산소(DO), TOC 등 5개 항목 과 Biomonitoring(fish)	1996
양평	본류	수온, pH, 전기전도도(EC), 용존산소(DO), TOC, Dichloromethane, 1,1,1-Trichloroethane, Benzene, Trichloroethyene, Carbontetrachloride, Toluene, Perchloroethylene, Ethylbenzene, Xylene 등 14개 항목과 Biomonitoring(fish),	1996
여주	본류	수온, pH, 전기전도도(EC), 용존산소(DO), TOC 등 5개 항목과 Biomonitoring(fish)	2000
구리	본 류	수온, pH, 전기전도도(EC), 용존산소(DO), TOC 등 5개 항목과 Biomonitoring(fish)	1997
경안천	지류	수온, pH, 전기전도도(EC), 용존산소(DO), TOC, Dichloromethane, 1,1,1-Trichloroethane, Benzene, Trichloroethyene, Carbontetrachloride, Toluene, Perchloroethylene, Ethylbenzene, Xylene 등 14개 항목과 Biomonitoring(fish)	1996
섬강	지류	수온, pH, 전기전도도(EC), 용존산소(DO), TOC 등 5개 항목과 Biomonitoring(fish)	2000

에서 유량정보가 빠져 기존 측정망 정보를 통해서는 수질관리 대안을 수립하는 데 많은 어려움이 있다. 〈표 24〉에 측정항목과 주기를 요약하였다.

또한 이와 별도로 수질오염자동측정망이 운영되는데, 이는 1994년 낙동강수질오염사고를 계기로 전국 주요 상수원과 오염사고 취약지역에 설치되었다. 2004년 12월 현재까지 전국에 36개 측정소(한강 11개소와 낙동강에 13개소, 금강 7개소, 영산강 5개소)가 있으며, 2008년까지 56개소의 수질자동측정망을 추가로 설치하여 운영할 계획이다. 측정항목은 〈표 25〉에 요약하였다.

(2) 북한

북한의 수질오염측정체계는 잘 알려져 있지 않은데, 자연보전지역, 공업지역, 유역과 해안지역으로 나누고 수질측정센터를 두어 220여 곳을 측정한다는 보고가 있으며(김광규 등, 2002), 그 밖에도 보건부 모니터링담당국에서 1개월에 1회씩 대동강의 수질측정을 하고 그 결과에 기초하여 전 유역에 걸쳐 토지이용 강력히 통제한다고 알려졌다. 또한 두만강의 수질을 측정하기 위해 중국 측의 측정소 23개소가 운영이 되며 pH, 부유고형물질, 용존산소, BOD, COD, 아질산성 질소, 질산성 질소 등 18개 항목에 대해 연 6회의 측정이 이루어진다고 한다(김정인, 2002). 한편 평양의 평천오수정화장의 배출수에 대해 pH, BOD, COD, 부유고형물질, 암모니아이온, 질산염, 페놀 등의 항목을 1개월마다 측정한다고 알려져 있다(정회성, 1995).

3. 수질오염 현황

(1) 남한

이 책에서는 북한의 수질오염과 비교를 할 수 있게 남한의 수질오염측정자료 가운데 가장 기본적인 항목인 BOD, COD, 용존산소, 부유고형물질, 총인, 총질소에 대해 지난 15년간 4대강의 중요지점(한강: 충주댐, 팔당댐, 영등포, 구의, 낙동강: 안동, 봉화, 구미, 금호강, 덕천, 신천, 금강: 옥천, 대청댐, 공주, 부여, 영산강: 무안, 우치, 광주, 나주)의 연평균변화를 간략하게 소개한다.

1) BOD

1989년부터 2004년 초까지 지난 15년간의 연평균 BOD의 변화를 [그림 4]에 나타냈다.

지난 15년간 4대강의 수질이 개선되지 않고 있는 것으로 나타났으며, 상류와 하류의 오염도는 뚜렷한 차이가 있다. 특히 낙동강 하류는 그림에는 나타나지 않았으나 40~70mg/L 수준으로 다른 강의 10배 이상의 오염도를 보이며, 다음으로는 영산강하류의 오염도가 두드러졌으며 대략 4~6mg/L 수준을 유지하는 것으로 나타났으며, 4대강의 상류는 대략 1mg/L 전후의 수준을 유지하고 있다.

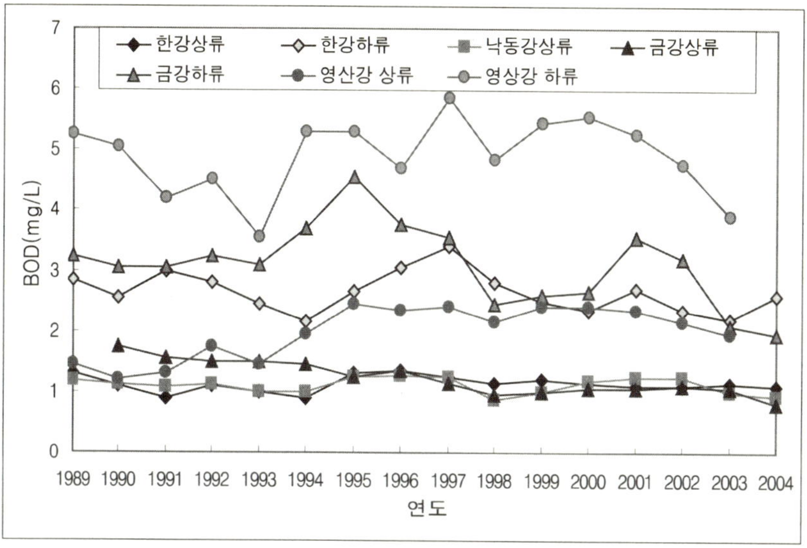

[그림 4] 남한의 4대강 상하류지점의 BOD변화 추세

2) COD

지난 15년간의 연평균 COD변화를 [그림 5]에 나타냈다.

BOD의 경우와 마찬가지로 상하류 간의 수질오염도 차이가 뚜렷하나 전체적으로 시간이 흐르면서 점차 COD의 상승이 일어나 수질이 악화되는 것으로 판단된다. 그림에는 보이지 않았지만 COD도 낙동강 하류에서 가장 높은 것으로 측정되었는데 대략 20~35mg/L로서 다른 강의 5배 이상의 오염도를 보였다. 상류의 COD값은 영산강을 제외한 나머지 강에서는 2~3mg/L로 비슷하였으나, 영산강 상류의 값이 4~6mg/L로 다른 강들에 비해 2배 정도의 오염도를 보이는 특징이 있었다.

3) 용존산소

지난 15년간 용존산소의 변화추세를 [그림 6]에 나타냈다. 용존산소의 추세는 지난 15년간 뚜렷한 변화가 없는 것으로 판단된다. BOD, COD의 측정결과와 일관성이 있게 낙동강하류의 용존산소농도가 두드러지게 낮았

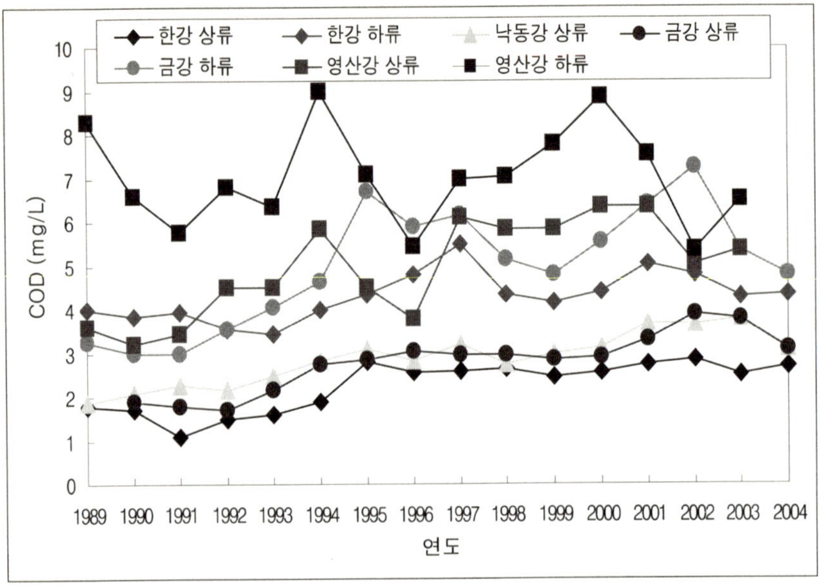

[그림 5] 남한의 4대강 상하류지점의 COD변화 추세

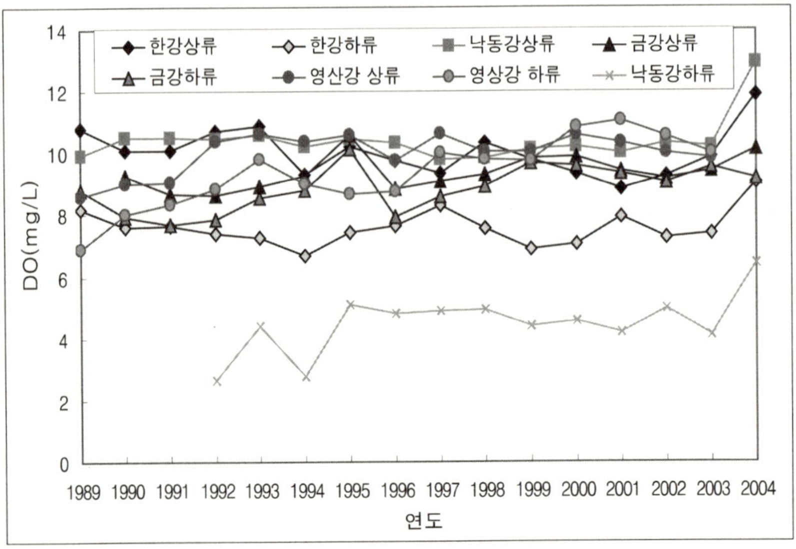

[그림 6] 남한의 4대강 상하류지점의 용존산소 농도 변화 추세

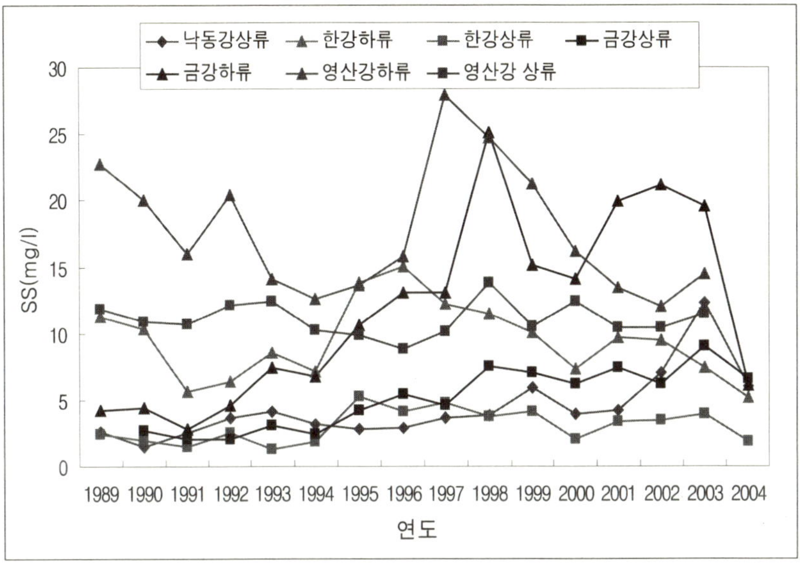

[그림 7] 남한의 4대강 상하류지점의 부유고형물질 농도 변화 추세

으며 다음으로는 한강하류에서 낮았다.

4) 부유고형물질

지난 15년간의 부유고형물질의 농도변화 추세를 [그림 7]에 나타냈다. 영산강을 제외하면 상류에서는 대략 5~10mg/L 정도의 수준을 나타내며, 하류에서는 10~50mg/L의 수준을 보인다. 낙동강 하류의 경우 최대 80mg/L의 농도를 보이며 전반적으로 다른 강에 비해 가장 높은 농도값을 보인다는 점에서 BOD나 COD의 경향과 비슷하다.

5) 총질소

[그림 8]에 4대강 상하류의 총질소 농도의 15년간 변화추세를 나타냈다. 전반적으로 총질소의 오염도가 점차 증가하는 것으로 나타났으며 상하류의 오염도 차이가 드러났다. 낙동강하류에서는 그 오염도가 10~20mg/L로

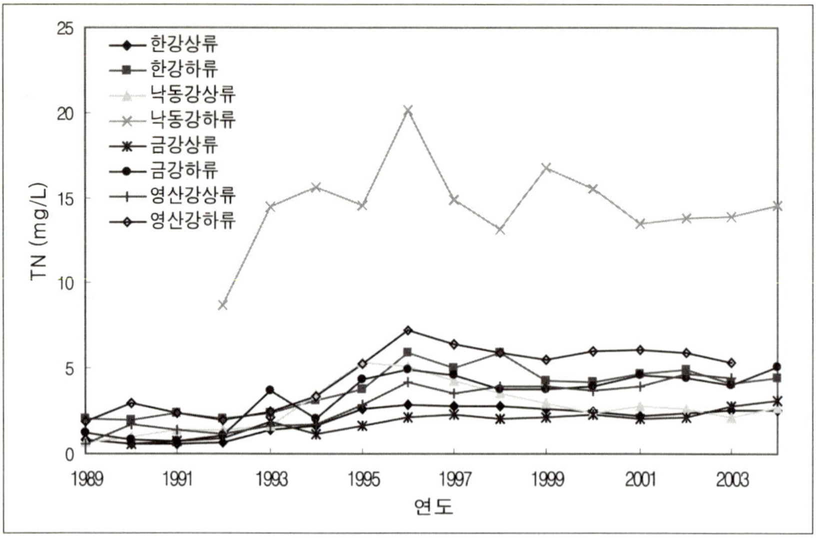

[그림 8] 남한의 4대강 상하류지점의 총질소 농도 변화 추세

서 다른 강의 2~4배 정도의 높은 오염도를 보이고 있다.

6) 총인

[그림 9]에 4대강 상하류의 총인 농도의 15년간 변화추세를 나타냈다. 총인의 농도는 총질소의 경우처럼 증가 추세가 뚜렷하지는 않다. 다른 오염물질과 마찬가지로 낙동강하류의 농도가 1~1.6mg/L로 두드러지게 높고 다음으로 영산강하류의 농도가 0.2~0.4mg/L로 높다. 나머지 지점에서는 0.2mg/L 이하 수준인 것으로 나타났다.

7) 요약

이상의 수질오염 기본항목을 중심으로 보았을 때 4대강의 수질이 개선되지 못하고 있음이 나타났다. 수질환경기준의 달성률도 4대강 전체에 걸쳐 대략 30% 정도에 지나지 않으며, 특히 영산강/섬진강은 1등급기준을 만족시키는 곳이 거의 없는 것으로 나타났다. 전체적으로 4대강 가운데 한강과

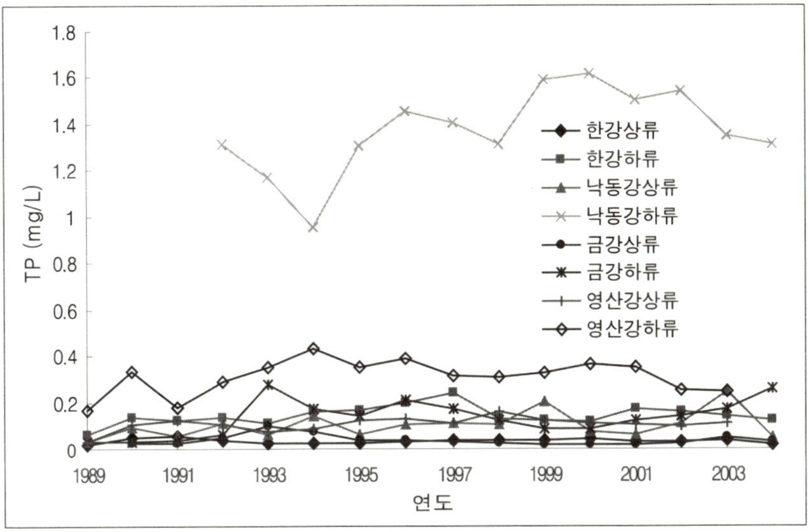

[그림 9] 남한의 4대강 상하류지점의 총인 농도 변화 추세

금강의 수질이 상대적으로 나으며 낙동강 오염이 아주 두드러지게 높게 나타났으며, 항목에 따라서는 영산강의 오염도 매우 심한 것으로 나타났다.

(2) 북한

남한에서는 현재 북한의 수질을 가늠할 수 있는 체계적인 측정자료를 확보하지 못하고 있으며, 이용 가능한 자료도 아주 단편적이거나 오래 전에 수질을 측정한 자료가 대부분이다. 그나마 측정값이 알려진 것은 대부분 두만강의 경우에 국한되어 있다. 이러한 자료로 현재 전반적인 북한의 수질 오염현황을 판단하는 것은 매우 어려우며, 따라서 본 조사에서는 일단 훗날을 위해서 북한의 수질오염에 대한 이용 가능한 자료를 요약 정리하고자 하였다.

1) 두만강

먼저 수질오염도에 대한 측정자료가 일부나마 알려진 두만강의 경우를 보면 〈표 26〉에 나타난 바와 같이 부유고형물질의 농도는 1990년대 초에 비해 후반으로 오면서 상당히 줄어들었다(김정인, 2002). 정확히 두만강의 어느 지점을 측정했는지 알려져 있지 않아 이 자료만 가지고 두만강의 전반적인 오염도를 판단할 수 없다. 그러나 측정된 값은 남한의 4대강 중 가장 오염이 심한 낙동강 하류보다도 높은 것으로 나타났다. COD값은 부유고형물질농도와 달리 감소추세가 분명하지 않은데, 이는 부유고형물질의 유기물 함량이 대단히 낮음을 의미한다. 따라서 일반적인 지표수의 부유고형물질의 기원인 토양이나 조류 등이 아닌 돌가루 등이 부유고형물질의 원인이었음을 짐작하게 한다. 측정지점의 COD 수준 역시 남한에서 가장 오염도가 높은 낙동강 하류의 COD값을 초과하거나 비슷한 수준을 보인다.

한편 두만강의 오염도를 엿볼 수 있는 다른 자료들을 〈표 27〉, 〈표 28〉에 요약하였다.

〈표 28〉의 측정일자가 1979년과 1981년임을 감안하면 최소한 1970년대

〈표 26〉 북한의 두만강 수질 변화(중국 측 지점)

구분	1991	1992	1993	1994	1995	1996	1997	1998	1999
SS(mg/l)	553.0	363.0	639.5	514.6	317.7	197.0	134.0	92.7	89.0
COD(mg/l)	44.17	97.57	41.96	61.69	40.53	29.9	54.14	27.62	43.42

자료: 북한경제 FORUM. 2001에서 재인용.

〈표 27〉 북한 두만강 주요 수역의 일반적인 수질현황(1996.6)

항목 (단위)	防 (두만강 하류)	密江-水川 사이	북한 訓成	중국 길림성 환경학회 측정치
SS(mg/L)	45	144	164	상류: 1,000~4,590 하류: 200~870
COD(mg/L)	17.4	18.2	19.2	BOD(봄, 가을: 1.0 겨울: 18.9~33.6
NO_3^-(mg/L)	7.8	5.3	4.4	
PO_4^{3-}(mg/L)	0.07	0.06	0.05	
일반세균(CFU/mg)	1.4×104	1.4×104	1.4×104	

자료: 북한경제 FORUM, 2001에서 재인용.

〈표 28〉 두만강과 훈춘하 수질조사결과

(단위: mg/L)

항목 / 하천	검측 하단	측정 시간	PH	DO	COD	암모니아질소	총경도	페놀	비소	수은	크롬+2	불소
어업수질표준			7～8	4～8	20	0.025	5～12	0	–	0.0005	–	–
두만강	권하	81.1.28	7.4	0.88	34.8	0.025	4.0	0.05	–	–	–	–
		81.2.24	7.3		136.3	1.0	4.27	0.098	0.01	–	0.002	–
		81.6.15	7.6	7.68	32.3	3.5	1.27	0.1	–	–	–	–
		81.10.15	7.8	9.6	48.58	0.12	1.9	–	–	–	–	–
		81.12.15	7.5	6.8	135.33	0.8	2.73	0.63	–	–	–	–
	하동	81.6.15	7.6	6.14	24.24	1.2	1.35	–	–	–	–	–
훈춘하	도원동	79.5.15	7.1	11.8	2.	0.2	1.35	–	–	0.0002	–	–
	훈춘감	79.5.15	6.9	7.6	24	–	–	–	–	0.016	–	–

자료: Jilin Provincial Monitoring Center Station of Environment Protection, Tumen River SAP project: Trans-boundary Diagnostic Analysis, 2001.7.3.

〈표 29〉 두만강 수계 지역의 수질검사 결과

	구획명	물기능 등급	포괄적 수질 등급	표준의 초과/ 미달	주 오염원
두만강	난평	Ⅲ	Ⅲ	N	CODMin, BOD5
	도문	Ⅳ	– V	Y	CODMin, BOD5
	하동	Ⅳ	– V	Y	CODMin
	관하	Ⅲ	– V	Y	
훈춘강	춘화	Ⅱ	I	N	
	훈춘교	Ⅲ	Ⅱ	N	
	삼가좌(Sanjiazi)	Ⅲ	Ⅲ	N	
	서위좌(Xiwaizi)	Ⅲ	Ⅲ	N	
가야강	단결(團結)	Ⅱ	Ⅲ	Y	CODMin
	Baye Bridge	Ⅳ	– V	Y	CODMin, BOD5
혜란강	관문	Ⅲ	Ⅲ	N	
	비옌(Biyan)	Ⅲ	Ⅱ	N	CODMin, BOD5
	동승교	V	– V	Y	CODMin
	하룡	V	– V	Y	

자료: Jilin Provincial Monitoring Center Station of Environment Protection, Tumen River SAP project: Trans-boundary Diagnostic Analysis, 2001.7.3.

후반 두만강의 오염도가 강의 어느 지역인가에 따라 매우 차이가 큼을 알 수 있으며 일부 지역의 부유고형물질과 COD의 수준은 매우 높은 편에 속함을 알 수 있으며, 이러한 상태는 1990년대 중반 또는 후반까지 지속되었음을 추측할 수 있다. 〈표 29〉에 의하면 두만강의 수질등급은 전반적으로 매우 낮은 것으로 평가되고 있어서 그러한 추측을 뒷받침한다. 그러나 이러한 추세가 현재는 또 어떻게 바뀌었는지를 정확히 알기는 어렵다.

2) 평양지역의 하천수와 음용수

북한의 대표적 도시인 평양은 대외적으로 북한의 얼굴이며, 집약적 농업지역인 동시에 종합공업지역이면서, 인구밀집지역으로서 수질관리 정책이 구현되기에 주목할 만한 대상지라 할 것이다. 따라서 극히 제한된 자료이긴 하지만 최근(2004, 2005) 평양의 하천수와 수돗물 수질 측정자료를 검토하여 수질오염도를 엿보았다. 연구 대상지인 평양에는 10여개의 침전지와 더불어 1992년 완공된 평천오수정화장(1일처리용량 30만 톤)을 두어 평양의 도시하수를 처리하는 것으로 알려졌는데, 이는 평양시의 인구를 고려했을 때 대단히 부족한 규모이다(남북민간과학기술교류추진협의회, 1992). 더불어 평양을 중심으로 남포, 송림, 사리원 일대에는 북한 공업의 25%를 차지하는 최대 공업지구가 자리 잡고 있다. 이 지역에는 기계, 석유화학, 자동차, 기관차, 통신장비, 전기기구 등의 제조업체들이 밀집해 있다고 알려졌는데(britannica), 이들이 주요 수질오염 배출원으로 추정된다. 또한 앞서 언급한 것처럼 에너지 부족 때문에 남벌, 식량생산을 위해 벌인 다락밭 개간사업은 심각한 홍수와 토사 유출로 수질에 부정적인 영향을 미쳤을 것으로 추정할 수 있다.

평양의 상수원인 대동강의 수질은 환경기준을 초과하여 매년 악화되고 있으며, 서해갑문 건설 이후 대동강 하류부분의 유량이 감소하고, 대동강 지류오염과 더불어 하류지역의 남포에 위치한 공장폐수 역류 때문에 부영양화가 심화되고 있음이 보고되었다(남북환경포럼, 2004). 또한 식수원인 대동강의 오염에 의한 수인성질병 우려 역시 보고된 바 있다(남북환경포럼, 2003).

〈표 30〉에 평양의 하천에서 2004년 6월에 채취된 시료의 측정결과를 요약하였다. 시료는 비 오기 전 2회, 비 온 후 1회 채취하였다.

하천수질은 북한의 수질환경기준항목 가운데 일부 측정되지 않은 항목(BOD, COD, 니켈, 유기염소)을 제외하고는 모두 만족시켰다. 이는 남한의 먹는물 수질기준과 비교해 보았을 때에도 비 오기 전 냄새 항목과 비 온 후 탁도 항목을 제외하면 모든 기준을 만족시킬 정도로 좋은 하천수질이었다.

한편 수돗물의 수질을 엿볼 수 있는 자료로서 2004년 평양에서 4곳, 남포에서 1곳 채수한 샘플로 모두 5개 측정 자료를 〈표 31〉에 제시하였다. 앞서 평양의 4곳은 D지점의 경우 탁도를 제외한 검사항목에서 적합판정을 받았으나, E지점의 경우 질산성질소의 경우 기준치의 6배, 증발잔류물 2배 이상을 초과하였고, 경도, 염소이온이 기준치를 초과하였다. 이러한 수질의 특성은 E지점에서 채취된 물이 지하수임을 강력하게 시사하나 지점에 대한 세부적인 추가 정보가 없으므로 확인할 수 없었다.

한편 2005년 평양지역의 여러 지점에서 채취가 가능했던 수질시료의 분석결과를 〈표 32〉에 요약하였다.

2005년의 수질측정결과와 마찬가지로 수돗물은 물론 하천수조차 남한의 먹는물 수질기준을 만족시킬 수 있는 수질을 나타내고 있다. 결과적으로 이상의 2004년과 2005년의 측정결과만을 놓고 볼 때 하천수와 음용수 모두 남한의 먹는물 기준으로 판단해도 적합항목이 대다수일 정도로 평양지역의 수질은 양호한 편이다. 물론 채수과정의 엄격성이나 시료의 수 등에서 전반적인 수질을 나타낼 수 있는 대표성을 확보하기에는 극히 제한된 결과임을 염두에 두어야 하지만, 이러한 측정결과는 평양의 밀집된 인구, 주변 공업지역의 산업활동 등 앞서 언급한 다양한 오염원의 존재를 근거로 한 악화된 수질의 예상 또는 보고(2003, 2004 남북환경포럼)와 일치하지 않는다.

〈표 30〉 평양의 하천수질(수질기준은 남한의 먹는물 수질기준)

검사항목	기준	비오기 전 1회	비오기 전 2회	비온 후
1. 납(Pb)	0.05mg/L 이하	불검출	불검출	불검출
2. 불소(F)	1.5mg/L 이하	불검출	불검출	0.2mg/L
3. 비소(As)	0.05mg/L 이하	불검출	불검출	불검출
4. 셀레늄(Se)	0.01mg/L 이하	불검출	불검출	불검출
5. 수은(Hg)	0.001mg/L 이하	불검출	불검출	불검출
6. 시안(CN)	0.01mg/L 이하	불검출	불검출	불검출
7. 6가크롬(Cr+6)	0.05mg/L 이하	불검출	불검출	불검출
8. 암모니아질소(NH_3-N)	0.5mg/L 이하	0.05mg/L	불검출	불검출
9. 질산성질소(NO_3-N)	10mg/L 이하	1.1mg/L	1.2mg/L	1.4mg/L
10. 카드뮴(Cd)	0.005mg/L 이하	불검출	불검출	불검출
11. 보론(B)	0.3mg/L 이하	불검출	불검출	불검출
12. 페놀(Phenol)	0.005mg/L이하	불검출	불검출	불검출
13. 경도(Hardness)	300mg/L 이하	102mg/L	100mg/L	111mg/L
14. 과망간산칼륨소비량 ($KMnO_4$ Consumed)	10mg/L 이하	1.8mg/L	1.5mg/L	1.8mg/L
15. 냄새(Odor)	무취	부	적	적
16. 맛(Taste)	무미	적	적	적
17. 동(Cu)	1.0mg/L 이하	불검출	불검출	불검출
18. 색도(Color)	5도 이하	3도	3도	5도
19. 세제 (음이온계면활성제: ABS)	0.5mg/L 이하	불검출	불검출	불검출
20. 수소이온농도(pH)	5.8～8.5	7.6	7.3	7.3
21. 아연(Zn)	1.0mg/L 이하	0.049mg/L	불검출	0.024mg/L
22. 염소이온(Cl^-)	250mg/L 이하	6mg/L	6mg/L	7mg/L
23. 증발잔류물 (Total solids)	500mg/L 이하	112mg/L	153mg/L	166mg/L
24. 철(Fe)	0.3mg/L 이하	불검출	불검출	0.05mg/L
25. 망간(Mn)	0.3mg/L 이하	불검출	불검출	불검출
26. 탁도(Turbidity)	1NTU 이하	0.35NTU	0.43NTU	13.30NTU
27. 황산이온(SO_4^{2-})	200mg/L 이하	22mg/L	22mg/L	22mg/L
28. 알루미늄(Al)	0.2mg/L 이하	불검출	불검출	0.03mg/L

〈표 31〉 평양의 수돗물 수질(E지점은 남포, 수질기준은 남한의 먹는물 수질기준)

검사항목	기준	A지점	B지점	C지점	D지점	E지점
1. 납(Pb)	0.05mg/L 이하	불검출	불검출	불검출	불검출	불검출
2. 불소(F)	1.5mg/L 이하	0.2mg/L	0.2mg/L	불검출	불검출	불검출
3. 비소(As)	0.05mg/L 이하	불검출	불검출	불검출	불검출	불검출
4. 셀레늄(Se)	0.01mg/L 이하	불검출	불검출	불검출	불검출	불검출
5. 수은(Hg)	0.001mg/L 이하	불검출	불검출	불검출	불검출	불검출
6. 시안(CN)	0.01mg/L 이하	불검출	불검출	불검출	불검출	불검출
7. 6가크롬(Cr+6)	0.05mg/L 이하	불검출	불검출	불검출	불검출	불검출
8. 암모니아질소 (NH_3-N)	0.5mg/L 이하	0.01mg/L	0.02mg/L	불검출	불검출	0.01mg/L
9. 질산성질소(NO_3-N)	10mg/L 이하	1.0mg/L	1.6mg/L	2.7mg/L	2.5mg/L	60.9mg/L
10. 카드뮴(Cd)	0.005mg/L 이하	불검출	불검출	불검출	불검출	불검출
11. 보론(B)	0.3mg/L 이하	0.02mg/L	불검출	불검출	불검출	불검출
12. 페놀(Phenol)	0.005mg/L이하	불검출	불검출	불검출	불검출	불검출
13. 경도(Hardness)	300mg/L 이하	146mg/L	108mg/L	137mg/L	171mg/L	467mg/L
14. 과망간산칼륨소비량 ($KMnO_4$ Consumed)	10mg/L 이하	0.3mg/L	0.6mg/L	0.9mg/L	0.3mg/L	0.6mg/L
15. 냄새(Odor)	무취	적	적	적	부	적
16. 맛(Taste)	무미	적	적	적	적	적
17. 동(Cu)	1.0mg/L 이하	0.042mg/L	불검출	불검출	불검출	불검출
18. 색도(Color)	5도 이하	4도	2도	5도	1도	1도
19. 세제(음이온계면활성제:ABS)	0.5mg/L 이하	불검출	불검출	불검출	불검출	불검출
20. 수소이온농도(pH)	5.8~8.5	7.4	7.5	6.6	7.1	6.2
21. 아연(Zn)	1.0mg/L 이하	0.089mg/L	0.019mg/L	0.037mg/L	0.322mg/L	0.417mg/L
22. 염소이온(Cl^-)	250mg/L 이하	8mg/L	8mg/L	26mg/L	35mg/L	277mg/L
23. 증발잔류물 (Total solids)	500mg/L 이하	198mg/L	146mg/L	251mg/L	286mg/L	1,352mg/L
24. 철(Fe)	0.3mg/L 이하	0.06mg/L	불검출	0.15mg/L	0.06mg/L	0.20mg/L
25. 망간(Mn)	0.3mg/L 이하	0.090mg/L	불검출	불검출	불검출	불검출
26. 탁도(Turbidity)	1NTU 이하	0.49NTU	0.12NTU	15.10NTU	0.24NTU	0.13NTU
27. 황산이온(SO_4^{2-})	200mg/L 이하	24mg/L	22mg/L	32mg/L	22mg/L	76mg/L
28. 알루미늄(Al)	0.2mg/L 이하	불검출	불검출	불검출	불검출	불검출

〈표 32〉 평양지역 수질시료 측정결과(기준은 남한의 먹는물 수질기준)

항 목	기 준	시료#1 대동강물 (하천수)	시료#2 만경대 우물물 (지하수)	시료#3 소년궁전 (수돗물)	시료#4 원형식당 수돗물)	시료#5 순안공항 (수돗물)	#시료6 묘향산 만폭동 (계곡물)
pH	5.8~8.5	7.59	6.67	7.46	7.12	6.80	7.40
탁도	1NTU	2.81	3.48	1.25	0.35	0.75	1.25
냄새	이취 없을 것	무취	무취	무취	무취	무취	무취
맛	이미 없을것	무미	무미	무미	무미	무미	무미
수은	0.001mg/L	N.D	N.D	N.D	N.D	N.D	N.D
철	0.3mg/L	0.12	N.D	N.D	N.D	N.D	N.D
보론	0.3mg/L	0.03	0.09	0.09	0.07	0.02	N.D
망간	0.3mg/L	0.018	N.D	N.D	0.008	0.031	N.D
알루미늄	0.2mg/L	0.11	0.06	0.06	0.02	N.D	0.04
비소	0.05mg/L	N.D	N.D	N.D	N.D	N.D	N.D
셀레늄	0.01mg/L	N.D	N.D	N.D	N.D	N.D	N.D
카드뮴	0.01mg/L	N.D	N.D	N.D	N.D	N.D	N.D
납	0.05mg/L	N.D	N.D	N.D	N.D	N.D	N.D
6가 크롬	0.05mg/L	N.D	N.D	N.D	N.D	N.D	N.D
아연	1.0mg/L	0.006	0.019	0.149	0.171	0.009	0.005
동	1.0mg/L	N.D	0.010	N.D	N.D	N.D	N.D
불소	1.5mg/L	N.D	N.D	N.D	0.2	N.D	N.D
염소이온	250mg/L	6.6	39.7	21.3	21.1	29.7	1.3
질산성질소	10mg/L	1.3	13.0	2.0	2.8	2.6	0.9
황산이온	200mg/L	21.4	67.8	22.0	33.3	35.6	8.7
암모니아성질소	0.5mg/L	0.16	0.04	N.D	N.D	N.D	N.D

3) 북한의 주요 강

〈표 33〉과 〈표 34〉는 각각 북한의 주요 강들과 대동강의 수질 오염도를 대략적으로 평가한 기존의 자료이다. 이러한 평가의 근거가 정확히 소개되어 있지는 않았으나 이미 알려진 단편적 자료들을 종합한 것으로 보인다. 이 평가에 의하면 북한의 주요 강들이 대도시나 공장, 광산지대 등을 통과하

는 부분에서는 오염이 심각하다는 인상을 준다.

이상의 여러 자료들은 북한의 주요 강들이 최소한 대도시, 공업지역, 광산지역 등 산업활동이 활발한 지역을 통과하는 부분은 심하게 오염되어 있음을 짐작하게 한다. 그러나 1996년 측정된 함경도 신포지역의 남대천, 현금호, 대은호의 측정결과를 보면 산업활동이 밀집되지 않은 지역은 수질뿐만 아니라 수변구역도 매우 잘 보존되어 있어서 북한의 주요 강들이 모두 오염된 것은 아님을 알 수 있다(Environmental Planning Institute, 1998). 참고로 남대천, 현금호, 대은호의 측정 자료를 〈표 35〉와 〈표 36〉에 요약하였다.

〈표 33〉 북한 주요 수역의 일반적인 수질현황

구분	수 질 현 황
대동강	· 오수, 분뇨 중 절반 정도가 정화되지 않은 채 그대로 유입 · 물고기가 죽어 떠오르는 광경 수시 목격 · 수돗물을 그대로 마신 주민들의 복통 호소
성천강	· 함흥의 염료공장, 가죽공장의 폐수와 가정의 생활하수 유입 · 회복 불능의 강으로 전락
두만강	· 무산탄광, 회령제지공장, 중국의 개산툰 펄프공장 등으로부터 탄광폐수, 표백제, 생활오수 유입 심각한 수질오염상황 · 수생식물에 심각한 영향 초래
압록강	· 북한의 혜산, 중강, 만포, 신의주, 중국의 장백, 남강, 집안시, 단동시 등의 산업폐수와 생활오수 유입 · 식수로 사용하기 곤란한 하천 Ⅲ급수 이하의 악화된 수질
연근해안	· 동서부의 산업폐수로 연근해안 오염 · 남포시 유색금속제련소의 정광 부산물과 제련찌꺼기, 시약배출로 연안오염 심화 · 원산 앞바다 5~8월 사이 적조현상 빈발, 어패류 및 해조류 멸종 · 서해안 간척사업(황해남도 앞바다 8만 ha, 평안남도 앞바다 11만 ha를 포함한 총 30만 ha 간척)으로 인한 해양오염 · 서해갑문건설 이후 폐수가 역류, 악취발생, 댐 상류 평균 온도가 상승하는 부작용 초래

〈표 34〉 UNEP 북한환경보고서(2003)에 의한 대동강 수질

	12월	4월	7월	9월	연평균
COD(mg/l)	0.73	2.14	1.33	0.78	1.25
NH_4-N(mg/l)	0.2	0.27	0.87	0.08	0.35
대장균(no./l)	68,500	311,666	4,847	2,300	96,828

〈표 35〉 북한 남대천의 수질특성

parameter	Unit	Season	NamDae stream (upper) WR-1	NamDae stream (mid) WR-2	NamDae stream (down) WR-3	Env.standard (stream)
Temperature	℃	Autumn	8.82	11.15	12.37	
		Winter	0.10	0.40	0.30	
		Spring	17.03	18.17	19.35	
		Summer	21.59	23.15	24.17	
		Average	11.88	13.22	14.05	
Salinity	ppt	Autumn	0.05	0.05	0.06	
		Winter	0.05	0.05	0.09	
		Spring	0.04	0.03	0.03	
		Summer	0.04	0.04	0.04	
		Average	0.05	0.04	0.05	
DO	%	Autumn	103.39	108.67	100.48	
		Winter	100.80	94.40	94.10	
		Spring	100.22	101.16	97.79	
		Summer	003.28	121.52	100.34	
		Average	104.42	106.44	98.18	
DO	mg/L	Autumn	12.00	11.94	10.73	1: above7.5
		Winter	14.69	13.65	13.64	2: above5
		Spring	9.70	9.55	9.01	3: above5
		Summer	9.98	10.39	8.42	4: above2
		Average	11.59	11.38	10.45	5: above2
Electric Conductivity	mS/cm	Autumn	112.95	102.14	128.50	
		Winter	101.00	98.00	195.00	
		Spring	87.08	71.09	71.26	
		Summer	95.25	81.83	85.60	
		Average	99.07	88.27	120.09	
pH		Autumn	9.11	8.68	8.91	1-3: 6.5～8.5 4-5: 6.0～8.5
		Winter	7.81	7.51	7.66	
		Spring	8.40	7.97	7.83	
		Summer	8.71	8.71	7.91	
		Average	8.51	8.22	8.08	
Turbidity	NTU	Autumn	0	0	0	
		Winter	0	0	2	
		Spring	12	10	8	
		Summer	6	2	6	
		Average	4.50	3.00	4.00	
Alkalinity	mg $CaCO_3$ /L	Autumn	45.0	35.0	30.0	
		Winter	20.0	15.0	30.0	
		Spring	32.5	25.0	30.0	
		Summer	45.0	30.0	45.0	
		Average	35.63	26.25	33.75	

parameter	Unit	Season	NamDae stream (upper) WR-1	NamDae stream (mid) WR-2	NamDae stream (down) WR-3	Env.standard (stream)
HCO_3-	mg/L	Autumn	39.56	33.26	27.49	
		Winter	19.85	14.29	29.85	
		Spring	31.62	24.73	29.78	
		Summer	42.71	28.37	44.61	
		Average	33.44	25.33	32.93	
CO_3^{2-}	mg/L	Autumn	4.791	1.497	2.101	
		Winter	0.120	0.045	0.128	
		Spring	0.750	0.219	0.190	
		Summer	2.035	1.370	0.344	
		Average	1.924	0.783	0.691	
COD	mg/L	Autumn	0.2	0.2	0.4	
		Winter	1.2	0.6	0.4	
		Spring	1.6	1.7	1.6	
		Summer	1.0	1.0	1.3	
		Average	1.0	0.9	0.9	
Hard -ness	mg $CaCO_3$ /L	Autumn	36	34	58	
		Winter	60	65	70	
		Spring	N.D	N.D	N.D	
		Summer	75	60	55	
		Average	42.75	39.75	45.75	
T-N	mg/L	Autumn	17.00	17.00	17.00	
		Winter	1.20	1.40	1.20	
		Spring	0.83	1.31	1.29	
		Summer	0.20	0.20	0.60	
		Average	4.81	4.98	5.02	
NH_4^+-N	mg/L	Autumn	0.06	0.04	0.04	
		Winter	0.12	0.27	0.11	
		Spring	N.D	N.D	N.D	
		Summer	0.08	0.05	N.D	
		Average	0.07	0.09	0.04	
NO_3^--N	mg/L	Autumn	0.000	0.001	0.000	
		Winter	0.000	0.002	0.000	
		Spring	0.000	0.000	0.001	
		Summer	0.002	0.003	0.005	
		Average	0.001	0.002	0.002	

parameter	Unit	Season	NamDae stream (upper) WR-1	NamDae stream (mid) WR-2	NamDae stream (down) WR-3	Env.standard (stream)
NO_3^{-}-N	mg/L	Autumn	0.34	0.21	0.33	
		Winter	0.44	0.20	0.48	
		Spring	0.29	0.32	0.21	
		Summer	0.24	0.19	0.21	
		Average	0.33	0.23	0.31	
T-P	mg/L	Autumn	N.D	N.D	N.D	
		Winter	N.D	N.D	N.D	
		Spring	N.D	0.14	0.19	
		Summer	N.D	0.05	0.05	
		Average	N.D	0.05	0.06	
PO_4^{3-}-P	mg/L	Autumn	0.04	0.04	0.11	
		Winter	0.01	0.08	0.09	
		Spring	N.D	N.D	N.D	
		Summer	0.19	0.07	0.09	
		Average	0.06	0.0475	0.0725	
SO_4^{2-}	mg/L	Autumn	11.18	10.68	12.49	
		Winter	11.66	11.10	16.73	
		Spring	10.85	9.07	8.97	
		Summer	10.59	9.34	9.60	
		Average	11.07	10.05	11.95	
TS	g/L	Autumn	0.07	0.07	0.08	
		Winter	0.32	0.11	0.33	
		Spring	6.16	10.45	16.35	
		Summer	4.76	3.05	2.16	
		Average	2.83	3.42	4.73	
SS	mg/L	Autumn	0.30	0.30	0.50	1-3: below25 4: below100 5: Wastes must not be floated
		Winter	0.25	0.05	0.20	
		Spring	6.10	10.40	16.30	
		Summer	4.70	3.00	2.10	
		Average	2.84	3.44	4.78	
TDS	mg/L	Autumn	0.070	0.070	0.080	
		Winter	0.065	0.064	0.127	
		Spring	0.060	0.050	0.050	
		Summer	0.062	0.053	0.0554	
		Average	0.06	0.06	0.08	
TOC	mg/L	Autumn	0.63	0.68	0.35	
		Winter	1.45	1.49	0.99	
		Spring	1.81	1.29	1.22	
		Summer	1.15	1.08	1.01	
		Average	1.26	1.13	0.89	

parameter	Unit	Season	NamDae stream (upper) WR-1	NamDae stream (mid) WR-2	NamDae stream (down) WR-3	Env.standard (stream)
As	mg/L	Autumn	N.D	N.D	N.D	Below 0.05
		Winter	N/A	N/A	N/A	
		Spring				
		Summer	0.011	0.014	0.011	
		Average				
Ca_2^+	mg/L	Autumn	8.57	7.48	8.25	Below 0.01
		Winter	5.08	5.76	5.50	
		Spring	7.24	5.37	50.60	
		Summer	7.89	5.69	5.98	
		Average	7.20	6.08	17.58	
Cd	mg/L	Autumn	N.D	N.D	N.D	
		Winter	N.D	N.D	N.D	
		Spring	N.D	N.D	N.D	
		Summer	N.D	0.01	0.01	
		Average	N.D	0.0025	0.0025	
Cl-	mg/L	Autumn	47.0	7.0	11.5	
		Winter	1.6	4.2	44.0	
		Spring	17.0	5.0	20.0	
		Summer	2.3	3.1	3.4	
		Average	17.0	4.8	19.7	
CN-	mg/L	Autumn	N.D	N.D	N.D	Must not be detected
		Winter	N.D	N.D	N.D	
		Spring	N.D	N.D	N.D	
		Summer	N.D	N.D	N.D	
		Average	N.D	N.D	N.D	
Total Si	mg/L	Autumn	N.D	N.D	N.D	
		Winter	N.D	N.D	N.D	
		Spring	N.D	N.D	N.D	
		Summer	N.D	N.D	N.D	
		Average	N.D	N.D	N.D	
Colloidal Si	mg/L	Autumn	N.D	N.D	N.D	
		Winter	N.D	N.D	N.D	
		Spring	N.D	N.D	N.D	
		Summer	N.D	N.D	N.D	
		Average	N.D	N.D	N.D	
Cr	mg/L	Autumn	N.D	N.D	N.D	Below 0.05
		Winter	N.D	N.D	N.D	
		Spring	N.D	N.D	N.D	
		Summer	N.D	N.D	N.D	
		Average	N.D	N.D	N.D	

parameter	Unit	Season	NamDae stream (upper) WR-1	NamDae stream (mid) WR-2	NamDae stream (down) WR-3	Env.standard (stream)
Cu	mg/L	Autumn	0.07	0.03	N.D	
		Winter	0.04	N.D	N.D	
		Spring	0.02	0.02	0.01	
		Summer	0.03	0.03	0.05	
		Average	0.04	0.02	0.015	
Total Fe	mg/L	Autumn	0.23	0.15	0.17	
		Winter	0.17	0.60	0.29	
		Spring	0.56	0.35	0.42	
		Summer	0.16	0.14	0.16	
		Average	0.28	0.31	0.26	
Dissolved Fe	mg/L	Autumn	0.23	0.17	0.16	
		Winter	0.17	0.31	0.19	
		Spring	0.37	0.40	0.43	
		Summer	0.16	0.13	0.15	
		Average	0.23	0.25	0.23	
Total Mn	mg/L	Autumn	0.10	0.08	0.07	
		Winter	0.15	0.17	0.13	
		Spring	0.09	0.03	0.14	
		Summer	0.02	0.02	0.02	
		Average	0.09	0.08	0.07	
Dissolved Mn	mg/L	Autumn	0.08	0.07	0.07	
		Winter	16.00	0.20	0.13	
		Spring	0.06	0.03	0.04	
		Summer	0.01	0.02	0.02	
		Average	4.04	0.08	0.07	
F^-	mg/L	Autumn	0.25	0.29	0.30	
		Winter	0.43	0.51	0.61	
		Spring	0.14	0.05	0.04	
		Summer	N.D	0.41	N.D	
		Average	0.205	0.315	0.2375	
Hg	mg/L	Autumn	N.D	N.D	N.D	Must not be detected
		Winter	N.D	N.D	N.D	
		Spring	N.D	N.D	N.D	
		Summer	N.D	N.D	N.D	
		Average	N.D	N.D	N.D	
K^+	mg/L	Autumn	0.88	0.96	0.87	
		Winter	1.45	3.01	1.73	
		Spring	1.22	1.10	1.19	
		Summer	1.61	1.72	1.75	
		Average	1.29	1.6975	1.385	

parameter	Unit	Season	NamDae stream (upper) WR-1	NamDae stream (mid) WR-2	NamDae stream (down) WR-3	Env.standard (stream)
Mg_2^+	mg/L	Autumn	1.77	1.75	1.83	
		Winter	1.92	2.24	1.91	
		Spring	3.03	2.30	2.55	
		Summer	1.73	1.56	1.60	
		Average	2.11	1.96	1.97	
Na^+	mg/L	Autumn	6.59	5.17	2.35	
		Winter	3.40	4.36	29.42	
		Spring	1.96	2.18	2.13	
		Summer	3.98	4.14	4.24	
		Average	3.98	3.96	9.54	
Pb	mg/L	Autumn	N.D	N.D	N.D	Below 0.1
		Winter	N.D	N.D	N.D	
		Spring	N.D	N.D	N.D	
		Summer	N.D	N.D	N.D	
		Average	N.D	N.D	N.D	
PCBs	mg/L	Autumn	N.D	N.D	N.D	Must not be detected
		Winter	N.D	N.D	N.D	
		Spring	N.D	N.D	N.D	
		Summer	N.D	N.D	N.D	
		Average	N.D	N.D	N.D	
Diazinon	mg/L	Autumn	N.D	N.D	N.D	
		Winter	N.D	N.D	N.D	
		Spring	N.D	N.D	N.D	
		Summer	N.D	N.D	N.D	
		Average	N.D	N.D	N.D	
Malathion	mg/L	Autumn	N.D	N.D	N.D	
		Winter	N.D	N.D	N.D	
		Spring	N.D	N.D	N.D	
		Summer	N.D	N.D	N.D	
		Average	N.D	N.D	N.D	
Organo-p	mg/L	Autumn	N.D	N.D	N.D	Must not be detected
		Winter	N.D	N.D	N.D	
		Spring	N.D	N.D	N.D	
		Summer	N.D	N.D	N.D	
		Average	N.D	N.D	N.D	
Parathion	mg/L	Autumn	N.D	N.D	N.D	
		Winter	N.D	N.D	N.D	
		Spring	N.D	N.D	N.D	
		Summer	N.D	N.D	N.D	
		Average	N.D	N.D	N.D	

〈표 36〉 북한 현금호와 대은호의 수질특성

<table>
<tr><th>parameter</th><th>Unit</th><th>Season</th><th>Hyunkum lake WP-1</th><th>Daien lake WP-2</th><th>Env.standard (lake)</th></tr>
<tr><td rowspan="5">Temperature</td><td rowspan="5">℃</td><td>Autumn</td><td>8.89</td><td>7.80</td><td rowspan="5"></td></tr>
<tr><td>Winter</td><td>1.80</td><td>3.20</td></tr>
<tr><td>Spring</td><td>20.18</td><td>20.43</td></tr>
<tr><td>Summer</td><td>23.76</td><td>25.73</td></tr>
<tr><td>Average</td><td>13.66</td><td>14.29</td></tr>
<tr><td rowspan="5">Salinity</td><td rowspan="5">ppt</td><td>Autumn</td><td>1.06</td><td>1.13</td><td rowspan="5"></td></tr>
<tr><td>Winter</td><td>0.93</td><td>2.21</td></tr>
<tr><td>Spring</td><td>1.02</td><td>1.49</td></tr>
<tr><td>Summer</td><td>0.85</td><td>0.86</td></tr>
<tr><td>Average</td><td>0.97</td><td>1.40</td></tr>
<tr><td rowspan="5">DO</td><td rowspan="5">%</td><td>Autumn</td><td>84.97</td><td>108.65</td><td rowspan="5"></td></tr>
<tr><td>Winter</td><td>69.30</td><td>143.60</td></tr>
<tr><td>Spring</td><td>83.63</td><td>99.65</td></tr>
<tr><td>Summer</td><td>276.55</td><td>300.00</td></tr>
<tr><td>Average</td><td>128.61</td><td>162.97</td></tr>
<tr><td rowspan="5">DO</td><td rowspan="5">mg/L</td><td>Autumn</td><td>9.78</td><td>12.84</td><td rowspan="5">1: above 7.5
2: above 5
3: above 5
4: above 2
5: above 2</td></tr>
<tr><td>Winter</td><td>9.57</td><td>18.98</td></tr>
<tr><td>Spring</td><td>7.53</td><td>8.91</td></tr>
<tr><td>Summer</td><td>23.27</td><td>24.35</td></tr>
<tr><td>Average</td><td>12.54</td><td>16.27</td></tr>
<tr><td rowspan="5">Electric Conductivity</td><td rowspan="5">µs/cm</td><td>Autumn</td><td>2067.86</td><td>2195.59</td><td rowspan="5"></td></tr>
<tr><td>Winter</td><td>1848.00</td><td>4047.00</td></tr>
<tr><td>Spring</td><td>1992.44</td><td>2866.64</td></tr>
<tr><td>Summer</td><td>1682.00</td><td>1703.00</td></tr>
<tr><td>Average</td><td>1897.58</td><td>2703.06</td></tr>
<tr><td rowspan="5">PH</td><td rowspan="5"></td><td>Autumn</td><td>7.70</td><td>8.54</td><td rowspan="5">1-3: 6.5~8.5
4-5: 6.0~8.5</td></tr>
<tr><td>Winter</td><td>6.95</td><td>7.48</td></tr>
<tr><td>Spring</td><td>7.41</td><td>7.92</td></tr>
<tr><td>Summer</td><td>7.15</td><td>8.29</td></tr>
<tr><td>Average</td><td>7.30</td><td>8.06</td></tr>
<tr><td rowspan="5">Turbidity</td><td rowspan="5">NTU</td><td>Autumn</td><td>20</td><td>12</td><td rowspan="5"></td></tr>
<tr><td>Winter</td><td>6</td><td>6</td></tr>
<tr><td>Spring</td><td>24</td><td>38</td></tr>
<tr><td>Summer</td><td>0</td><td>6</td></tr>
<tr><td>Average</td><td>12.50</td><td>15.50</td></tr>
<tr><td rowspan="5">Alkalinity</td><td rowspan="5">mg $CaCO_3$/L</td><td>Autumn</td><td>180.0</td><td>145.0</td><td rowspan="5"></td></tr>
<tr><td>Winter</td><td>55.0</td><td>110.0</td></tr>
<tr><td>Spring</td><td>117.5</td><td>127.5</td></tr>
<tr><td>Summer</td><td>45.0</td><td>85.0</td></tr>
<tr><td>Average</td><td>99.38</td><td>116.88</td></tr>
</table>

parameter	Unit	Season	Hyunkum lake WP-1	Daien lake WP-2	Env.standard (lake)
HCO_3^-	mg/L	Autumn	179.13	140.26	
		Winter	54.95	109.67	
		Spring	117.20	126.47	
		Summer	44.93	83.37	
		Average	99.05	114.94	
CO_3^-	mg/L	Autumn	0.844	4.571	
		Winter	0.046	0.311	
		Spring	0.285	0.988	
		Summer	0.060	1.528	
		Average	0.309	1.850	
COD	mg/L	Autumn	11.6	11.2	1: above 1
		Winter	6.0	10.4	2: above 3
		Spring	7.0	9.6	3: above 6
		Summer	5.7	7.9	4: above 8
		Average	7.6	9.8	5: above 10
Hardness	mg $CaCO_3$/L	Autumn	390	440	
		Winter	370	850	
		Spring	190	250	
		Summer	185	380	
		Average	283.75	480	
T-N	mg/L	Autumn	17.00	17.00	1: above 0.2
		Winter	1.80	1.40	2: above 0.4
		Spring	0.94	1.81	3: above 0.6
		Summer	2.10	0.50	4: above 1
		Average	5.46	5.18	5: above 1.5
NH_4^+-N	mg/L	Autumn	0.22	0.06	
		Winter	0.19	0.38	
		Spring	N.D	N.D	
		Summer	0.19	0.15	
		Average	0.15	0.15	
NO_2^--N	mg/L	Autumn	0.100	0.007	
		Winter	0.000	0.016	
		Spring	0.002	0.004	
		Summer	0.04	0.011	
		Average	0.04	0.01	

parameter	Unit	Season	Hyunkum lake WP-1	Daien lake WP-2	Env.standard (lake)
NO_3^--N	mg/L	Autumn	N/A	N/A	
		Winter	0.00	0.10	
		Spring	0.07	0.19	
		Summer	0.28	0.01	
		Average	0.09	0.08	
T-P	mg/L	Autumn	0.10	0.05	1: above 0.01 2: above 0.3 3: above 0.05 4: above 0.1 5: above 0.15
		Winter	0.05	0.05	
		Spring	0.05	0.24	
		Summer	0.05	0.05	
		Average	0.06	0.10	
PO_4-P	mg/L	Autumn	0.08	0.05	
		Winter	0.02	0.05	
		Spring	N.D	N.D	
		Summer	0.71	0.04	
		Average	0.2025	0.035	
SO_4^{2-}	mg/L	Autumn	117.51	129.20	
		Winter	242.40	1.06	
		Spring	152.80	134.63	
		Summer	138.00	110.43	
		Average	162.68	93.83	
TS	g/L	Autumn	1.36	1.43	
		Winter	3.90	7.78	
		Spring	23.10	33.16	
		Summer	8.79	4.81	
		Average	9.29	11.79	
SS	mg/L	Autumn	19.00	5.00	1: above 1 2: above 5 3: above 15 4: above 15 5: Waste must not be floated
		Winter	2.70	5.15	
		Spring	21.80	31.30	
		Summer	7.70	3.70	
		Average	12.80	11.29	
TDS	g/L	Autumn	1.340	1.430	
		Winter	1.201	2.631	
		Spring	1.300	1.860	
		Summer	1.903	1.107	
		Average	1.23	1.76	
TOC	mg/L	Autumn	0.22	0.47	
		Winter	4.85	5.92	
		Spring	5.27	4.82	
		Summer	5.43	3.19	
		Average	3.94	3.60	

parameter	Unit	Season	Hyunkum lake WP-1	Daien lake WP-2	Env.standard (lake)
As	mg/L	Autumn	N.D	N.D	Below 0.05
		Winter	N/A	N/A	
		Spring			
		Summer	0.006	0.010	
		Average			
Ca^{2+}	mg/L	Autumn	48.60	55.05	
		Winter	16.02	22.64	
		Spring	49.70	55.10	
		Summer	27.95	25.64	
		Average	35.57	39.72	
Cd^{2+}	mg/L	Autumn	N.D	N.D	Below 0.01
		Winter	N.D	N.D	
		Spring	N.D	N.D	
		Summer	0.01	0.01	
		Average	0.0025	0.0025	
Cl^-	mg/L	Autumn	30.0	800.0	
		Winter	420.0	1800.0	
		Spring	360.0	300.0	
		Summer	550.0	300.0	
		Average	340.0	800.0	
CN^-	mg/L	Autumn	N.D	N.D	Must not be detected
		Winter	N.D	N.D	
		Spring	N.D	N.D	
		Summer	N.D	N.D	
		Average	N.D	N.D	
Total Si	mg/L	Autumn	N.D	N.D	
		Winter	N.D	N.D	
		Spring	N.D	N.D	
		Summer	N.D	N.D	
		Average	N.D	N.D	
Colloidal Si	mg/L	Autumn	N.D	N.D	
		Winter	N.D	N.D	
		Spring	N.D	N.D	
		Summer	N.D	N.D	
		Average	N.D	N.D	
Cr	mg/L	Autumn	N.D	N.D	Below 0.05
		Winter	N.D	N.D	
		Spring	N.D	N.D	
		Summer	N.D	N.D	
		Average	N.D	N.D	

parameter	Unit	Season	Hyunkum lake WP-1	Daien lake WP-2	Env.standard (lake)
Cu	mg/L	Autumn	0.03	0.01	
		Winter	0.14	N.D	
		Spring	0.01	0.01	
		Summer	N.D	N.D	
		Average	0.045	0.005	
Total Fe	mg/L	Autumn	0.91	0.58	
		Winter	0.41	0.48	
		Spring	1.58	0.96	
		Summer	0.74	0.23	
		Average	0.91	0.56	
Dissolved Fe	mg/l	Autumn	0.91	0.52	
		Winter	0.22	0.31	
		Spring	1.25	0.94	
		Summer	0.74	0.23	
		Average	0.78	0.50	
Total Mn	mg/L	Autumn	1.05	0.25	
		Winter	0.41	0.35	
		Spring	0.65	0.48	
		Summer	0.15	0.08	
		Average	0.57	0.29	
Dissolved Mn	mg/L	Autumn	1.09	0.25	
		Winter	0.39	0.36	
		Spring	0.65	0.50	
		Summer	0.17	0.07	
		Average	0.58	0.30	
F^-	mg/L	Autumn	2.58	2.22	
		Winter	0.78	297.66	
		Spring	N.D	N.D	
		Summer	N.D	N.D	
		Average	0.84	74.97	
Hg	mg/L	Autumn	N.D	N.D	Must not be detected
		Winter	N.D	N.D	
		Spring	N.D	N.D	
		Summer	N.D	N.D	
		Average	N.D	N.D	
K^+	mg/L	Autumn	N.D	N.D	
		Winter	10.52	14.21	
		Spring	12.22	12.99	
		Summer	9.76	9.56	
		Average	8.125	9.19	

parameter	Unit	Season	Hyunkum lake WP-1	Daien lake WP-2	Env.standard (lake)
Mg^{2+}	mg/L	Autumn	19.50	19.80	
		Winter	2.91	3.11	
		Spring	35.90	40.65	
		Summer	2.37	2.36	
		Average	15.17	16.48	
Na^{+}	mg/L	Autumn	201.50	226.50	
		Winter	323.35	638.08	
		Spring	377.70	459.45	
		Summer	328.08	269.06	
		Average	307.66	398.27	
Pb	mg/L	Autumn	N.D	N.D	Below 0.1
		Winter	N.D	N.D	
		Spring	N.D	N.D	
		Summer	N.D	N.D	
		Average	N.D	N.D	
PCBs	mg/L	Autumn	N.D	N.D	Must not be detected
		Winter	N.D	N.D	
		Spring	N.D	N.D	
		Summer	N.D	N.D	
		Average	N.D	N.D	
Diazinon	mg/L	Autumn	N.D	N.D	
		Winter	N.D	N.D	
		Spring	N.D	N.D	
		Summer	N.D	N.D	
		Average	N.D	N.D	
Malathion	mg/L	Autumn	N.D	N.D	
		Winter	N.D	N.D	
		Spring	N.D	N.D	
		Summer	N.D	N.D	
		Average	N.D	N.D	
Organo-p	mg/L	Autumn	N.D	N.D	Must not be detected
		Winter	N.D	N.D	
		Spring	N.D	N.D	
		Summer	N.D	N.D	
		Average	N.D	N.D	
Parathion	mg/L	Autumn	N.D	N.D	
		Winter	N.D	N.D	
		Spring	N.D	N.D	
		Summer	N.D	N.D	
		Average	N.D	N.D	

제4절 요약과 전망

앞에서도 수차례 언급한 것처럼 남한에서 이용 가능한 북한의 수질 관련 자료는 단편적이고 불충분할 뿐만 아니라 대부분 매우 오래 전 자료이다. 따라서 이들에 근거하여 북한의 수질현황을 정확 파악하기는 어려운 것으로 판단된다. 이러한 제약에도 불구하고 주어진 자료에 근거하여 북한의 수질에 대한 추정을 굳이 시도한다면 다음과 같다. 즉 공업지역이나 광산활동 등이 가장 중요한 오염원이며 대도시에서 배출되는 하수, 농약과 비료 등이 중요한 수질 오염원일 것으로 보인다. 따라서 주요 강들도 이러한 오염원들의 하류 부분은 이미 1970년대부터 오염이 심각하였으며 1990년대의 후반까지는 상황을 크게 바꿀 것으로 짐작하게 하는 경제적·기술적 요인은 없는 것으로 판단되는 것이 사실이다. 그러나 일부 측정결과를 보면 이들 오염원의 상류 부분과 심각한 오염원이 들어서 있지 않은 강과 하천들의 경우 수질의 보전이 잘 이루어지고 있을 가능성도 크다. 한편 1990년대 후반 이후에는 대체로 경제난 때문에 오염배출시설 노후화와 오염처리설비 부족, 경제개방으로 인한 개발의 가속화, 에너지난으로 인한 남벌, 식량난으로 인한 다락밭 개간에 따른 토양유실 등으로 수질오염을 더욱 심화시키는 측면과 10년 이상 지속된 생산과 소비규모의 심각한 축소로 말미암은 오염물질 배출량 감소 등 오염 완화 가능성이 공존한다. 또한 경제개방에 따른 환경영향을 줄이기 위해 개방초기부터 나름대로의 규제원칙을 세워 놓고 있는 것으로 보인다(손기웅, 2003)(〈표 37〉, 〈표 38〉 참조). 따라서 2000년대 초반을 포함하여 앞으로 수질오염이 어떻게 관리될 것인가는 현재로서는 미지수로 남겨 둔다.

〈표 37〉 환경 관련 규정을 둔 외국인 투자관련 법규

법령 및 제·개정 일시	내 용
외국인투자법, 1992.10.5 최고인민회의	민족경제발전과 나라의 안전에 지장을 주거나 경제기술적으로 뒤떨어지고 환경보호의 요구에 저촉되는 대상의 투자는 금지하거나 제한(11조)
합영법 시행세칙, 1992.10.16 정무원 결정 제148호	조선민주주의인민공화국 영역 안에 환경을 오염시키거나 사람과 동·식물, 자연자원에 피해를 줄 수 있는 합영기업은 창설할 수 없음(5조)
자유경제무역지대법, 1993.1.31 최고인민회의 상설회의 결정	나라의 안전과 주민들의 건강, 동·식물의 생장에 해를 줄 수 있는 대상, 국가가 정한 환경기준을 초과하는 대상, 경제기술적으로 뒤떨어진 대상, 경제적 효과성이 없는 대상의 투자는 금지 또는 제한(13조)
토지임대법 1993.10.27 최고인민회의상설회의 결정 제40호	토지를 임대하는 기관은 토지임차 희망자에게 다음과 같은 자료를 제공(10조) －환경보호, 위생방역, 소방과 관련한 요구(5항)
외국인기업법시행규칙, 1994.3.27 정무원 결정 제13호	다음과 같은 경우에는 외국인 기업의 창설을 승인하지 않음(9조) －국민들의 건강보호와 국토 및 자원에 피해를 줄 수 있는 경우(2항)
자유무역항 규정, 1994.4.28 정무원 결정 제20호	항안에서는 해당 항 및 해저에 대한 조사, 연구, 관측을 하거나 환경을 파괴하는 행위, 항의 출입 및 이용질서를 어기는 행위는 하지 말아야 함(24조) 항사업감독기관은 다음과 같은 행위를 했을 경우 제재를 적용(25조) －기름을 항수역에 흘렸을 경우에는 오염된 수역의 평방미터당 1천 원까지의 벌금 －독이 있는 물질, 오수와 오물을 항수역에 버리거나 항지역의 정한 장소밖에 버렸을 경우에는 건당 2만 원까지의 벌금(4항) －피치, 송진과 같은 가연성물질을 태워 환경오염을 시켰거나 화재위험을 주는 행위를 하였을 경우에는 건당 1만 원까지의 벌금(5항)

〈표 38〉 환경 관련 규정을 둔 특구 법규

법령 및 제·개정 일시	내 용
라진·선봉 경재무역지대법 1993.1.31 최고인민회의 상설회의 결정	13조: 나라의 안전과 주민들의 건강, 동식물의 생장에 해를 줄 수 있는 대상, 국가가 정한 환경보호한계기준을 초과하는 대상, 경제기술적으로 뒤떨어진 대상, 경제효과성이 없는 대상의 투자는 금지 또는 제한할 수 있음
개성공업지구법 2002.11.20 최고인민회의 상임위원회 정령	4조: 공업지구에서는 사회의 안전과 민족경제의 건전한 발전, 주민들의 건강과 환경보호에 저해를 주거나 경제기술적으로 뒤떨어진 부분의 투자와 영업활동은 할 수 없다. 하부구조 건설부문, 경공업부문, 첨단과함기술 부문의 투자는 특별히 장려함 25조: 공업지구관리기관의 임무는 다음과 같은… 7. 공업지구의 환경보호, 소방대책
신의주특별행정구 기본법	12조: 신의주특별행정구의 토지와 자연부원은 조선민주주의인민공화국의 소유이다. 국가는 신의주특별행정구역에서 토지와 자연부원의 침해를 허용하지 않음 37조: 국가는 신의주특별행정구에 있는 혁명사적지와 명승지, 천연기념물, 문화유물을 구예산으로 특별히 보호하도록 한다. 보호할 혁명사적지와 명승지, 천연기념물, 문화유물은 공화국의 해당 기관이 정함 41조: 국가는 신의주특별행정구에서 자연환경을 보존, 조성하고 환경오염을 방지하며 주민들에게 문화위생적인 생활환경과 노동조건을 마련하여 줌 83조: 행정부의 임무와 권한은 다음과 같다… 3. 교육, 과학, 문화, 보건, 체육, 환경보호 같은 여러 부문의 사업을 조직하고 집행함
금강산관광지구법 2002.11.13 최고인민회의 상임위원회 정령 제3413호	1조: 금강산관광지구법은 관광지구의 개발과 관리 운영에서제도와 질서를 엄격히 세워 금강산의 자연생태 관광을 발전시키는데 이바지함 11조: 개발업자는 관광지의 풍치림을 베거나 명승지 바다기슭의 솔밭, 해수욕장, 기암절벽, 우아하고 기묘한 산세, 풍치 좋은 섬을 비롯한 자연 풍치와 동굴, 폭포, 옛 성터 같은 천연기념물과 명승고적을 파손시키거나 환경보호에 지장을 주는 건물시설물을 건설하지 말며 정해진 오염물질의 배출기준, 소음, 진동기준 같은 환경보호기준을 보장함 13조: 관광지구 관리기관의 임무는 다음과 같음… 7. 관광지구의 환경보호, 소방대책 14조: 관광지구관리기관은 관광지구에 현대적인 정화장, 침전지, 오물처리장 같은 환경보호시설과 위생시설을 갖추고 여러 가지 버림물을 관광과 환경보호에 지장이 없도록 정화하거나 처리하여야 함 19조: 관광객이 지켜야 할 사항은 다음과 같음… 7. 혁명사적지와 력사유적유물, 천연기념물, 동식물, 온천 같은 관광자원에 손상을 주는 행위를 하지 말아야 함 21조: 소프트웨어 산업 같이 공해가 없는 첨단 과학기술부문의 투자도 관광지구에 할 수 있음 22조: 금강산의 자연생태환경을 파괴하거나 변화시킬 수 있는 부문의 투자는 할 수 없음

제4장 남북한의 대기관리 정책

김정욱_ 서울대학교 환경대학원

제1절 서론

1990년대 이후 북한의 환경 현황을 파악하고자 하는 시도들이 조금씩 이루어져 지금은 제한적이긴 하지만 어느 정도 자료가 축적되고 있으며 나아가 북한의 환경현황에 대한 나름의 연구 성과들이 나오고 있다. 그러나 북한연구가 다 그러하듯이 신뢰할 만한 자료가 부족하고 연구결과에 대한 검증이 불가능하다 보니 북한의 환경현황 연구결과들은 천차만별이다. 1990년대 이루어진 대부분의 북한 대기환경현황 파악에 연구는 북한이 에너지 정책에서 '주탄종유'정책을 유지하고 있어 석탄소비가 많다는 점, 탈북자들이 북한의 대기오염상태가 아주 심각하여 일부 지역에서는 호흡하기가 곤란하다고 증언하였다는 점, 통독 후 드러난 동독의 대기오염 상태가 매우 나빴다는 점 등을 근거로 북한의 대기오염 상태가 매우 나쁠 것이라는 견해를 밝히고 있다(곽승준 · 조승국, 1999, 김영재, 1999, 김정인 · 박창원, 1997, 정회성 등, 1996, 손기웅, 1995, 김강녕, 1994, 2005통일백서). 2003년에 발표된 UNEP(2003)의 북한환경보고서 역시 북한의 대기오염 상태가 좋지 않을 것이라고 밝히고 있다.

그러나 최근 북한을 방문한 사람들 중에는 북한의 대기 상태가 남한보다 오히려 양호하다고 보고하는 사람도 있으며, 장재연(2005) 또한 북한의 대기오염 평가에 대한 문제점을 지적하면서 북한은 오염물질 배출량이 상대적으로 훨씬 적고, 북한의 인구밀도가 남한에 비해 훨씬 낮은 상황, 즉 도시집중이나 산업화, 또는 자동차의 대중화가 이루어지지 않은 점을 근거로 북한의 대기오염이 남한보다 훨씬 양호할 것으로 판단한다.

이렇듯 북한 대기환경에 관한 견해와 연구결과가 각양각색인 이유는 북한에 대한 실측 자료가 극히 제한적이며 또한 연구에 사용한 데이터의 불확실성이 매우 높기 때문인 것으로 판단된다. 최근 UNEP 보고서(2003)에서 북한이 제공한 평양의 대기오염 측정 자료를 제시하고 있으나 1998년까지의 자료로 이 역시 최근의 북한의 대기오염 상태를 제대로 설명한다고 볼 수는 없다. 더구나 북한의 경제가 1992년 이후 마이너스 성장을 하다가 1998년 이후 플러스 성장으로 돌아섰다는 점을 고려할 때 1998년 이전의 자료와 현재의 대기질 상태와는 차이가 날 수 있다.

따라서 북한의 정확한 대기질 상태를 파악하려면 하나의 연구결과나 한 사람의 경험자 판단에 따르는 것이 아니라 종합적인 평가와 최근 실측자료 등 객관적인 자료에 근거한 판단을 내려야 할 것이다.

이 장에서는 북한의 대기관련 선행연구, 북한의 대기관리 정책 고찰, 북한 대기오염도 현황과 평양시의 대기질 측정 자료 등에 근거하여 북한의 대기질에 대한 종합적인 분석과 평가를 시도하였다.

제2절 북한의 대기관련 선행 연구

북한 대기와 관련된 기존연구는 크게 두 가지 차원에서 진행된 것으로 판단된다. 하나는 보도자료나 김일성 저작집, 귀순·탈북자, 북한 방문자들의 진술을 토대로 한 북한의 대기오염현황을 판단하는 서술적 수준의 연구가 있었으며, 다른 하나는 북한의 에너지 사용량을 토대로 원단위를 산정하여 국가전체의 대기오염물질 배출량을 추정하는 연구가 진행된 바 있다.

서술적 수준의 연구는 대기오염 현황자료가 전무한 상태에서 그나마 유용한 정보일 수 있다. 가령 김일성 연설문이나 저작집을 보면 공단중심의 환경오염을 자주 언급하고 대책마련을 지시한 내용을 확인할 수 있다. 이는 북한 최고통치자가 환경오염을 공식적으로 인정하고 있음을 반증하는 자료일 수 있다. 또한 내외통신 등에 실린 보도자료는 공식적으로 환경오염피해나 규모를 확인할 수 있는 자료일 수 있다. 게다가 귀순자나 탈북자들의 증언은 직접 북한에 살면서 환경오염을 체감한 사람들의 증언이기에 더욱 실질적이고 신뢰성 있는 정보로 여길 수 있다. 하지만 이러한 서술적 수준의 연구는 한계를 지닐 수밖에 없다. 가령 김일성 연설문이나 보도자료 등에는 공식적인 피해현황과 규모에 관해 정확한 언급이 없다. 또한 귀순자나 탈북자들의 증언은 한 개인의 주관적 견해라는 점에서 사람들마다 다른 반응을 보일 수 있으며, 게다가 이들이 북한이라는 체제에 반대해온 사람이라는 점에서 객관성을 인정받기가 어려운 형편이다.

한편 더욱 정량적으로 북한의 대기오염 현황에 접근하기 위해 에너지 사용량과 배출계수를 이용해 북한 전체의 대기오염물질 배출량을 추정하는 연구가 상당히 진행돼 왔다. 이들 연구는 북한의 대기오염 현황자료가 전무한 실정에서 정량적인 자료를 만들어냈다는 점에서 의미를 찾을 수 있겠지만 여기에도 여러 가지 한계점이 있을 수 있다. 무엇보다 대기오염 현황에서 가장 큰 관심은 대기오염수준, 즉 농도에 관심이 있는데 이런 욕구를 만족시키지 못한다는 문제가 있다.[4] 배출량은 총량 면에서 적더라도 국지적으로 모여 있을 경우 심각한 대기오염이 될 수 있다. 즉 산간지방의 청정한 대기에 관심이 있는 게 아니라 평양 등 사람이 많이 밀집돼 주거하고 있는 도시지역

4) 물론 대기오염물질이 아니라 기후변화를 일으키는 이산화탄소 등의 온실가스에 관해서는 농도보다 총량에 관심이 있을 수 있다. 하지만 북한의 대기오염에 있어서는 기후변화보다는 아황산가스, 이산화질소 등의 전통적인 대기오염물질이 주된 관심일 수밖에 없다.

이나 산업시설이 운영되는 공단지역의 대기질이 주요 관심사항일 수밖에 없다. 또한 대기오염물질 배출량 추정에서 사용하는 에너지 사용량의 북측 자료가 많이 부풀려 있다는 주장이 있어서 자료의 신뢰성에 의문이 있고, 또 에너지 자료가 세분화되지 않아 많은 가정을 해야 하고, 남한이나 다른 나라의 배출계수를 사용해야 한다는 한계가 있다. 게다가 이렇게 추정된 배출량이 상당히 높게 추정되었다거나 심지어는 남한보다 높게 추정된 경우도 있어 연구의 신뢰성에 의문이 제기되기도 한다.

이처럼 북한의 대기오염 현황과 관련해서 이미 진행된 서술적 수준의 연구와 대기오염물질 배출량 추정에 관한 연구를 자세히 살펴보면 다음과 같다.

1. 서술적 수준

서술적 수준에서 진행된 북한 대기오염현황에 관한 연구는 기초 자료가 없다는 제한적인 상황에서 그나마 얻을 수 있는 유일한 자료였다. 따라서 북한 대기현황에 관심 있는 연구자들은 내외통신 등의 보도자료나 김일성 저작집, 탈북자의 진술 등을 토대로 북한의 대기오염현황을 개략적으로나마 판단할 수 있었다.

(1) 보도자료

주로 내외통신에 실린 기사들로, 다음과 같이 공단지역을 중심으로 한 대기오염의 심각성을 나타내는 기사들을 볼 수 있다.

"제철 · 제련 · 화학공장들이 집중되어 있는 동해안의 공업지역에서는 대기오염이 극심하여, 청진지역에 '김책제철소'와 '청진화학섬유공장'에서 내뿜는 검붉은 매연과 이황화탄소 등의 유독가스로 인해 주민들이 호흡기 질환을 호소하고 있고, 함흥시에서도 '흥남제련소', '2 · 8비날론공장'에서 배출되는

염소가스, 일산화탄소 등으로 인해 노동자들이 호흡이 곤란해서 출퇴근을 못하겠다고 불평·불만을 토로하고 있다는 것이다. 원산지역에서는 '문평제련소', '원산화학공장' 등에서 발생하는 아황산가스와 수은연기로 종업원 가운데 상당수의 치아가 빠지는 이상증세가 발생했고 인근 주민들은 기관지염, 피부병에 시달리고 있으며 농작물도 말라죽고 있다(내외통신 1992)."[5]

"액체화학연료를 생산하는 자강도 만포시 '운하공장' 등이 위치한 별오동 주민들은 전체 주민 2만 5천여 명 가운데 40%인 1만 여명 가량이 간염, 간경변증, 간암, 간경화 등의 질병에 시달리고 있고, 매년 2백 50여명이 사망하고 있으며, '운하공장' 14호 직장여성 근로자들은 불임증·유산·기형아 출산 등 환경오염에 따른 부작용을 알고 있다고 한다(내외통신 1994)."[6]

(2) 김일성 연설문과 저작집

김일성은 연설문이나 저작집을 통해 자연보호의 중요성을 천명한 바 있다. 김일성의 연설은 북한이 환경문제를 인식하기 시작했으며, 국가에서 정책적으로 개입하여 문제를 해결할 의지가 있음을 보여주는 것이다. 또한 북한의 체제 특성상 김일성의 환경문제에 대한 언급은 곧바로 정책에 반영되어 문제해결을 위한 대책 마련까지 이어졌을 것으로 추정할 수 있다. 하지만 어떤 대책이 마련됐으며, 누가 담당했으며, 집행성과가 어떠했는지에 대해 확인할 수 없다는 한계를 지니고 있다. 이러한 김일성의 연설문과 저작집으로는 다음과 같은 글들이 있다.[7]

"1979년 6월 4일 『함경남도 도당위원회와 중요 공장, 기업소 당위원회 앞에

5) 내외통신, 1992, p. 364(김강녕, "남북한의 환경문제와 환경정책", 『국제정치논총』, 제34집 1호, 1994, p. 142에서 재인용)
6) 내외통신, 1994, p. 74(김영재, "북한의 환경실태와 환경정책", 『한국정치외교사논총』, 제21집 1호, 1999, p. 378에서 재인용).
7) 김일성, 『자연보호사업을 강화할 데 대하여』, 조선로동당출판사, 1993(손기웅, "북한의 환경정책과 환경실태", 『국제정치논총』, 제35집 2호, 1995에서 재인용함).

나서는 중심과업에 대하여』란 연설을 통해 김일성은 함흥에 올 때마다 화학공장들에서 나오는 유해가스를 완전히 없애는 데 대하여 강조하였으나 화학공장들에서 아직도 유해가스냄새가 난다고 비판하였다."

"1989년 8월 27일『마전 유원지를 잘 꾸릴 데 대하여』란 연설에서 김일성은 함흥시의 공해현상을 막으려면 결정적인 대책을 세워야지 그저 공해현상을 막자고 구호나 부르면서 소극적으로 달라붙거나 공장과 기업소의 낡은 설비를 보수할 때 헌 바지를 깁듯이 땜때기식으로 해서는 안 된다고 지적하였다."

(3) 귀순자와 탈북자의 증언

귀순자와 탈북자의 증언은 연구적 수준이라기보다는 북한의 환경실태라는 논문에서 연구자들이 정보차원에서 인용한 내용이 주를 이루고 있다. 이 중 최세현의 연구와 김영재의 연구에서 인용된 귀순자의 증언은 다음과 같다.

"청진시의 경우도 김책제철소와 청진화학섬유공장 등에서 나오는 매연과 이황화탄소 등으로 인해 인근 주민들이 피해를 입고 있으며, 문평제련소와 원산화학공장 등이 위치한 원산의 경우 아황산가스와 수은 연기로 공해현상이 심각한 상태이다. 북한의 최대제철소인 황해제철연합기업소가 있는 송림, 유색금속공업지대인 나진, 자강도의 만포, 강계동 군수공업지대와 탄광지대도 대기오염현상이 심각한 지역이다. 시멘트의 경우 공장에서 배출되는 분진뿐만 아니라 포대로 포장하지 않고 그냥 화차에 담은 다음 비닐로 덮고 운반하는 경우가 많아, 시멘트 공장 부근뿐만 아니라 수송철도 주변에도 분진이 많다."[8]

"귀순자 김정민[9]씨에 따르면, 북한에서 대기오염이 가장 심각한 지역은 흥남

8) 최세현, "북한의 환경실태와 환경정책", 『농업정책연구』, 1996, p. 189.
9) 전 조선로동당 간부로서 당 산하 대양무역주식회사 사장을 역임했으며, 1988년 5월 귀순했다.

지구, 함흥지구, 청진지구, 신의주지구, 평양지구, 신안주지구 순으로 꼽을 수 있다고 한다. 이 중 과거의 흥남시까지 흡수한 함흥지역은 각종 공장이 집중되어 있는데, 특히 함흥시 흥남구역은 70% 정도가 공장지대라고 한다. 1927년에 건설된 유명한 흥남비료공장을 중심으로, 본궁화학공장, 2·8비날론공장, 제련소 등 수많은 대형 유해가스 방출 산업시설이 있어 남한의 울산·온산공단에 비유할 수 있다는 것이다. 함흥에서 아침 6시쯤 일어나면 하늘이 뿌옇게 보이기 때문에 날씨가 맑은 것인지 흐린지 판단이 안 선다는 것이다."[10]

대부분의 증언들은 함흥지구, 청진지구 등 주로 공장이 밀집되어 있는 지역에 대한 증언으로 공단지역의 특성상 유해가스의 배출이 많은 지역에서 나타나고 있는 현상들을 주 내용으로 하고 있다. 따라서 이를 북한 도시 전체의 대기질 상태라고 평가하기에는 무리가 있는 정보들이다.

2. 배출량 추정

북한의 대기오염과 관련해서 그나마 정량적인 데이터를 만들어냈던 기존 연구로는 대기오염물질 배출량을 추정한 연구들이 있다. 이들 연구에서는 기본적으로 에너지 사용량과 배출계수를 이용해서 대기오염물질 배출량을 추정하고 있다. 이렇게 해서 추정된 배출량은 국가 전체의 배출량을 파악하는 데 유용한 자료일 수 있다. 즉 북한 전체에서 어느 정도의 대기오염물질이 배출되고 있는지 파악할 수 있으며, 이를 토대로 다른 국가들과의 대기오염물질 배출수준을 비교하는 데도 사용될 수 있다.

배출량 추정에 관한 대표적인 연구로는 UNEP와 UNDP의 보고서(1990), 정회성(1996), 김정인·박창원(1997), 곽승준·조승국(1999), 강광규(2002)의

10) 김영재, "북한의 환경실태와 환경정책", 『한국정치외교사논총』, 제21집 1호, 1999, pp. 376~380.

연구 등이 있으며, 이들 각각의 연구에 대해 살펴보면 다음과 같다.

(1) UNEP와 UNDP

UNEP와 UNDP의 보고서(1990)에 따르면 이산화탄소 배출량에서 한국이 1987년 기준 2,100만 톤, 북한이 1,800만 톤으로 기록되고 있다.[11] 이 보고서의 주된 관심은 일반적인 대기오염이라기보다는 지구온난화에 영향을 끼치는 온실가스에 초점을 맞추고 있다. 이처럼 지구온난화에 영향을 미치는 국가별 책임을 따져보면 〈표 39〉같이 한국이 32번째, 북한이 한국보다 상대적으로 나은 수준에 있지만 세계적인 차원에서 보면 심각한 수준인 것으로 추정된다. 북한의 온실가스 배출량이 남한과 별 차이가 없을 정도로 많은 양을 배출하는 것으로 이 보고서에서는 추정하고 있다.

김강녕(1994)은 이 보고서를 인용하면서 북한이 CFC가스는 배출하지 않지만 이산화탄소나 메탄의 배출량이 한국과 별 차이를 보이지 않는다는 점에서 북한 역시 산성비의 피해가 한국과 비슷할 것으로 추정하고 있다.

그러나 이후에 남한은 이산화탄소 배출이 급증하여 1997년에 4억 3,920만 톤을 배출하여 세계 10위를 기록하였고 이후로도 계속 배출이 증가하고 있는 반면에,[12] 북한은 경제가 붕괴하면서 에너지 공급이 현재 1990년에

〈표 39〉 국가별 가스배출실태(1987)

(단위: 이산화탄소 환산 1,000톤)

국가	전체순위	이산화탄소	메탄	CFC
미국	1	540,000	130,000	250,000
소련	2	450,000	60,000	180,000
브라질	3	560,000	28,000	16,000
중국	4	260,000	90,000	32,000
인도	5	130,000	98,000	700
한국	32	21,000	2,900	5,400
북한	44	18,000	2,300	0

11) UNEP and UNDP, World Resources, 1990～1991(1990), p. 15(김강녕, "남북한의 환경문제와 환경정책", 『국제정치논총』, 제34집 1호, 1994에서 재인용).

12) Kim Jung Wk et al.,"Greenhouse Gas Reduction Potential for South Korea", 『환경논총』, 41, 2003, pp. 99～120.

비하여 70% 이하 수준으로 떨어졌기 때문에 이산화탄소의 배출도 이에 상응하여 감소하였을 것으로 예상된다.[13)]

(2) 일본 과학기술정책연구소의 북한 오염배출량 추정 연구(1993)

일본의 과학기술정책연구소[14)]는 1993년 아시아 25개 지역을 대상으로 FUGI Global 모델을 이용하여 에너지 사용량을 기준으로 국가별 오염발생량을 추정한 바 있다. 이 연구는 자료의 한계라든가 사용한 배출계수 등 여러 가지 문제점이 있지만 북한의 대기오염 배출량을 최초로 추정했을 뿐만 아니라 에너지 이용기술의 향상과 배연탈황이라는 정책효과를 통합적으로 파악하였다는 점에서 의의가 있다.

연구 결과에 따르면 아시아 지역의 경우, 아황산가스의 배출량이 2000년에는 40만 7,000~43만 7,000톤, 2010년에는 55만 6,000~62만 톤으로 1987년 대비 각각 1.5배에서 2.1배로 크게 늘어날 전망이다. 특히 2000년에는 중국, 인도, 한국, 타이완, 일본 순으로 오염배출량이 많을 것으로 보며 이들 5개 국가가 아시아 전체 배출량의 86%를 차지할 것으로 전망한다.

이 연구에서는 오염물질 배출량을 추정하기 위해 에너지 정책과 환경정책을 혼합하여 다양한 경우의 시나리오를 가정하였다. 환경정책에서는 환경개선을 위한 환경정책이 없을 경우(없음)와 있을 경우(있음), 환경정책 수준이 일본수준으로 강화될 경우(일본수준)로 구분하였다. 에너지 정책에서는 현재와 같은 에너지정책이 지속되는 경우(BAU)와 에너지효율 향상 등의 에너지 절약기술이 도입되었을 경우(기술진보)로 나눠서 분석하였다. 이러한 각각의 시나리오에 따라 분석한 결과 북한의 대기오염물질 배출량 추정은 〈표 40〉

---

13) 정우진, 『북한의 에너지 실태』, 서울대학교 환경집담회 발표자료, 2004에 의하면 북한의 에너지 사용이 현재 1990년에 비하여 70% 수준으로 떨어졌다고 하나, 실제 북한을 방문한 사람들의 증언에 의하면 전기가 거의 공급되지 않는 상황을 볼 때 이보다 훨씬 더 악화되었을 것으로 보인다.

14) 일본 과학기술정책연구소, “아시아지역의 에너지 이용과 환경예측”, 1993.5(김정인 · 박창원, 1997, “북한의 환경오염 현황과 오염배출량 추정에 관한 연구: 대기오염을 중심으로”, 『자원경제학회지』, pp. 29~60에서 재인용함).

과 같았다.

(3) 정회성의 북한 오염배출량 추정 연구(1996)

정회성의 연구[15]에서는 북한의 대기오염 배출량을 산출함으로써 북한의 대기오염실태를 간접적으로 추정하였다. 배출계수는 미국 환경보호청의 자료를 사용하였으며, EPA의 배출계수는 에너지원별로 분류되어 있지만 북측 에너지 사용 자료는 이처럼 세분되어 있지 않아 이 연구에서는 몇 가지 가정을 전제로 분석하였다. 첫째, 북한에서 휘발유와 경유의 소비비율은 47.2 : 52.8이다.[16] 둘째, 석탄과 중유는 산업용, 휘발유와 경유는 수송용, 등유는 난방용으로만 사용된다. 셋째, 북한 석탄의 유황함유량은 0.5%, 유류의 유황함유량은 0.1%이다. 이렇게 가정된 수치들은 당시 국내에서 보편적으로 적용되고 있는 기준치였다. 정회성은 북한의 탈황기술이 남한보다 낙후되었다고 보면 이 연구에서 제시된 북한의 대기오염 발생량 또한 과소추정되었을 가능성이 클 것으로 보고 있다. 이 연구에서 추정한 북한의 대기오염물질 발생량은 〈표 41〉과 같다.

〈표 40〉 북한의 오염물질별 배출량 예측(1987~2010)

(단위: 1,000톤/연)

에너지정책 \ 환경정책		2000			2010		
		없음	있음	일본수준	없음	있음	일본수준
SOx	BAU	453	450		526	504	
	기술진보	362	359	46	342	328	44
NOx	BAU	669	668		779	744	
	기술진보	534	534	333	507	485	317
CO_2	BAU	52,089			60,124		
	기술진보	41,903			39,620		

15) 정회성·강광규·강철구, 『북한의 환경문제와 통일한국의 환경정책방향』, 한국환경기술개발원, 1996, pp. 43~50.

16) 에너지경제연구원, 『북한의 에너지산업 현황과 남북협력방안』, 1994(내부자료)를 근거로 함.

〈표 42〉를 보면 남한의 에너지 사용량은 북한 에너지 사용량의 5배 정도 된다. 그렇지만 대기오염물질 배출량은 북한이 오히려 2배 정도로 많은 것을 확인할 수 있다. 이를 정회성은 북한의 주탄종유정책으로 인해 석탄사용량이 많기 때문에 에너지 사용량이 적어도 아황산가스, 분진 등의 대기오염물질 배출량이 많은 것으로 보고 있다.

(4) 김정인·박창원의 북한 오염배출량 추정 연구(1997)

김정인·박창원[17]은 북한의 환경오염현황을 분석하고 에너지 수요모형과 EPA의 배출계수를 이용해 북한의 향후 대기오염발생량을 추정한 바 있다. 먼저 석탄 수요량과 국민총생산 두 가지 변수만 사용하여 간단한 에너지 수요모형을 정의하였다. 1975~1995년까지 북한의 에너지 소비실적을 토대로 에너지원 별 수요를 추정하였다. 전력 수요모형은 OLS방법을

〈표 41〉 북한의 대기오염물질 배출량(1994)

(단위: 1,000톤)

오염물질	석탄	석유	계
SO_2	4,042	24	4,066
CO	124	599	723
HC	17	96	113
NO_2	3,756	536	4,292
TSP	1,599	23	1,622
계	9,538	1,278	10,816

〈표 42〉 남북한 에너지 사용량과 대기오염물질 배출량 비교(1994)

(단위: 1,000TOE, 1,000톤)

구분	에너지사용량	대기오염물질 배출량
남한(A)	137,235	4,526
북한(B)	27,171	10,816
A/B	5.1	0.4

17) 김정인·박창원, 1997, "북한의 환경오염 현황과 오염배출량 추정에 관한 연구: 대기오염을 중심으로", 『자원경제학회지』, pp. 29~60.

이용하였고, 석탄과 석유모형은 잔차간 자기상관이 존재하여 Cochrane-Orcutt 방법을 이용하여 도출하였다. 다음으로 에너지 수요를 예측하기 위해 에너지원 별 수요 모형을 토대로 GNP 성장률에 의한 예측치를 2개 시나리오(GNP 성장 1%와 3%)로 가정하여 2003년까지 산출하였다. 끝으로 대기오염 배출량을 추정하기 위해 몇 가지 가정[18]을 한 뒤 에너지 사용량에 배출계수를 곱해 계산하였다.

연구결과 북한은 석탄 위주의 주탄종유정책이 환경오염의 주원인인 것으로 나타났다. 이 연구에서는 북한의 대기오염이 통일에 상당한 부담으로 작용할 것이기에 단계적인 에너지 전략의 수립이 필요할 것으로 보고 있다. 단기적으로는 남북경제협력을 통해 설비를 현대화하고 낙후된 설비를 철거하는 등 남한에서 투자하는 것이 바람직하며, 중장기적으로는 연료대체가 필요할 것으로 제안하고 있다.

〈표 43〉 북한의 대기오염물질 발생량 전망

(단위: 톤)

배출물질	GNP성장	1996	1997	1998	1999	2000	2001	2002	2003
SOx	1%	338,242	341,270	344,704	348,380	351,805	355,467	358,875	362,517
	3%	344,612	354,253	364,545	375,325	386,097	397,354	409,092	421,016
NOx	1%	378,154	389,244	391,393	394,268	397,065	400,297	403,268	406,519
	3%	394,631	404,483	414,683	425,895	437,320	449,465	462,214	475,187
CO_2	1%	21,278	21,440	21,623	21,828	22,021	22,230	22,425	22,634
	3%	21,670	22,239	22,844	23,486	24,131	24,808	25,515	26,234

18) 에너지 원 및 용도별 소비에 대한 자료가 제한적이기에 몇 가지 가정이 필요했다. 첫째, 석유류에서 휘발유, 경유와 중유의 소비비율은 33 : 37 : 30이고 휘발유와 경유는 수송용으로, 중유는 산업 또는 발전용으로 쓰인다. 이 가정은 1994년 북한의 석유류의 소비비율을 토대로 한 것이며 2003년까지 동일한 비율을 유지한다고 가정하였다. 둘째, 황함유량의 경우 석탄은 0.5%이고 유류는 0.1%로 가정하였다. 이 가정은 남한의 황함유량을 대입한 것이다. 셋째, 전력부문에서 화력 및 수력의 비율은 40 : 60이고 화력부문의 석탄과 석유 투입비율은 TOE 환산기준으로 95 : 5로 1994년 수준을 유지하는 것으로 가정하였다. 넷째, 에너지원 별 아황산가스, 질소산화물의 배출량은 미국 환경보호청(EPA)의 배출계수를 이용하였고, 이산화탄소 배출량은 IPCC의 배출계수를 이용하였다.

(5) 곽승준·조승국의 북한 대기오염 발생량 추정(1999)

곽승준·조승국[19]은 에너지 소비량에 배출계수를 이용해서 대기오염 발생량을 추정하였다. 이 연구에서는 1975~1994년까지 20년간의 북한 에너지 사용량을 토대로 에너지 수요모형을 추정하고 이를 통해 앞으로 10년간의 에너지 수요량을 예측하였다. 이렇게 예측된 에너지 수요량과 배출계수[20]를 이용해 분진, 아황산가스, 이산화탄소, 탄화수소, 이산화질소의 앞으로 10년 간 배출량을 예측하였다. 또한 이 연구에서는 북한의 대기오염 발생량을 예측하기 위해 북한의 주탄종유정책을 반영한 OLS모형과 벡터자기회귀(VAR) 모형을 채택하여 그 결과를 비교한 바 있으며, 이 중 벡터자기회귀(VAR) 모형에 의한 대기오염 발생량은 〈표 44〉와 같다.

곽승준·조승국은 북한이 주탄종유 정책을 고집하는 한 향후 10년간 북한의 대기오염은 앞으로도 계속 증가할 것으로 예측하였다. 게다가 이 연구에

〈표 44〉 VAR 모형에 의한 배출량의 예측

(단위: %, 톤)

연도	경제성장률	분진	아황산가스	이산화탄소	탄화수소	이산화질소
1995	0.60	47,595	591,545	44,665	4,593	343,595
1996	0.88	47,619	591,863	44,689	4,593	343,783
1997	1.13	47,760	593,475	44,810	4,632	344,686
1998	1.36	47,993	596,128	45,009	4,703	346,465
1999	1.55	48,296	599,541	45,264	4,798	348,061
2000	1.70	48,640	603,420	45,555	4,908	350,214
2001	1.79	49,001	607,479	45,859	5,025	352,464
2002	1.84	49,356	611,456	46,157	5,142	354,667
2003	1.84	49,684	615,127	46,432	5,251	356,698
2004	1.80	49,969	618,311	46,670	5,346	358,458

19) 곽승준·조승국, "북한의 대기오염발생량 추정–OLS 모형 및 벡터자기회귀모형을 이용하여", 『경제학연구』, 제47집 제4호, 1999.

20) 분진, 아황산가스, 탄화수소, 이산화질소의 배출계수는 미국 환경보호청(EPA)의 배출계수를 사용하였으며, 이산화탄소의 배출량예측에서는 '기후변화에 관한 정부간 협의체(IPCC)'의 배출계수를 사용하였다.

서 사용한 배출계수가 미국 측 배출계수인 데다가 북한의 환경기술이 미국보다 훨씬 낙후되어 있다는 점을 감안한다면 연구에서 제시한 배출량 예측치들이 오히려 과소평가된 수치일 수 있다고 밝히고 있다.

(6) 강광규의 북한 대기오염발생량 추정(2002)

강광규는 배출계수로 국립환경연구원의 배출계수를 활용하였으며, 일부 누락된 배출계수에 대해서만 EPA의 배출계수를 이용하였다. 이 연구에서 추정한 대기오염물질 배출량은 〈표 45〉와 같다.

강광규는 위에서 추정한 북한의 대기오염물질 배출량을 남한의 배출량과 비교하였는데 경제지표와 연계된 배출량 지표를 구하기 위해 GNP, 인구, 에너지 소비량 당 배출량을 비교하였다. 그 결과 남한은 북한보다 GNP 24배, 인구 2배, 에너지소비량 11배 정도 많지만, 대기오염물질 배출량은 3배 정도 많은 것으로 밝혀졌다. 결과적으로 GNP당 배출량은 북한이 남한보다 8배 정도 많고, 1인당 배출량은 남한이 북한보다 1.3배 정도 많았다. 강광규 또한 GNP, 에너지 사용량 등을 감안할 때 북한이 남한보다 대기오염이 심각하며, 그 원인을 석탄위주의 에너지 공급구조 때문인 것으로 보고 있다.

이상의 선행 연구 결과들은 대체로 북한이 석탄 등 대기 오염물질이 많은 에너지원을 주로 이용하고 경제적으로 낙후하여 대기오염물질 저감기술이

〈표 45〉 북한의 대기오염물질 배출량(2000)

(단위: 톤)

오염물질	석탄	석유	기타	계
SO_2	344,460	35,147	693	380,301
CO	87,250	2,343	437,840	527,433
HC	671	966	267	1,903
NO_X	16,132	11,067	4,507	31,706
PM	451,500	2,895	29,987	484,382
계	900,013	52,418	473,294	1,425,725

발달되지 않을 것이라는 이유로 북한의 대기 상태는 매우 열악할 것이라고 예측하고 있다. 그러나 경제 개발이 많이 이루어지지 않았고 발전을 위한 에너지원이 부족하다는 것은 오히려 대기라는 환경재의 이용이 저조할 가능성도 충분히 있음을 의미한다. 또한 배출량 등의 추정에 근거로 삼은 에너지 데이터라든가 배출계수 데이터가 정확한 북한의 현실을 반영하지 못할 가능성도 높다. 따라서 이들 결과들은 그대로 북한의 대기 현황을 평가하기 위한 근거로 삼기에는 무리가 있다고 보인다.[21)]

〈표 46〉 대기오염물질 배출량 관련 남북 비교

	남한(1999)	북한(2000)	남한:북한
GNP	4,007억 달러	168억 달러	23.9 : 1
인구	4,685만 8,000명	2217만 5,000명	2.1 : 1
에너지소비량	1억 8,136만 3,000TOE	1,568만 7,000TOE	11.6 : 1
대기오염물질 배출량	370만 9,000톤	142만 6,000톤	2.6 : 1
배출량/GNP	0.01kg/달러	0.08kg/달러	1 : 8
1인당 배출량	0.08톤/인	0.06톤/인	1.3 : 1

제3절 북한의 대기관리정책

북한이 대기질 관리에 관심을 갖기 시작한 것은 1960년대라고 할 수 있다. 북한의 계간지 〈기상과 수문〉(1999)을 보면, 1965년 7월 평안북도 일대를 현지 지도하던 김일성 주석이 당시 확장되는 청수화학공장건설현장을 돌아보고 "일군들이 당면한 카바이드 직장확장공사에는 열을 올리면서

21) 특히 정회성 등(1995)의 연구에서는 북한의 에너지 사용량은 남한에 비해 1/5 정도밖에 안 되지만 대기오염물질 배출량은 북한이 오히려 두 배 정도로 많다고 결론을 내리고 있으나 이 추정결과는 과추정된 것으로 보인다. 같은 에너지 자료를 이용하여 추정한 다른 연구(김정인 등, 1997)에 비해서도 상당히 과도하게 추정되었으며 실제로 북한의 열악한 경제사정과 인구 등을 감안해 볼 때 남한의 두 배에 해당하는 양을 배출할 가능성은 매우 적다.

조업 후 공장굴뚝에서 뿜어오를 연기에 대해서는 누구도 관심을 돌리지 않는다는 것을 포착하였다"는 것이 언급되었다. 또한 같은 글에서 1978년 김정일이 기상과학자들도 공해문제에 대한 과학연구사업을 해야 한다고 하면서 대기오염물질을 측정하는 현대적인 수단들과 높이에 따라 기상요소들의 변화요소들의 변화상태를 알아내는 관측설비들을 마련해 주었다고 하는 것으로 미루어 보아 1970년대에 측정과 예측을 위한 설비를 갖추기 시작한 것으로 보인다. 1972년 12월에 개최된 '전국 자연과학일군대회'에서 매연 방지 설비에 대한 언급이 있었고(연합뉴스, 2005), 1981년 3월에는 "김일성 주석이 함흥지구의 공해현상을 없애기 위한 공사를 벌이고 있으며 평양화력발전소 제진 장치도 검토해 보고 완비할 대책을 세우라고 하였다"고 언급되어 있는 것으로 보아 대기오염 제어 역시 1970년대부터 공업지구를 중심으로 시작되었다고 보이며, 이후 1987년 평양시 안의 공장, 기업소에서 쓰이는 공업로와 보일러에 가스와 먼지에 대한 정화장치를 설치하는 등(리성란, 1999) 대기오염제어 장치가 확대된 것으로 보인다.

환경보호법[22) 등을 통해 북한의 대기관리 정책을 분석해보면 다음과 같다.

첫째, 사전예방의 원칙을 표방한다는 것이다. 동법 제4조를 보면, "생산과 건설에 앞서 공해방지대책을 철저히 세우는 것은 환경보호사업에서 나서는 중요 요구이다. 국가는 기관, 기업소, 단체에서 공해방지대책을 먼저 세우고 생산과 건설을 진행하며 환경보호를 위한 물질적 수단을 끊임없이 현대화하도록 한다."라고 명시되어 있다. 또한 제19조를 보면 "환경오염을 미리 막는 것은 공해현상을 없애기 위한 선결조건이다. 기관, 기업소, 단체는 환경보호 한계기준과 오염물질의 배출기준, 소음, 진동 기준 같은 환경보호기준을 엄격히 지켜야 한다."고 되어 있으며, 제22조에서는 "배출되는 가스, 먼지

22) 환경보호법은 4장 50개조로 구성돼 있는데, ▲환경보호의 기본원칙(제1장) ▲자연환경의 보존과 조성(제2장) ▲환경오염 방지(제3장) ▲환경보호사업에 대한 지도통제(제4장) 등을 담고 있다. 1995년 10월 시행규정을 마련하였고, 1999년 3월 4일, 2000년 7월 24일 수정·보충 과정을 거쳐, 2005년 4월 19일 최종 수정하였다.

같은 것이 특수한 기상현상의 영향으로 대기를 심히 오염시킬 수 있을 경우 해당 설비의 가동과 륜전기재의 운행을 중지하여야 한다."고 되어 있는 것으로 미루어 볼 때 북한도 명시하고 있지는 않으나 내용적으로는 사전예방의 원칙을 세우고 있다는 것을 알 수 있다. 북한은 이러한 원칙에 근거하여 최근 환경영향 평가제도를 도입하였다. 그 법적 근거를 동법 제42조에 두고 있다. 여기에는 "기관, 기업소, 단체는 기술과제와 설계의 작성을 환경보호의 요구에 맞게 하며 국토환경보호기관의 환경영향평가와 해당기관의 합의를 받아야 한다."고 되어 있다.

둘째, 규제와 감시 중심의 관리정책으로 대기오염방지시설을 의무화하고 있다. 환경보호법 제20조의 "시설물에 가스, 먼지 잡이 장치와 공기 려과장치를 갖추고 가스나 먼지, 악취 같은 것이 류출되지 않도록 하여야 한다."라는 규정과 제21조에 "배출기준을 초과하여 유해가스를 내보내는 륜전기재와 포장하지 않은 물자를 실어 먼지를 일으킬 수 있거나 어지러워진 륜전기재는 운행할 수 없으며 규정된 기준을 초과하여 소음과 진동을 일으키는 기계설비는 가동할 수 없다. 사회안전기관은 륜전기재에 대한 기술감사와 운행단속을 엄격히 하며 배출기준을 초과하여 유해가스를 내보내는 륜전기재를 운행하지 않도록 하여야 한다." 등의 규정은 있으나 환경기준을 준수한 기업에 대한 면책과 관련된 조항은 없다. 이는 북한 사회체제의 특성상 자본주의 사회에서 선호되고 있는 경제적 인센티브 제도를 활용하기가 어려운 면이 있기 때문에 발생하는 당연한 현상일 것이다. 대신 북한은 환경보호를 전체 국민의 의무라고 규정하고 환경을 더 잘 보호·관리하는 사업에 자각적으로 참가하도록 교양을 강화할 것을 환경보호법 제5조에 명시하는 등 교육을 통한 이행을 강조하고 있다.

셋째, 매우 엄격한 대기환경기준을 설정하였다는 것이다. 〈표 47〉과 〈표 48〉은 각각 북한의 대기환경기준과 남한의 대기환경기준이다. 남한이 지역 구분 없이 연평균기준과 오염물질별로 1시간 평균치, 24시간 평균치 등 단기기준을 갖고 있는 것과 달리 북한의 대기오염기준은 일평균기준과 일최

〈표 47〉 북한의 지역구분에 따른 대기환경 기준

(단위: mg/cu.m)

항목	특별등급 1)		1등급 2)		2등급 3)		3등급 4)	
	일최고치	일평균치	일최고치	일평균치	일최고치	일평균치	일최고치	일평균치
총부유분진	0.05	0.03	0.10	0.05	0.30	0.10	0.50	0.20
아황산가스	0.05	0.03	0.10	0.05	0.30	0.10	0.50	0.15
이산화질소	0.04	0.01	0.06	0.03	0.10	0.04	0.15	0.05
일산화탄소	3.0	1.0	4.0	2.0	6.0	3.0	15.0	10.0
옥시던트	0.05	0.02	0.10	0.03	0.12	0.04	0.14	0.06

1) 자연보호구역/특별보호대상지역 2) 휴양지, 요양지, 위락시설, 관광지
3) 주거지역 4) 공업지역
자료: UNEP, 2003.

〈표 48〉 남한의 대기환경기준

항 목	기 준	측정방법
아황산가스 (SO_2)	• 연간평균치 0.02ppm 이하 • 24시간평균치 0.05ppm 이하 • 1시간평균치 0.15ppm 이하	자외선형광법 (Pulse U.V. Fluorescence Method)
일산화탄소(CO) (시행 1995.1.1)	• 8시간평균치 9ppm 이하 • 1시간평균치 25ppm 이하	배분산적외선분석법 (Non-Dispersive Infared Method)
이산화질소 (NO_2)	• 연간평균치 0.03ppm 이하 • 24시간평균치 0.06ppm 이하 • 1시간평균치 0.1ppm 이하	화학발광법 (Chemiluminescent Method)
미세먼지(PM-10) (시행 1995.1.11)	• 연간평균치 50μg/m^3 이하 • 24시간평균치 100μg/m^3 이하	베타선흡수법 (β-Ray Absorption Method)
오존 (O_3)	• 8시간평균치 0.06ppm 이하 • 1시간평균치 0.1ppm 이하	자외선광도법 (U.V. Photometric Method)
납 (Pb)	• 연간평균치 0.5μg/m^3 이하	원자흡광도법 (Atomic Absorption Spectrophotometry)

자료: 환경부, 2007.

고기준만 있다. 남한의 경우 일평균치가 일정 수준을 넘지 말아야 한다는 규정은 있으나 최고농도에 대한 규정은 없는 데 반해 북한은 일최고농도를 규정하고 있다. 이것은 수용체적 관점에서 일시적인 고농도라도 허용될 수 없다는 측면에서 타당하긴 하나 제대로 지켜지기가 어렵다는 면도 있다. 특이한 것은 지역을 특별등급, 1등급, 2등급, 3등급으로 구분하여 규정하고 있다는 것이다. 남한의 경우 특별대책지역, 대기환경규제지역을 지정하여 보다 엄격한 기준을 적용하고 있기는 하나 가령 수도권 특별대책지역이라 함은 수도권 전 지역을 대상으로 하는 것으로, 북한처럼 세분하고 있지는 않다.

북한과 남한의 부유분진의 기준은 남한이 미세먼지인 반면에 북한은 총부유분진이어서 직접 비교는 어렵다. 하지만 미세먼지의 농도는 총부유분진의 일부분으로 총부유분진보다 낮기 마련이다. 그런데 북한의 주거지역의 부유분진 기준치는 0.1mg/m^{3}으로 남한의 미세먼지 일평균 기준인 0.1mg/m^{3}과 같아 사실상 더 엄격한 먼지기준을 설정하고 있다. 이산화질소의 경우 북한의 일평균기준치(주거지역기준)는 0.02ppm[23]으로 남한의 0.06ppm보다 훨씬 엄격한 기준치를 적용하고 있다는 것을 알 수 있다.

이상의 북한의 대기관리 정책 외에도 북한은 철저히 대중교통 중심의 교통정책이라는 특징이 있다.[24] 대기오염의 주요 발생원인 자동차는 북한의 경우 2005년 현재 24만 9,000대로 추정되는데(통계청), 이는 같은 해 남한의 자동차 등록대수인 1,539만 6,000대의 2%에도 못 미치는 수준이다. 북한 정부는 대중교통수단 이용과 도시의 자동차 배기가스를 관리하는데 매우 엄격하다. 개인용 자동차의 이용범위를 제한하고 공공교통은 오염을 발생하지 않는 궤도버스, 전차, 기차 등을 이용하게 하고 있다. 북한의 수송 분담 능력은 철도가 86%, 도로 12%, 해운 2%로 철도 중심의 교통체계를 갖추고

23) 남한의 농도 기준인 ppm 단위로 환산한 값임.
24) 이는 아마도 북한국민들의 경제사정이 좋지 않아 자동차를 구입할 수 없기 때문에 나타난 결과라고 보아야 할 것이다. 하지만 북한의 주민들이 대부분 집에서 가까운 직장으로 출퇴근하고 있기 때문이기도 하다.

있다. 북한의 철도차량 보유대수(객차)는 2003년에 1,599대로서 남한의 1,717대에 비하여 약간 낮지만 인구의 차이를 고려할 때 적지 않은 숫자로 전국적인 교통수단으로 자동차보다는 기차가 주로 이용되고 있음을 알 수 있다(연합뉴스, 2005; 장재연, 2005). 최근 북한 당국이 화석연료를 사용하는 교통수단의 이용을 줄이기 위해서 자전거를 이용할 것을 권장하고 주민들을 대상으로 '만보걷기운동' 같은 캠페인을 벌이고 있다는 보고도 있다(UNEP, 2003). 이상으로 미루어 볼 때 북한은 자동차로 인한 대기오염은 거의 없다고 보아야 할 것이다.

북한 당국이 법을 얼마나 잘 이행하는지는 알 수 없다. 대기오염 저감장치를 잘 갖추고 운행하기 위해서는 에너지와 돈이 들기 마련인데 북한의 경제가 지금까지 어려웠음을 고려할 때 잘 지켜지기는 어려웠을 것이다. 실제로 북한 산업시설의 70%가 공해방지설비를 미처 갖추지 못한 1960년대의 낙후시설이라는 것과 1980년대 이후 공해방지시설을 갖춘 공장들마저 전력난과 화학약품 부족으로 정상가동을 하지 못한다는 보고도 있었다(최세현, 1999; 김강녕, 1994). 그러나 경제적 어려움은 오염물질 배출 방지시설의 운영을 어렵게 하여 오염물질 배출을 높이지만 더욱 근본적으로는 각종 산업활동을 어렵게 함으로써 대기오염물질 배출을 적게 할 수도 있다(장재연, 2005). 이

〈표 49〉 1차 에너지 총소비량과 1인당 소비량

(단위: 1,000TOE)

소비량		1990	1992	1994	1996	1998	2000	2002	2004	2005
북한	총소비량	23,963	20,450	17,870	15,836	14,030	15,687	15,638	16,535	17,127
	1인당 소비량	1.19	1.00	0.80	0.70	0.60	0.70	0.70	0.73	0.75
남한	총소비량	93,192	116,010	137,324	165,212	165,932	192,887	208,636	220,238	228,622
	1인당 소비량	2.17	2.7	3.1	3.6	3.6	4.1	4.38	4.58	4.75
남/북 비율	총소비량	3.9	5.7	7.7	10.4	11.8	12.3	13.3	13.3	13.3
	1인당 소비량	1.8	2.7	3.7	5.0	5.6	5.8	6.3	6.3	6.4

자료: 통계청.

때문에 현재는 대기오염도가 낮을 가능성이 높으나 앞으로는 알 수 없는 일이다.

북한의 경제는 1998년 이후 꾸준히 경제가 플러스 성장을 보여 최근 들어 북한의 에너지 소비량이 조금씩 증가하는 데 반해 아직까지도 주 에너지 공급은 석탄(70%)으로 이루어지고 있다(〈표 49〉, 〈표 50〉 참조). 이러한 북한의 에너지 공급구조를 유지하면서 경제성장이 이루어진다면 앞으로 북한의 대기오염이 현재보다 나빠질 가능성은 농후하다.

최근 경기가 조금씩 회복되고 있으며 북한이 2002년 이후 사회주의시장경제를 도입하고 있어 앞으로 북한의 환경정책의 변화·발전이 요구될 것이다.

〈표 50〉 북한의 1차 에너지 공급구조

(단위: 1,000TOE)

연도	석탄		석유		수력		기타		총계
	공급량	비율(%)	공급량	비율(%)	공급량	비율(%)	공급량	비율(%)	
1990	16,575	69.2	2,520	10.5	3,748	15.7	1,120	4.7	23,963
1991	15,500	70.7	1,890	8.6	3,750	17.1	780	3.6	21,920
1992	14,600	71.4	1,520	7.4	3,550	17.4	780	3.8	20,450
1993	13,550	71.3	1,360	7.2	3,304	17.4	799	4.2	19,013
1994	12,700	71.1	910	5.1	3,475	19.4	785	4.4	17,870
1995	11,850	68.6	1,100	6.4	3,535	20.5	795	4.6	17,280
1996	10,500	66.3	1,436	9.1	3,109	19.6	791	5.0	15,836
1997	10,300	69.8	1,006	6.8	2,656	18.0	784	5.3	14,746
1998	9,300	66.3	1,400	10.0	2,554	18.2	776	5.5	14,030
1999	10,500	70.2	881	5.9	2,794	18.7	780	5.2	14,955
2000	12,509	71.7	1,117	7.1	2,540	16.2	780	5.0	15,687
2001	11,550	71.2	1,250	7.7	2,650	16.3	780	4.8	16,230
2002	10,950	70.0	1,253	8.0	2,655	17.0	780	5.0	15,640
2003	11,150	69.3	1,219	7.6	2,930	18.9	780	4.9	16,079
2004	11,400	69.0	1,230	7.4	3,125	18.2	780	4.7	16,535
2005	12,030	70.2	1,034	6.0	3,283	19.2	780	4.6	17,127

자료: 통계청.

제4절 북한의 지역별 대기오염 현황

대기오염은 국가 차원의 배출량보다는 한 지역 또는 한 도시의 대기오염 수준이 어떠한가에 초점을 맞출 필요가 있다. 남한의 대기오염 수준을 대표하는 것은 남한 전체의 대기오염물질 배출량이 아니라 남한에서 가장 많은 사람이 살고 있는 수도권, 그중에서도 서울의 대기오염 농도인 것처럼, 북한의 대기오염 수준을 알려면 북한 전체의 대기오염물질 배출량보다 북한에서 사람이 가장 많이 사는 평양의 대기오염 농도를 살펴봐야 할 것이다.

이에 제4절에서는 북한 지역을 농촌, 도시, 공업지역 등의 세 개 지역으로 나누어 각 지역의 대기오염수준을 추정해 보았다. 북한의 농촌지역으로는 KEDO사업을 위한 환경영향평가 때 측정대상이었던 함경남도 신포·금호지구의 대기측정자료를 이용하였다. 이는 1997년에 실측한 자료로서 의미를 지닐 수 있다. 한편 도시지역은 북한에서 출판되는 학술지 〈기상과 수문〉에 실린 대기오염현황자료와 UNEP의 '북한 환경보고서 2003'을 이용하여 평양의 대기오염현황을 살펴보았다. 여기에서 제시된 대기오염물질 항목으로는 SO_2와 NO_2 두 개 항목을 중심으로 살펴볼 수 있었다. 끝으로 공업지역의 대기오염현황 역시 〈기상과 수문〉에 실린 원산의 대기오염 회귀식을 이용해 분석하였다.[25] 여기서는 기압, 습도, 온도냉각량, 바람속도 등의 기상자료와 대기오염물질 간의 상관관계를 통해 단순회귀방정식을 제시한다. 따라서 원산지역의 기상자료를 회귀식에 대입함으로써 공업지역인 원산의 대기오염수준을 정량적으로 추정할 수 있다.

25) 정용승, 『북한의 기상과 대기환경 자료 조사』, 한국과학기술단체총연합회, 1992에서 재인용함.

1. 농촌지역의 대기오염현황: KEDO

농촌지역의 대기오염현황은 국내에서 몇 안 되는 북한 내의 실측자료를 활용할 수 있었다.[26] 1997년 KEDO[27]사업차 경수로건설지역의 환경영향평가를 위해 측정했던 대기자료를 통해 북한 내 농촌지역의 대기오염수준을 살펴볼 수 있다. 경수로가 건설되고 있는 함경남도 신포·금호지구는 인근 신포시에서도 상당히 떨어졌으며, 이 지역은 인구분포가 낮고 인근에 공단 등의 산업시설이 거의 없는 전형적인 농촌지역(금호리)으로 볼 수 있다.

대기오염물질 농도측정을 위해 경수로건설단지를 중심으로 세 개 지역이 선정되었다. 건설단지내의 A-1지점, 단지 위쪽의 A-2지점, 아래쪽의 A-3지점에서 일년 동안 계절별로 네 차례 대기측정이 시행되었다. 대기오염물질 측정항목으로는 SO_2, NO_2, CO, O_3 등의 가스상 항목과 입자상 항목으로 먼지를 측정하였다. 가스상 항목은 계절별로 2~3일 동안 24시간 상시 측정하였으며, 입자상 항목은 하루 동안 포집하여 무게를 측정하였다.

결론적으로 북한의 농촌지역 대기오염도는 굉장히 낮으며, 남한의 환경기준치와 비교해서 기준치를 초과한다거나 문제가 되는 항목은 전혀 없는

〈표 51〉 Air Quality Sampling Period

ITEM / Period	Season	Date		Frequency	
		From	To	Gaseous	Particulate
1st	Autumn	1997.10.26	1997.10.28	24/Day	1/Day
2nd	Winter	1998.1.25	1998.1.27	24/Day	1/Day
3rd	Spring	1998.5.1	1998.5.3	24/Day	1/Day
4th	Summer	1998.7.26	1998.7.28	24/Day	1/Day

26) Kim Jung-Wk, 『Environmental Quality Survey for KEDO Nuclear Power Station 1, 2-Final Report』, Envirnonmental Planning Institute Seoul National University, 1998.

27) KEDO(Korean Peninsula Energy Development Organization)는 한반도 에너지 개발기구라고도 한다. 1994년 제네바에서 체결된 미국과 북한과의 합의문 이행과 북한에 대한 한국표준형 경수로 지원 및 자금조달을 추진하기 위해 1995년 3월 9일 설립하였다. 2001년 함경남도 신포·금호지구에 2008년 완공 예정으로 경수로 건설공사가 시작되었다.

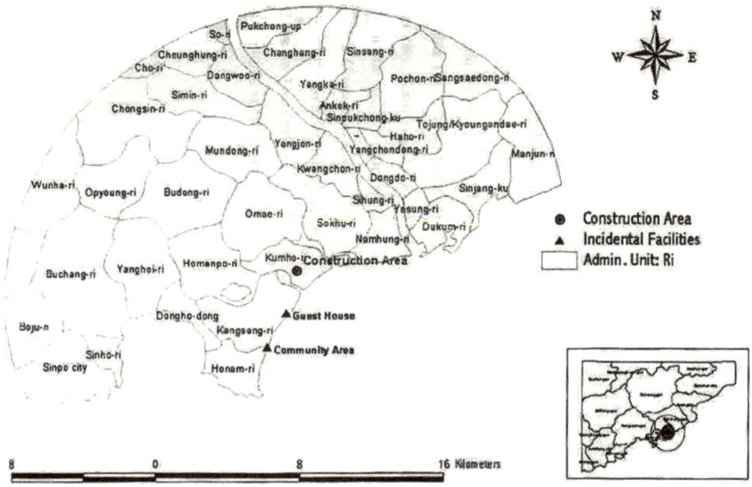

[그림 10] KEDO사업 대상지구 함경남도 신포·금호지구 지역도

것으로 확인되었다. 가령 아황산가스는 남한의 연평균 환경기준인 30ppb를 사계절 어느 시점에서도 초과하지 않았다. 이산화질소 또한 남한의 연평균 환경기준인 50ppb를 사계절 어느 시점에서도 초과하지 않았다. 아황산가스는 연평균 농도가 10ppb를 밑돌았고 이산화질소의 평균치는 5ppb도 되지 않았다. 이들 농도는 남한에서 깨끗하다고 알려진 지역에서 측정된 배경오염도보다도 낮은 수준이다. 이 지역의 대기는 눈으로 관측하기에도 깨끗하여 지평선상에 있는 하늘도 희뿌연 연무가 전혀 없이 새파랗게 보이고 밤이면 거의 지평선상에 있는 별이 또렷하게 관찰될 정도로 맑았다. 북한은 남한만큼 도시화가 진행되지 않아 농촌 마을에는 인가들이 꽤 조밀하게 들어서 있는데도 에너지가 부족하여 연료 사용이 극히 적고 자동차가 거의 다니지 않기 때문에 대기오염이 거의 없었다. 남한의 경우에는 비록 시골이더라도 바람을 타고 이웃지역의 대기오염이 전달되기 때문에 이 지역처럼 깨끗한 지역을 찾기가 힘들다. 신포·금호 지구는 신포시에서 13~19km,

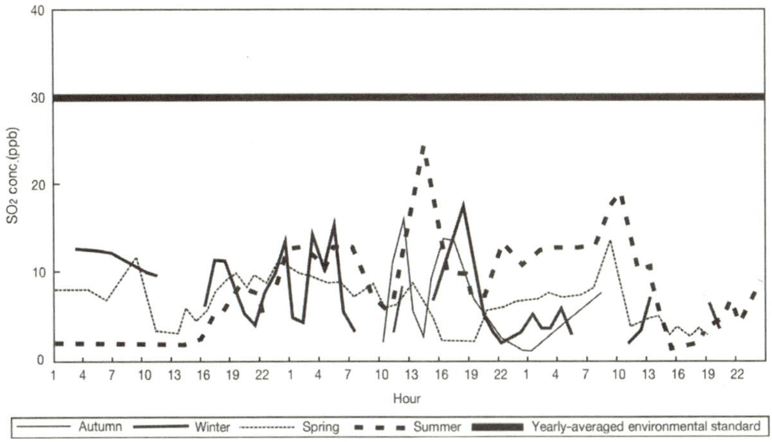

[그림 11] 함경남도 금호리의 아황산가스 농도

함흥시에서 65~75km 떨어져 있는데 이들 지역에서 날아온 대기오염이 거의 검출되지 않았다. 이 지역의 환경을 측정할 때에는 신포시와 함흥시도 방문을 했었는데 이 두 도시도 남한의 도시와 같은 대기오염이 전혀 관찰되지 않았다.

일산화탄소의 경우 1시간 평균 환경기준인 25ppm이나 8시간 평균 환경기준을 초과한 경우가 거의 없었다. [그림 11]을 보면 봄에 8시간 평균 환경기준을 일시적으로 초과한 사실이 확인됐지만 이는 1시간 측정 자료이기 때문에 8시간 환경기준을 초과했다고 볼 수 없기에 이 또한 전혀 환경기준을 초과하거나 문제되지 않음을 확인할 수 있었다.

오존의 경우에는 1시간 평균 환경기준뿐만 아니라 8시간 평균 환경기준도 초과한 적이 전혀 없었다. 그러나 오존은 다른 오염물질과는 달리 남한보다 더 낮다고 할 수가 없고 남한의 배경농도와 비슷한 수준이다. 이 지역에 광화학 스모그의 전구물질인 자동차 배기가스가 거의 없는 점을 감안해 볼 때 이 지역의 오존의 자연발생적인 농도 수준이 이 정도로서 남한의 배경농도와 크게 다르지 않은 것으로 짐작된다.

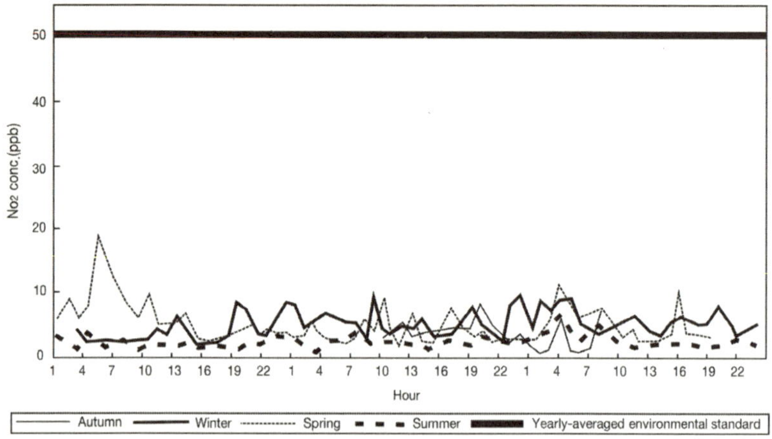

[그림 12] 함경남도 금호리의 이산화질소 농도(1997)

2. 도시지역의 대기오염현황: 평양

아무래도 북한의 대기오염 현황과 관련해서 가장 관심 있는 지역은 바로 평양의 대기오염수준일 것이다. 남한의 수도인 서울의 대기오염수준은 이미 국제적으로도 공개되었지만, 이에 반해 북한의 수도인 평양의 대기오염수준은 아직까지 베일에 싸여 있다. 내외통신 등의 보도자료나 북한의 환경법을 보면 상시측정망을 갖추고 대기질관리를 하는 것으로 판단되나 실제 상시측정망이 몇 개 운영되며, 그 측정치가 얼마인지는 전혀 공개되지 않고 있다.

(1) 평양의 일·월별 대기오염변화

북한에서 발간되는 학술지 〈기상과 수문〉에 실린 도시지역의 대기오염자료조차 엄격한 통제 때문에 대상지역조차 명시되지 않았으며, 구체적인 농도 대신 상대농도지수를 제시하고 있다. 하지만 여러 가지 정황으로 볼 때 정용승은 이 자료가 평양의 대기측정 자료일 것으로 추정하고 있다.[28)]

28) 정용승, 『북한의 기상과 대기환경 자료 조사』, 한국과학기술단체총연합회, 1992 재인용.

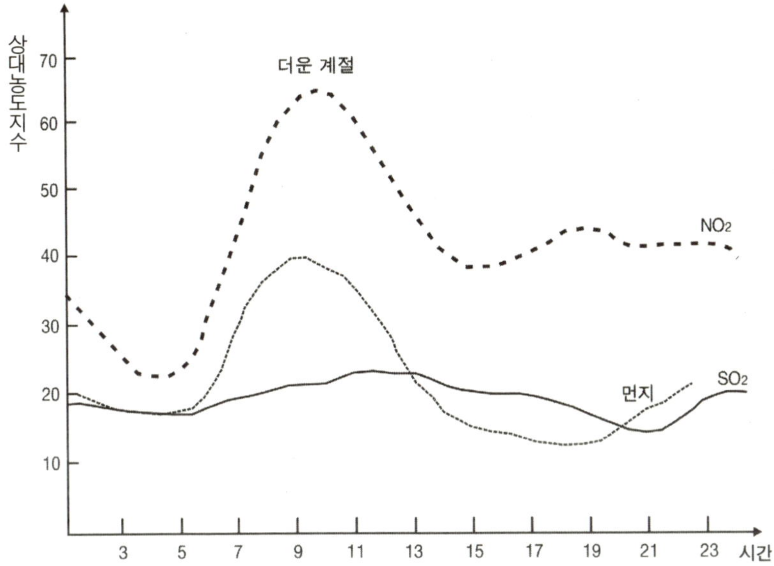

[그림 13] 북한 도시지역(평양)의 대기오염물질 일변화곡선(더운 계절)

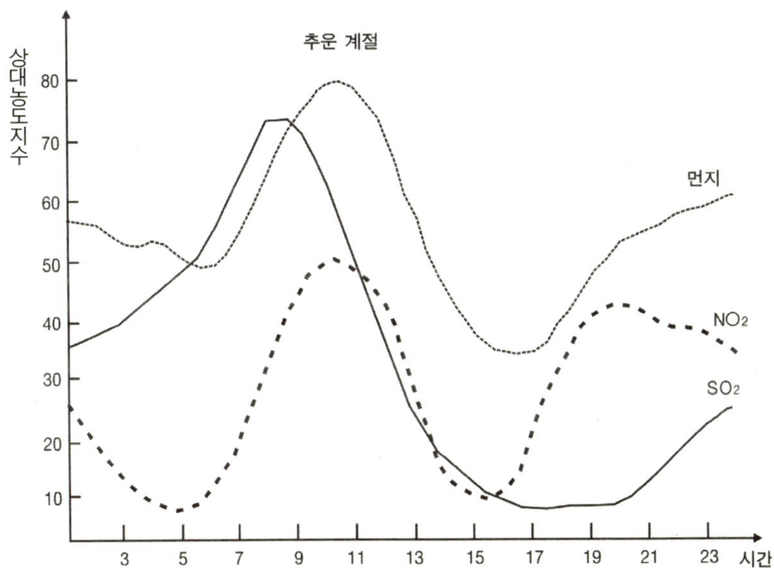

[그림 14] 북한 도시지역(평양)의 대기오염물질 일변화곡선(추운 계절)

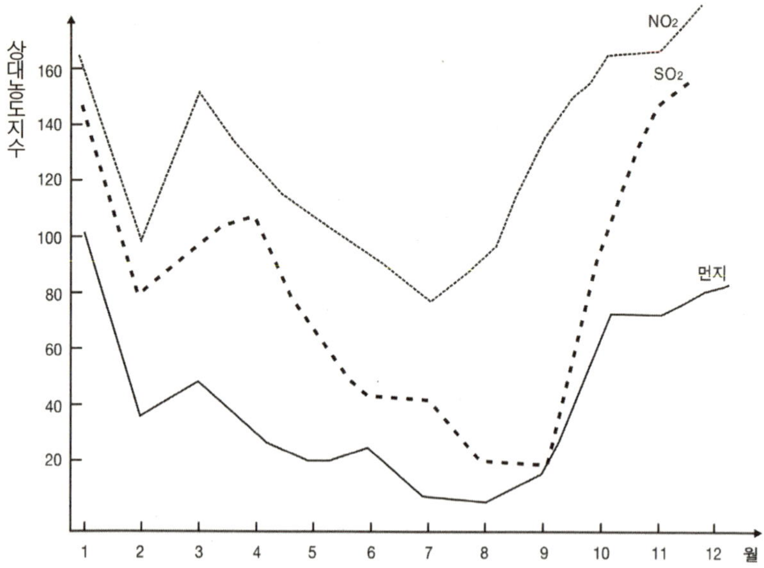

[그림 15] 북한 도시지역(평양)의 대기오염물질 월변화곡선

이에 이 연구에서는 북한 내 도시의 대기오염현황자료로 이 자료를 살펴보고자 한다.

평양방문자들의 진술에 따르면 평양시내에는 서울에 비해 차가 많지 않다고 한다. 평양에는 대기오염물질을 배출하지 않는 지하철과 무궤도 전기버스가 주된 교통수단으로 운행되고, 자동차가 많지 않아 오염수준은 낮을 것으로 판단된다. 평양에 화력발전소가 있지만 높은 굴뚝에서 확산되어 지상농도에는 큰 영향을 미치지 않을 것으로 보인다. 그런데도 평양이 북한 내에서는 차량이 가장 많이 운행되는 도시이기에 이산화질소의 일변화 곡선은 서울의 이산화질소 일변화곡선과 비슷한 형태를 그리는 것으로 추정된다. 물론 여기서도 농도수준이 서울에 비해 어느 정도 차이 나는지는 확인할 수 없으며, 일변화 추세에서 어떤 차이가 있는지만을 확인할 수 있었다. 아황산가스와 먼지에서도 비슷한 모양을 확인할 수 있었다.

〈기상과 수문〉에 실린 이 대기오염물질의 상대농도지수 그래프는 여름(더

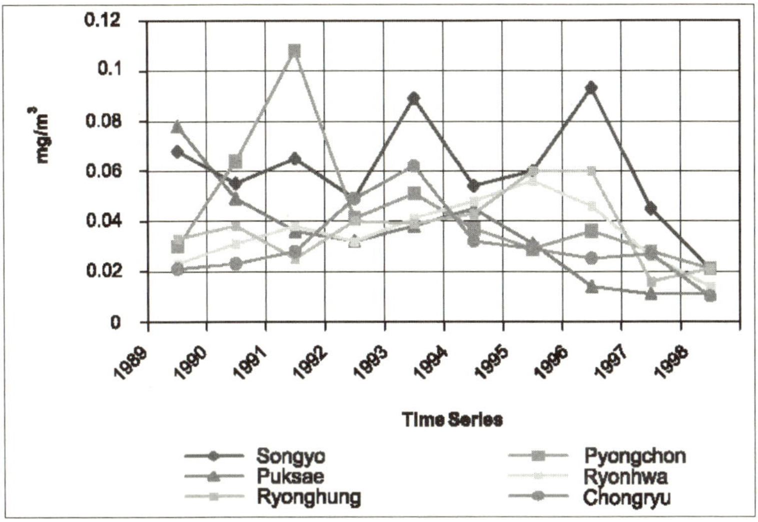

[그림 16] 평양의 아황산가스 연도별 변화곡선

운 계절)과 겨울(추운 계절)의 일변화곡선뿐만 아니라 월별 변화곡선 또한 제시하고 있다.

〈기상과 수문〉에서 제시된 평양자료는 정확한 농도를 제시하지 않고 상대농도지수만을 표시함으로써 실질적인 대기오염수준을 파악하지 못하고 일변화 추세와 월별변화추세만을 확인할 수 있다는 점에서 한계가 있기는 하겠지만, 북한 내 도시지역, 특히 평양내의 대기오염 현황을 정량적으로 보여줄 수 있다는 점에서 의미가 있을 수 있다.

(2) 평양의 연도별 대기오염변화

북한 학술지 〈기상과 수문〉에서 볼 수 있듯이 북한은 측정 자료를 정확히 공개하지 않고 있다. 앞에서처럼 상대농도지수 등을 통해 대략적인 변화추이만을 제공할 뿐 정확한 수치를 제시하지 않아 정확한 오염수준의 파악이 어려웠다. 하지만 최근에 UNEP에서 발행한 「북한 환경보고서(DPR Korea: State of the Environment 2003)」에는 정확한 수치의 평양 대기오염상태가 기술

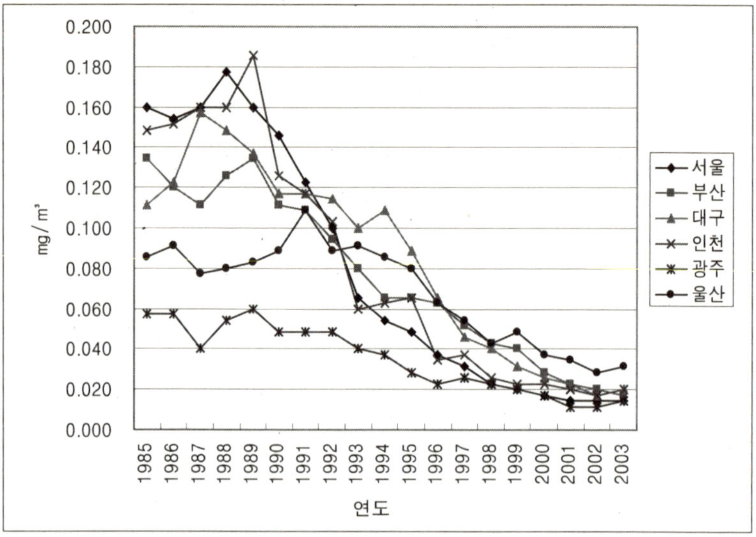

[그림 17] 남한의 아황산가스 연도별 변화곡선(도시별)

돼 있어 남북한의 비교가 가능했다. 아황산가스(SO_2)와 이산화질소(NO_2)의 대기오염수준을 평양과 서울로 비교하면 [그림 16], [그림 17] 같다.

평양의 아황산가스 농도는 1989~1998년 사이에 전반적으로 약간 줄어들었을 뿐 큰 변화를 보이지 않고 있다. 세부적으로는 1996년까지는 에너지 공급이 원활해서 변화거나 약간 증가하는 추세였지만, 1997년부터 대미관계가 악화되고 에너지난을 겪게 되면서 아황산가스 농도가 줄어든 모습을 확인할 수 있다. 한편 남한은 1990년대 들어 석탄사용이 줄어들면서 아황산가스 농도도 급격히 줄어들었다. 1989년 당시 서울의 아황산가스 농도는 평양의 두 배 정도로 높았지만, 1998년에는 거의 비슷한 수준(약 0.02mg/m³)으로 낮아졌다.

평양의 이산화질소 농도는 1995년을 정점으로 떨어지고 있음을 확인할 수 있다. 한편 남한에서는 큰 변동 없이 약간씩 증가하는 모습이며, 1997년과 1998년 IMF 영향으로 자동차 사용이 줄면서 일시적으로 떨어졌으나 이후 계속적으로 증가하고 있다. 이산화질소 농도는 평양은 1995년에는 남한의

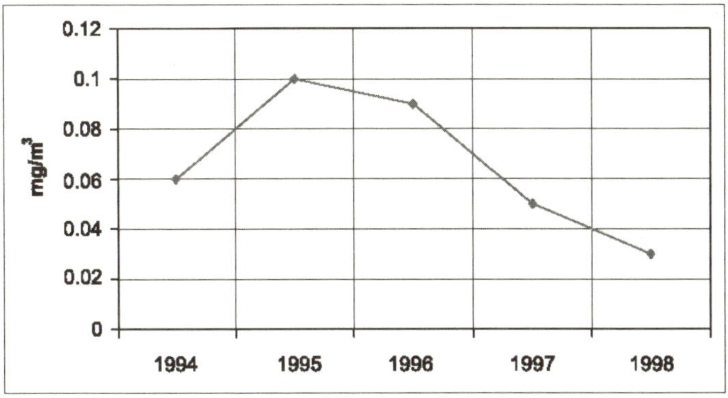

[그림 18] 평양의 이산화질소 연도별 변화곡선

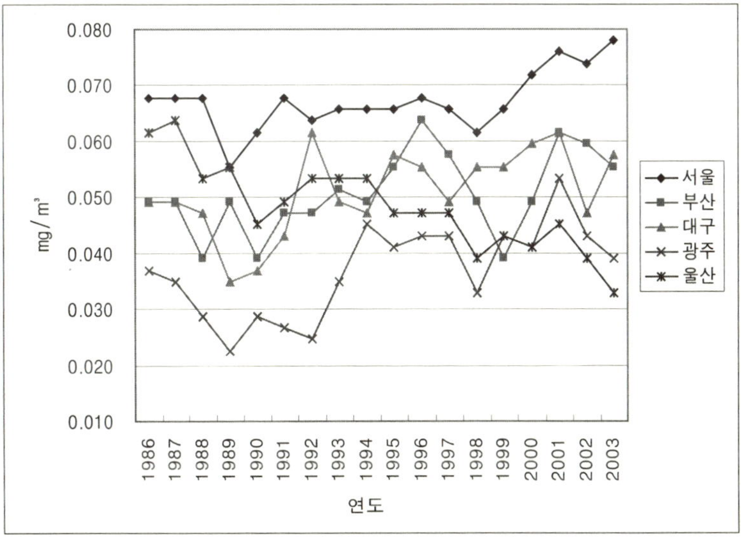

[그림 19] 서울의 이산화질소 연도별 변화곡선

어떤 도시보다 높게 나타나기도 했으나 이후 지속적인 감소로 1998년에는 서울의 절반 정도로 떨어졌다. 평양은 자동차 대수가 서울보다 현저히 적게 운행됨을 감안할 경우 1995년에 서울보다 훨씬 높은 수치를 나타낸 것은 측정소의 위치가 서울과 다르기 때문인 것으로 판단된다. 현재 서울의 측정소는 전부 중심가나 도로에서 떨어지고 절반에 가까운 측정소들이 녹지 인근에 있어서 서울에서 가장 높은 오염도는 측정되지 않는다. 그러나 이 측정 자료를 보면 평양의 측정소는 평양 중심가 도로변에 위치한 것으로 보인다. 그렇지 않고는 자동차에서 주로 배출되는 이산화질소 오염도가 이런 수준으로 측정되지 않았을 것이다. 평양의 도로변이 아닌 곳에서 간이 측정한 대기오염도는 이보다 훨씬 낮다. 서울도 1970년대에 처음 측정소를 세웠을 때에는 광화문 네거리와 영등포 공장지대같이 오염이 가장 심한 지역에서 오염도를 측정하여 아황산가스의 오염도가 측정기기의 한계눈금인 1,000ppb를 초과할 정도로 대단히 높은 오염도가 측정되었던 적이 있다.

3. 공업지역의 대기오염현황: 원산

공산권 국가에서 공업지대의 오염이 심각하다는 사실은 동구권 여러 국가를 통해 이미 밝혀진 바 있으며, 북한의 경우에도 함흥시를 포함해서 공단지역의 대기오염이 심각한 수준이라는 사실은 김일성 연설문이나 내외통신 등의 보도를 통해서도 확인된 바 있다. 북한의 주요 공업지대와 이 지역의 대기오염현황은 〈표 52〉와 같다.

(1) 공업지역으로서의 원산

원산지역에는 원산문평제련소와 원산화학공장이 있다.[29] 이 공장에서는 아황산가스와 수은연기가 배출되고 있어[30] 종업원의 치아가 빠지는 이상증세가 발생하며, 주민들은 기관지염, 피부병 발생 등으로 고생하고 있다. 또한 대기오염으로 인해 농작물이 빈번하게 고사되는 지역이기도 하다.[31] 이처럼 원산지역은 북한의 대표적인 공단지역의 특징을 지니고 있다고 볼

29) 손기웅, "북한의 환경정책과 환경실태", 『국제정치논총』, 제35집 2호, 1995.
30) 최세현, "북한의 환경실태와 환경정책", 『농업정책연구』, 1996.
31) 이상환, "북한의 환경오염문제 해결을 위한 동북아 협력방안", 『21세기 정치학회보』, 제12집 2호, 2002.

수 있다.

이에 〈기상과 수문〉에 실린 논문을 활용하여 북한의 대표적인 공단지역인 원산의 대기오염 현황을 추정하여 보았다.32) 〈기상과 수문〉에서 려충명 등은 대기오염이 기상조건과 매우 밀접한 상관관계를 갖고 있다는 점에 착안하여 기상데이터만을 가지고도 대기오염 예보식을 작성하여 이 지역의 대기오염을 예측할 수 있을 것으로 보고 기상조건과 대기오염 간의 회귀식을 도출하였다. 이 연구에서는 북한의 다른 연구와 달리 대상지역이 원산이라고 분명히 명시되어 있고, 기상인자와 대기오염자료가 1988~1993년 사이의 관측결과라는 사실 또한 명시되어 있어 원산지역의 대기오염 현황을 연구하는 데 도움이 되었다. 또한 회귀식에 사용한 기상인자와 대기오염물

〈표 52〉 북한의 주요 공업지대와 대기오염 현황

공업지대	대기오염 영향
제철, 제련, 화학공장지대	• 환경에 해로운 오염물질 배출 • 주민, 동·식물에 큰 피해
김책제철소, 청진화학섬유공장	• 검붉은 매연과 이황화탄소 등의 유독가스 배출 • 주민들의 호흡기질환 호소
흥남제련소, 2·2비날론공장	• 염소가스, 일산화가스 배출 • 주민, 공장근로자의 호흡기질환 호소 • 공장근로자의 출퇴근 애로 분출 • 시계 장애
원산문평제련소, 원산화학공장	• 아황산가스, 수은연기 배출 • 종업원의 치아가 빠지는 이상증세 발생 • 주민들의 기관지염, 피부병 발생 • 농작물고사 빈발
문천제련소	• 유해가스 배출 • 인근 사과밭 황폐화
만포시 훈하 액체화학연료공장	• 주민들이 간염, 간경변증, 간암 등 간질환 발생 • 여성근로자의 불이증, 유산, 기형아 출산

출처: 정회성·강광규·강철구, 『북한의 환경문제와 통일한국의 환경정책방향』, 한국환경기술개발원, 1996, p. 47.

32) 려충명·박영순, "기상조건에 따른 대기오염물질들의 분포상태", 〈기상과 수문〉, 농업출판사, 1999년 제3호, 루계 제317호, pp. 32~33.

질의 단위도 명확히 명시되어 있어 이를 통해 원산지역의 대기오염 현황을 추정할 수 있을 것이다.

(2) 대기오염과 기상조건 변수

이 연구에서 사용한 대기오염변수는 총 세 가지이다. SO_2(mg/100cm^2 · 일), NO_2(mg/100cm^2 · 일), 먼지(t/km^2 · 월)는 대기오염과 관련해서 가장 기본적인 항목들이다. 아황산가스는 석탄사용과 밀접한 관계가 있으며, 이산화질소는 석유와 자동차 사용과 관련이 있다. 먼지는 발전소 등의 연소시설이나 공장의 굴뚝, 건설현장 등에서 집진설비를 어느 정도 갖췄느냐와 관련이 있다.

기상조건 변수로는 기압(해면기압, hPa), 습도(상대습도, %), 바람속도(10분간 평균바람속도, m/s), 온도냉각량($\Delta t = t21 - t06$, ℃)등이 사용되었다. 이 중에서 남한 기상청에서 확보하고 있는 기상조건변수는 기압, 습도, 풍속 세 가지 항목이며, 이 세 가지 기상조건 변수를 회귀식에 대입해 대기오염 현황을 추정하였다. 여기서 기상요인 및 대기오염지표들의 측정값은 1988~1993년 사이의 관측결과이다.

하지만 북한 측의 대기오염 변수에는 큰 문제가 있다. 일반적으로 대기오염 측정변수는 남한을 포함해서 국제적으로 단위부피당 대기오염물질의 양, 즉 ppm이나 ppb, μg/L 등의 단위를 사용하며 이들 간에는 상호 비교를 위한 단위환산이 가능하다. 하지만 북한 측의 이 자료는 단위면적당 단위시간당 대기오염물질의 양을 나타내는 적산농도법을 사용하고 있다. 이 단위는 대기오염물질의 침강량을 나타낼 때 쓰는 단위이기 때문에 이에서 대기오염도를 직접 추정하는 것은 불가능하다. 다만 대기오염 침강량이 대기오

〈표 53〉 기상요인과 대기오염 변수 표

기상요인	단위	변수	대기오염물질	단위	변수
기압	hPa	X_1	SO_2	mg/100cm^2 · 일	Y_1
습도	%	X_2	NO_2	mg/100cm^2 · 일	Y_2
온도냉각	℃	X_3	먼지	t/km^2 · 월	Y_3
바람속도	m/s	X_4			

염도에 대략적으로 비례하리라고 가정하면 이에서 대기오염도의 상대적인 변화양상은 대략 추정이 가능하지만 침강량은 강수, 바람, 안정도 등에 따라 크게 달라지기 때문에 정확한 추정은 할 수가 없다.33)

(3) 기상조건과 대기오염물질 간의 상관관계

1) 기압

기압과 SO_2, NO_2 사이에는 정의 선형관계가 있으며 기압과 먼지 사이에는 2차 함수관계가 있다. SO_2, NO_2는 다 같이 기체상태의 물질로서 P=1016-1020hPa, P=1000-1010hPa 구간에 측정값들이 많이 분포되어 있다. 이는 고기압구역에서 하강기류에 의해 압축역전이 생겨 열역학적 안정화과정이 촉진되면서 대기오염농도가 높아지는 것과 관련 있는 것으로 나타났다.

2) 습도

습도와 SO_2 , NO_2 , 먼지 사이에는 명백한 부의 선형관계가 있다. 일반적으로 상대습도가 높다는 것은 공기덩어리의 포화도가 높다는 것을 의미하며 습도가 85% 이상인 때는 대체로 강수를 동반하는 경우가 많다.

〈표 54〉 기압과 대기오염물질들과의 상관관계

대기오염물질	단순 회귀식	상관계수	T 검정량
SO_2	$\widehat{Y_1}=0.048+0.04X_1$	0.659	9.66
NO_2	$\widehat{Y_2}=0.023+0.006X_1$	0.474	6.95
먼지	$\widehat{Y_3}=0.07X^2_{+1.11X_1+1.2811}$	0.619	9.07

33) 원산지역의 자료의 경우 이처럼 단위면적당 대기오염물질의 양을 사용하고 있지만 북측에서 대기오염물질에 대해 전부 단위면적으로 계산하지는 않는 것 같다. UNEP를 통해 공개된 평양의 대기오염자료는 단위부피당 오염물질의 양으로 표시돼 있어, 원산지역 대기오염 측정의 특수성일 가능성도 있다.

SO_2, NO_2는 용해성이 큰 가스성분이기 때문에 빗방울에 용해되어 산성비로 땅에 떨어지게 된다. 따라서 단위면적을 통과하는 공기 속에 포함된 대기오염물질을 측정하는 적산농도법에서는 이와 같이 명백한 부의 선형상관이 있는 것으로 나타났다.

3) 온도냉각량

온도냉각량과 SO_2, NO_2, 먼지 사이에는 정의 선형관계가 있다. 온도냉각량이 크다는 것은 곧 기온역전층이 생겼다는 것을 의미하므로 수직온도경도(r)는 부의 값을 가지면서 대기가 열적으로 안정하게 된다.

이때 대기오염물질은 위쪽으로 확산이 억제되어 내려 쌓이며 결과적으로 호흡대 높이에서의 대기오염농도는 높아진다. 온도냉각량에서의 변화가 없으면 수직온도경도는 양의 값을 가지며 흐름섞임이 활발해지기 때문에 오염물질들의 대기 중 확산이 촉진되어 대기오염농도는 0에 가까워지는 것으로 나타났다.

4) 바람 속도

풍속과 가스상 대기오염물질(SO_2와 NO_2) 사이에는 음의 상관관계가 있으

〈표 55〉 습도와 대기오염물질들과의 상관관계

대기오염물질	단순 회귀식	상관계수	T 검정량
SO_2	$\widehat{Y_1}=1.279-0.01X_2$	−0.754	11.05
NO_2	$\widehat{Y_2}=0.363-0.004X_2$	−0.746	10.94
먼지	$\widehat{Y_3}=3.101-0.08X_2$	−0.510	7.48

〈표 56〉 온도냉각량과 대기오염물질들과의 상관관계

대기오염물질	단순 회귀식	상관계수	T 검정량
SO_2	$\widehat{Y_1}=1.023+0.037X_3$	0.792	7.21
NO_2	$\widehat{Y_2}=0.162+0.006X_3$	0.675	9.90
먼지	$\widehat{Y_3}=3.649X_3-3.912$	0.976	14.31

〈표 57〉 바람속도와 대기오염물질들과의 상관관계

대기오염물질	단순 회귀식	상관계수	T 검정량
SO_2	$\widehat{Y_1} = 0.649 - 0.019X_4$	−0.507	7.43
NO_2	$\widehat{Y_2} = 0.077 - 0.082X_4$	−0.857	12.56
먼지	$\widehat{Y_3} = 1.697X_4 - 0.543$	−0.869	12.74

〈표 58〉 원산지역의 대기오염 추정(1988~1993)

(단위: mg/100cm^2 · 월)

연도	월	SO_2	NO_2	연도	월	SO_2	NO_2
1988	1	0.829565	0.183226	1991	1	0.742803	0.414852
1988	2	0.742695	0.148478	1991	2	0.809078	0.175031
1988	3	0.745300	0.149520	1991	3	0.677924	0.122570
1988	4	0.746246	0.149898	1991	4	0.720655	0.139662
1988	5	0.648783	0.110913	1991	5	0.666316	0.117926
1988	6	0.471208	0.039883	1991	6	0.557154	0.074261
1988	7	0.405774	0.013710	1991	7	0.441108	0.027843
1988	8	0.466437	0.037975	1991	8	0.449132	0.031053
1988	9	0.459240	0.035096	1991	9	0.494986	0.049394
1988	10	0.652407	0.112363	1991	10	0.697399	0.130359
1988	11	0.782512	0.164405	1991	11	0.796462	0.169985
1988	12	0.814138	0.177055	1991	12	0.572631	0.080452
1989	1	0.585730	0.085692	1992	1	0.715191	0.137477
1989	2	0.634153	0.105061	1992	2	0.785377	0.165551
1989	3	0.563581	0.076833	1992	3	0.517810	0.058524
1989	4	0.687984	0.126594	1992	4	0.698506	0.130802
1989	5	0.612539	0.096416	1992	5	0.587364	0.086345
1989	6	0.495244	0.049498	1992	6	0.493873	0.048949
1989	7	0.422385	0.020354	1992	7	0.504632	0.053253
1989	8	0.463572	0.036829	1992	8	0.386959	0.006184
1989	9	0.485643	0.045657	1992	9	0.523188	0.060675
1989	10	0.597813	0.090525	1992	10	0.515960	0.057784
1989	11	0.651792	0.112117	1992	11	0.696137	0.129855
1989	12	0.676621	0.122048	1992	12	0.720987	0.139795
1990	1	0.749067	0.151027	1993	1	0.690050	0.127420
1990	2	0.491156	0.047862	1993	2	0.789648	0.167259
1990	3	0.657919	0.114568	1993	3	0.702715	0.132486
1990	4	0.640518	0.107607	1993	4	0.722168	0.140267
1990	5	0.576702	0.082081	1993	5	0.564822	0.077329
1990	6	0.494464	0.049186	1993	6	0.402016	0.012206
1990	7	0.374228	0.001091	1993	7	0.404685	0.013274
1990	8	0.457018	0.034207	1993	8	0.454927	0.033371
1990	9	0.439496	0.027198	1993	9	0.568347	0.078739
1990	10	0.587103	0.086241	1993	10	0.711406	0.135962
1990	11	0.636808	0.106123	1993	11	0.616667	0.098067
1990	12	0.756107	0.153843	1993	12	0.770722	0.159689

며, 먼지와는 정의 상관관계가 있다. 즉 가스상 대기오염물질은 바람이 오면 흩어져 농도가 낮아지지만, 먼지는 오히려 바람 때문에 높아진다고 볼 수 있다. 일반적으로 낮은 농도의 오염배출원이 있는 도시에서 대기오염농도는 바람속도에 반비례하지만 절대적인 것은 아니다. 바람속도가 약하다고 하여도 그 날 일기상태가 건조하고 공기의 약한 상승이 있거나 기온역전이 동반되지 않는다면 대기오염농도는 위험수치 이상으로 높아지지 않는다.

(4) 원산지역의 대기오염 추정

원산지역의 대기오염을 추정하기 위해 활용 가능한 기상변수는 기압, 상대습도, 바람속도, 온도냉각량 네 가지이다. 이 네 가지 변수를 각 대기오염물질의 회귀식에 반영하여 회귀식 자체의 상관계수가 낮거나 의미가 없는[34] 경우를 고려하여 대기오염을 추정하기에 가장 적합한 기상변수로 상대습도를 선택하였다. 현실적으로 대기오염의 일변화를 기상변수로 추정하기에는 오차가 심해 문제가 될 수 있으므로 이 연구에서는 기상변수의 월평균값을 이용해 대기오염물질의 월평균 농도를 추정하였다. 인용한 논문의 회귀분석 자료기간이 1988~1993년이기에 이 연구에서도 같은 기간의 대기오염농도를 추정하였으며, 이를 표로 나타내면 〈표 58〉과 같다.

(5) 원산지역과 남한의 도시별 대기오염 비교

이 연구에서 추정한 원산지역의 대기오염농도는 측정단위가 국제적 기준이나 남한의 측정단위와 달라 분석에서 어느 정도 한계를 지닐 수밖에 없다. 즉 단위 부피당 오염물질의 양이 아닌 단위면적당 오염물질의 양이기에 직접적인 비교가 불가능하다는 한계가 있다. 이처럼 단위의 차이 때문에 원산지역의 오염 정도를 파악할 수는 없지만 해당 오염물질의 월별 변화패

34) 추정한 결과 대기오염농도가 마이너스 값을 지니는 경우에는 비현실적이고 회귀분석의 오차범위가 커서 나타난다고 볼 수 있다. 따라서 추정결과 마이너스 값을 갖게 되는 기상변수는 배제하였다.

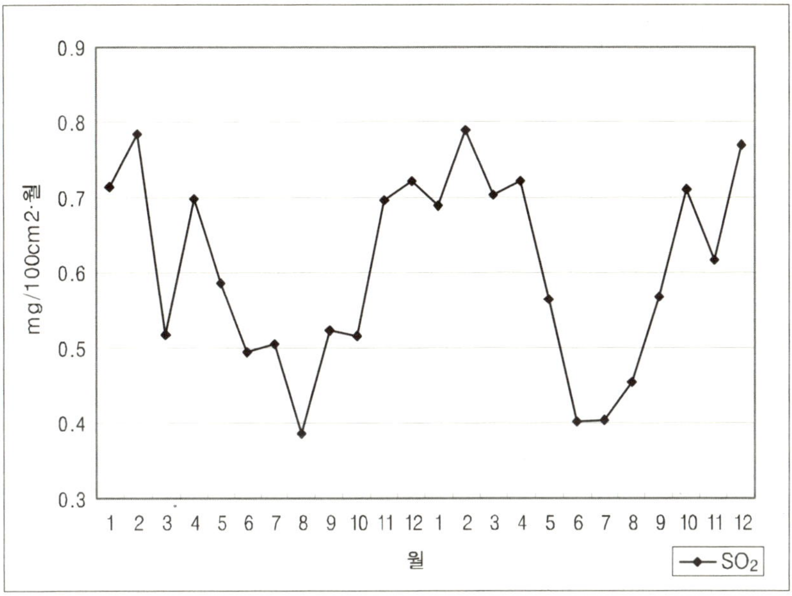

[그림 20] 원산의 아황산가스 월별 침강량(1992~1993)

턴을 확인하고 이를 비교할 수 있을 것이다. 따라서 남한에서 도시별 대기오염농도자료가 제공되고 있는 기간, 즉 1992~1993년 사이의 자료와 원산지역의 대기오염 추정농도의 월별 변화패턴을 비교해 보았다. 또한 최근 들어 변화된 남한의 도시와도 비교하기 위해 2002년부터 2003년 사이의 월별 변화패턴을 제시하였다.

1) 아황산가스(SO_2)

아황산가스의 월별 농도 변화는 원산이나 남한의 대부분 도시에서 나타나는 변화 패턴에서 큰 차이를 볼 수 없었다. 즉 1992~1993년 사이에 원산이라는 북한 공장지대의 대기오염 월별 패턴은 남한의 도시와 차이가 없이, 계절별로 여름에 가장 낮은 농도를 기록하고 겨울이 되면 최고치에 이르는 패턴을 보여주었다. 여름에 농도가 낮아지는 이유는 장마철인 7, 8월 강우에 의해 대기 중 아황산가스가 제거되기 때문이다. 원산지역은 북한에서도

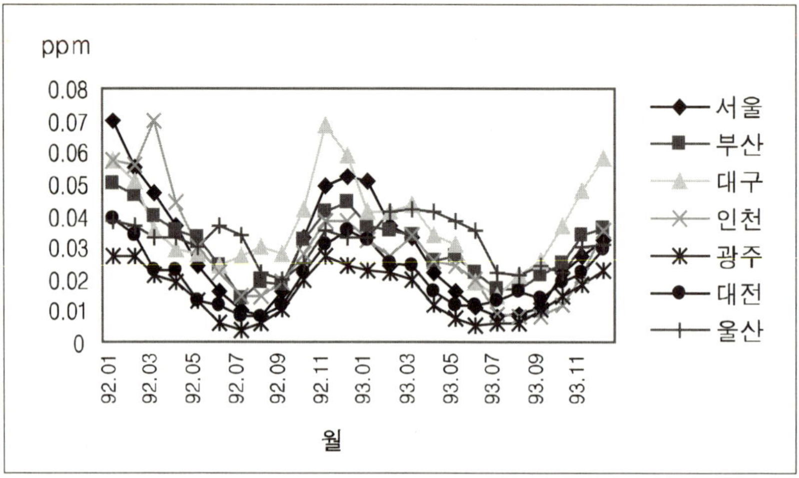

[그림 21] 남한 도시별 아황산가스 월별 농도(1992~1993)

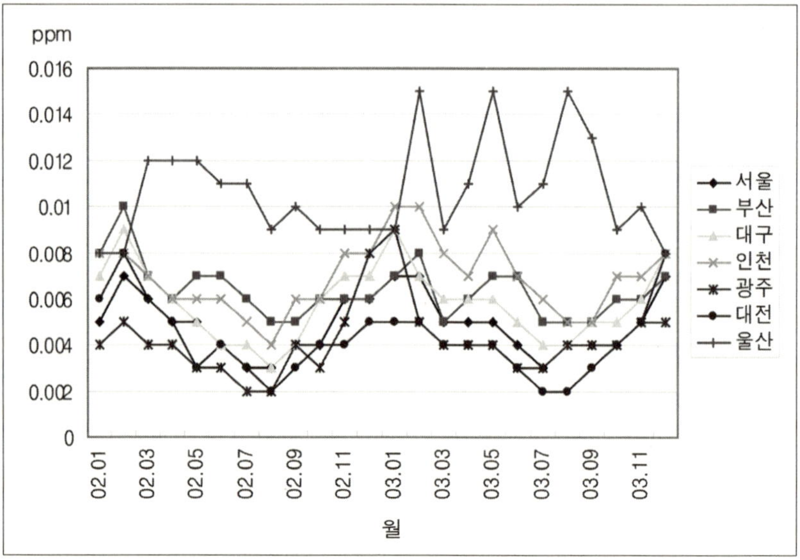

[그림 22] 남한 도시별 아황산가스 월별 농도(2002~2003)

원산문평제련소와 원산화학공장이 있어 석탄 사용 이외에 공정에서 발생되는 아황산가스의 양도 상당한 수준이었을 것으로 판단된다.[35)]

북한은 1993년과 지금의 경제적 규모나 산업구조에서 큰 차이가 없거나 오히려 악화됐지만 남한은 급격한 변화를 겪은 바 있다. 주 에너지원이 석탄에서 석유로 급격히 바뀌었으며, 산업규모나 생산량이 크게 증가했다. 따라서 원산지역의 1993년 대기오염 패턴과 현재 남한의 대기오염 패턴을 비교해 볼 필요가 있다. 위 그림을 보면 남한에서는 석탄사용이 줄어들면서 아황산가스의 농도가 급격히 줄어든다. 대부분의 도시들이 1992, 1993년 최저치인 0.01ppm보다 작은 오염수준을 보여주고 있으며, 서울의 경우에는 5분의 1 정도의 수준으로 낮아진 셈이다. 또한 월별 농도변화 패턴마저 달라져 계절적 특징이 사라지고 1년 내내 농도변화가 거의 없는 모습으로 바뀌었음을 확인할 수 있다. 이처럼 현재 남한의 아황산가스 월별 농도변화 패턴은 북한의 공단지역과 전혀 다른 양상으로 변했다고 볼 수 있다.

2) 이산화질소(NO_2)

이산화질소는 장마철인 7, 8월 강우로 대기 중에서 제거됨으로써 농도가 크게 낮아지는 패턴을 확인할 수 있다. 이러한 월별 변화 패턴은 같은 기간(1992~1993) 남한의 도시에서도 확인할 수 있다. 앞서 살펴본 아황산가스는 원산지역의 월별 최고치와 최저치의 비는 2배 정도였는데 이산화질소의 경우 8배 정도 차이가 난다는 것은 원산의 경우 이산화질소에 비해 아황산가스에 의한 오염이 심각한 것으로 추정할 수 있다. 즉 이산화질소는 7, 8월 강우로 그나마 급격히 떨어지지만 아황산가스는 좀처럼 낮아지지 않는 것으로 파악할 수 있다. 이는 습도와 대기오염물질간의 회귀식으로도 확인할 수 있다. 가령 아황산가스는 Y 절편, 즉 기본 값이 높게 잡혀 있어 아무리 습도가 높아지거나 낮아져도 큰 차이를 나타내지 않게 된다($\widehat{Y}_1 = 1.279 - 0.01X_2$).

35) 앞의 원산지역 현황자료 참조.

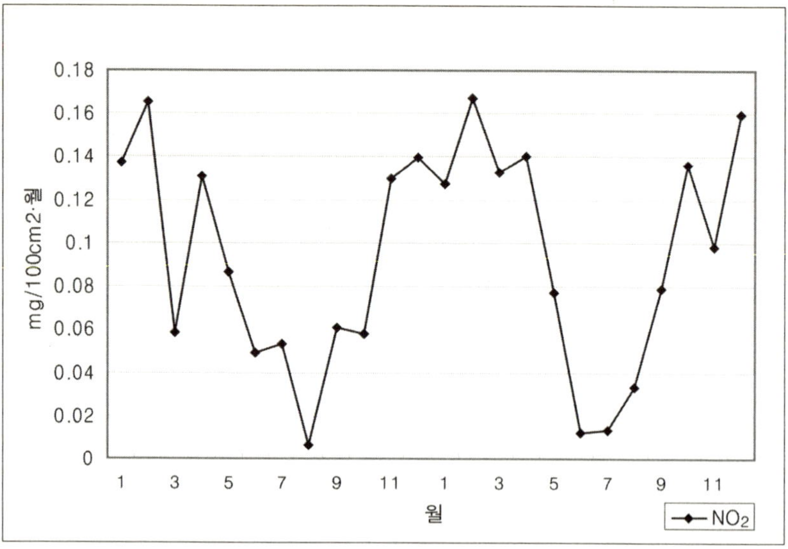

[그림 23] 원산의 이산화질소 월별 침강량(1992~1993)

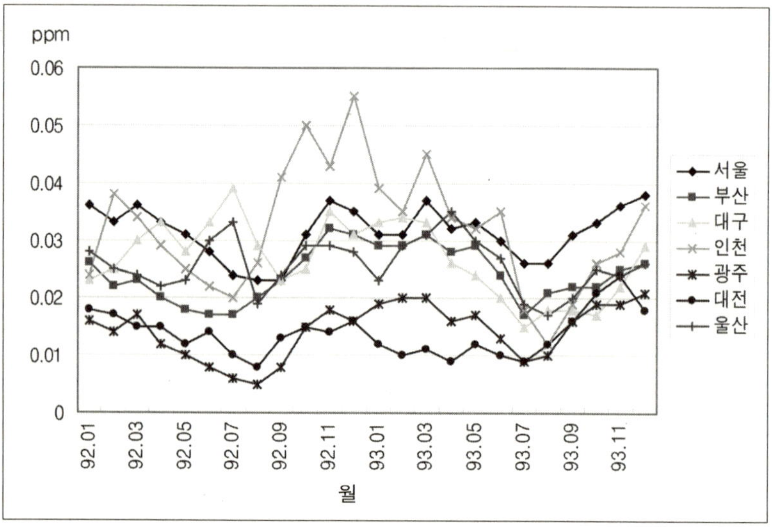

[그림 24] 남한 도시별 이산화질소 월별 농도(1992~1993)

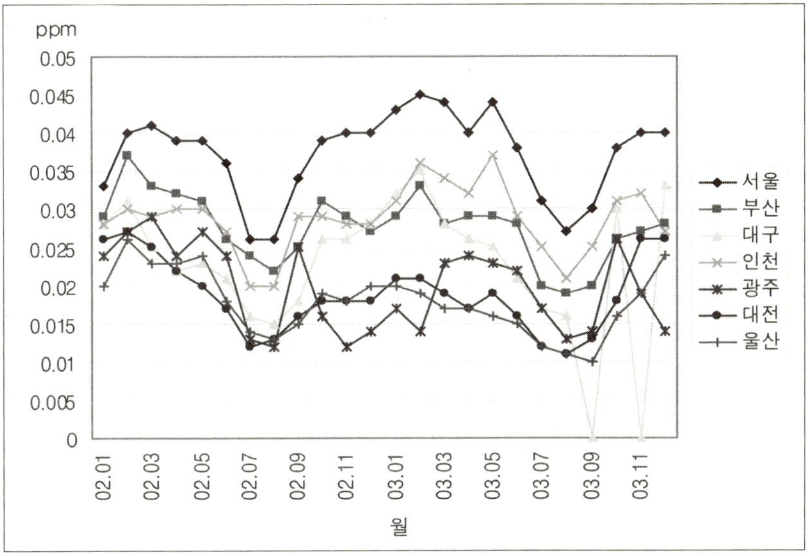

[그림 25] 남한 도시별 이산화질소 월별 농도(2002~2003)

한편 이산화질소는 *Y* 절편이 낮아 습도에 크게 영향을 받을 수밖에 없다 ($\widehat{Y}_2 = 0.363 - 0.004X_2$).

마찬가지로 남한에서는 1992~1993년에 비해 아황산가스 농도는 크게 줄어들었지만 이산화질소에 의한 오염은 심각해졌다. 2002~2003년 남한 도시의 이산화질소 농도는 전반적으로 높아졌으며, 계절별 변화 패턴이 뚜렷해졌다. 이는 남한에서 자동차 사용이 늘어나면서 전반적으로 대부분의 도시에서 같은 패턴으로 변화함을 확인할 수 있다.

4. 소결

정량적인 차원의 북한 대기오염추정 또한 엄격한 정보 차단과 정보의 제약으로 어려움이 많았음에도 불구하고, 북한의 지역별 대기오염수준을 대략적으로나마 추정할 수 있었다.

먼저 북한 농촌은 예상대로 전혀 오염되지 않았다. 농촌은 KEDO사업

대상지역인 함경남도 금호리에서 측정한 사계절 실측자료를 활용하였는데, 농촌의 석탄사용에도 불구하고 겨울철 아황산가스 농도조차 남한의 환경기준을 충분히 충족시킬 수 있을 정도였다. 먼지가 조금 높게 나왔지만 이 또한 우려할 만한 수준은 아니며 환경기준 범위 안에 있었다.

다음으로는 북한 도시지역의 대기오염수준을 살펴보았다. 몇 년 전까지만 해도 북한의 수도인 평양의 대기오염수준에 관한 정보조차 공개되지 않고 있었다. 1994년 북한의 학술지 〈기상과 수문〉에 실린 대기오염 자료의 경우 대기오염물질의 농도조차 표시되지 않은 채 상대농도만으로 대략적인 오염물질변화 패턴만을 보여줄 뿐이었다. 하지만 최근에 발행된 UNEP의 「북한환경보고서 2003」을 보면 1990년대의 대기오염수치가 정확하게 제시되어 남한 대도시들과 직접적인 비교가 가능해졌다. 가령 아황산가스는 1989년 평양은 서울의 절반 정도밖에 안 될 만큼 깨끗한 상태였다. 서울의 아황산가스 농도는 1990년을 정점으로 급격히 줄어든다. 석탄이 석유로 대체되면서 대기오염농도가 낮아진 것이다. 하지만 평양은 큰 변화를 보이지 않았다. 해마다 연료수급사정에 따라 높아지고 낮아지긴 하지만 상승하거나 하락하는 어떠한 경향도 보여주지 않았다. 다만 가장 최근 자료로 제시된 1997년 평양의 아황산가스 농도가 낮아진 것은 대미관계 악화로 미국의 에너지공급차단 때문에 나타난 현상이라고 볼 수 있을 뿐 에너지 소비구조가 변했다고는 볼 수 없다. 이처럼 북한이 주탄종유정책을 유지하고 있어 아황산가스에 의한 대기오염이 심각할 것으로 추정됐으나 실제 평양에서는 아황산가스에 의한 오염이 그다지 심하지 않음을 확인할 수 있었다. 또한 이산화질소의 경우에는 남한의 도시와 큰 차이가 없었다. 평양의 이산화질소 농도인 0.3 $\mu g/m^3$는 서울보다는 낮지만 광주나 남한의 몇몇 지방 도시들과 차이가 없을 만큼의 수치였다. 평양에서 운행되는 자동차가 극히 적다는 사실을 감안하면 이는 남한과 달리 측정망이 도로에 인접해 있기 때문인 것으로 추정된다. 이처럼 북한의 수도인 평양은 서울에 비해 아황산가스나 이산화질소 모두 비슷하거나 낮은 수준임을 확인할 수 있었다.

끝으로 공업지역인 원산지역의 대기오염수준을 살펴보았다. 공산권국가에서 공업지역의 대기오염이 심각했던 전례에 비춰 원산지역의 대기오염이 심각할 것으로 예상하지만 정확한 오염수준은 추정하지 못했으며, 아황산가스와 이산화질소의 월별 변화패턴만 확인해 볼 수 있었다. 이는 원산지역 대기측정단위가 국제기준과 달라 비교할 수 없었기 때문이다. 대기오염물질의 월별 변화패턴만을 보면 아황산가스는 1992, 1993년 원산이나 남한의 도시들은 7, 8월 장마철에 농도가 급격히 떨어지는 비슷한 패턴을 보여주지만, 남한의 도시들은 이후 석탄사용이 줄어들면서 아황산가스 농도도 급격히 떨어지고 월별변화패턴도 크게 달라졌다. 하지만 원산에서는 1993년 이후로도 큰 변화가 없어 아직까지도 비슷한 변화패턴일 것으로 추정된다.

제5절 평양시 대기오염도 실측과 평가

최근에 UNEP(2003)가 평양의 대기오염도를 측정한 자료를 보고하였으나 이 역시 1990년대의 자료로 최근의 북한의 오염상태를 나타내는 자료는 아니어서 현 대기상태에 대한 결론을 내리기에는 부족한 자료라고 할 수 있다. 이에 북한의 대표 도시인 평양시의 이산화질소와 아황산가스 농도를 직접 측정한 자료를 이용해 남한의 대기오염도 및 UNEP 보고서 상의 과거 자료와 비교·평가하였다.

1. 평양시의 주요 대기오염원

평양직할시의 면적은 2,113km^2 가량으로 전 국토의 약 0.9%, 북한 면적의 1.7%가량을 차지한다. 인구 약 299만 5,000명으로 북한 인구의 13.6%이다(연합뉴스, 2005).

2002년 현재 평양시의 행정구역은 19개 구역(대동강구역, 대성구역, 동대원구역, 락랑구역, 력포구역, 룡성구역, 만경대구역, 모란봉구역, 보통강구역, 사동구역, 삼석구역, 서성구역, 선교규역, 순안구역, 승호구역, 은정구역, 중구역, 평천구역, 형제산구역)과 4개군(강남군, 강동군, 상원군, 중화군)으로 되어 있다(조선향토대백과 1: 평양시, 2003). 이 중 1960년 10월에 편입된 강동군과 1963년 5월에 편입된 중화군, 강남군, 상원군을 제외한 19개 구역 중에서 외곽지역인 순안·룡성·대성·삼석·승호·사동·력포·락랑·만경대·형제산 구역 등은 면적이 넓고 시가형태도 잘 갖추지 못한 촌락형 취락임에 반해 중·평천·보통강·모란봉·서성·선교·동대원·대동강구역은 면적은 좁으나 인구 밀도가 높다(연합뉴스, 2005).

평양시에 존재하는 대기오염원은 크게 제조업 부문, 발전 부문, 교통부문으로 나누어 볼 수 있다.

먼저 평양의 대기질에 영향을 미칠 수 있는 평양의 주요제조업체 현황은 <표 59>와 같다. 평양은 경공업과 중공업이 집중된 종합공업도시이자 집약된 농업지역으로 북한 최대의 경제중심지이다. 정치·사회적인 중요성과 함께 부근에 매장된 풍부한 원료자원과 에너지원, 공업용수와 수송의 중심지라는 이점이 있고 전력, 금속, 화학, 방적, 건재, 건설공업 등이 발달했다. 주요 공업으로는 기계공업, 에너지공업, 건재공업 등 중공업과 다양한 경공업이 있으며 전국 공업생산의 14%, 종업원의 11%를 차지하고 있다(이상준, 2004).

한편 북한은 평양지역에 정책적으로 화학공장이나 제철·제강같이 환경오염물질 배출이 많고 공업용수를 많이 사용하는 공해유발업종은 배치하지 않고 방직·기계공장 같은 공해가 적은 업종 및 여성노동력을 활용할 수 있는 업종을 배치하였다. 이러한 공업정책으로 평양공업지구는 중공업과 경공업이 비교적 균형 있게 발달하였으며 기계공업의 비중이 큰 가운데 섬유공업과 식료품·일용품·신발공장 등이 고루 분포하게 되었다. 그러나 대체적으로 평양 시내에는 소비재 생산공장 이외의 중공업생산시설은 없으며 대신 남포, 송림 일대에 중공업 관련 대단위 공장들이 있다. 즉 평양은 북한에서 노동력이 가장 풍부한 지역으로 대형기계, 정밀기계 및 농기계제

〈표 59〉 평양의 주요 제조업체 현황

금속 공업	제철, 제강공업은 성교구역에 집중 평양 강철공장(부지면적, 2만 6,000평, 강철 10만 톤, 압연강재 10만 톤)은 북한 최대 비철금속공업 형제산구역 하당동 소재
기계공업	북한 최대중심지, 만경대 공작기계공장과 평양, 공작기계공장이 가장 중요 공작기계공업: 대표적 생산지는 만경대, 평양, 5월7일, 김종태 전기기관차 종합기업소 정밀기계공업: 주요공장은 평양정밀기계공장, 9월18일공장, 서평양베어링공장 등 전기기계공업: 3월26일, 새날전기, 보통강전기공장 등
전자, 자동화 공업	북한최대 공업지인 10월5일 자동화공장은 로봇 조종장치 등 최첨단 제품생산 주요공장: 평양 통신기계공장, 모란봉 자동화기구공장, 대동강 자동화기구공장 등
화학공업	북한전체 종업원의 6%에 불과 주요공장: 평양제약공장(신교구역), 대동강축전지공장(평천구역), 철도축전지공장(보통강구역), 평양고무공장(선교구역), 평양칠감공장(만경대구역)
건재공업	평양은 북한 최대 건재공업지 시멘트 공업: 승호리 석회석광산은 최대규모로 매장량 1억 4,000만 톤, 주요공장은 승호리 시멘트 공장 유리공업: 평양광학유리생산협동조합 벽돌공업 및 건설자기공업: 북한 전체공장수의 12%, 생산량의 9%, 7월28일 요업공장, 대성요업공장 금속화학 및 건자재: 부자재생산의 최대 중심지, 평양블로크공장, 미림블로크 공장, 평양석재가공공장
섬유공업	북한 최대중심지로 화학섬유, 모방직, 견방직, 면방직, 방직실 생산능력의 30% 집중 평양종합방직공장은 최대규모(40만 평)로 이곳에서 방적사, 각종 직물, 염색, 직물생산
식료품공업	북한 최대중심지 주요공장: 평양곡산공장, 룡성육류공장, 평양맥주공장, 룡성담배공장, 평양청량음료공장, 평양장류공장, 평양김치공장 등
신발공업	북한 최대중심지 주요공장: 평양구두공장(전국 신발 생산량의 7.3%), 평양염화비닐신발공장(전국신발 생산량의 8%), 평양신발공장, 평양신발창공장, 평양가죽이김공장 등
일용품공업	북한 최대중심지 중앙일용품 생산의 34%, 총종업원의 33%임 주요공장: 평양일용품공장, 평양전구공장 등
제지공장	평양은 제지공업에서 중요한 위치 주요공장: 평양종이공장(선교구역에 위치하고 12종에 달하는 각종 종이류 생산)

자료: 이규황 외. 2001.「통일한국을 향한 남북한 산업지도」. 전국경제인연합회. 이상준 외, 2004 재인용.

작 공업 등을 집중 배치하였다.

평양의 공업을 업종별로 보면 우선 북한 최대의 기계공업 중심지로서 북한 기계공업생산액의 20%를 차지하며 운수기계, 전기기계, 정밀기계 등 다양한 분야의 기계공업이 발달해 있다(한국산업은행, 2005). 평양을 중심으로 한 평양 공업지구에는 김종태전기기관차공장, 평양전기공장, 전력케이블선을 생산하는 평양전선공장, 무궤도전차공장, 베어링과 재봉틀, 시계 등을 생산하는 1급 기업소인 평양정밀기계공장, 평양제침공장, 만경대공작기계공장, 승호리시멘트공장, 평양목재가공공장 등 유수 기업들이 집중해 있다. 그 밖에도 북한 최대의 섬유 공장인 평양종합방직공장을 비롯하여 평양제사공장, 평양곡물공장, 룡성육류가공공장, 평양고무공장 등이 있다(이상준, 2004).

평양시의 다른 주요 대기오염원으로는 평양시에서 운영되는 발전소이다. 〈표 60〉같이 평양에는 평양화력발전련합기업소, 동평양화력발전소 등이 있으며 그 외 대동강의 미림갑문과 봉화갑문을 이용하여 급류식 갑문발전소들이 건설되었다(조선향토대백과, 2003). 특히 평양화력 발전은 평양시내의 주요 전기 공급원일 뿐만 아니라 주택에 난방열도 공급하는 것으로 알려졌다.

마지막으로 교통부문을 살펴보면 다음과 같다.

평양시 대중교통 수단으로는 지하철과 궤도전차, 무궤도전차(트롤리 버스), 버스, 택시, 여객선 등이 있다. 지하철은 1973년 9월 제1단계 공사로 '천리마

〈표 60〉 평양·남포지역의 발전소 현황

구분		소재지	설비용량(만kw)	비고
화력발전	평양발전소	평양 평천	50	1970년 소련의 지원으로 완공
	동평양발전소	평양 낙랑군	5	1993년 완공
	12월발전소	남포 대안구역	5	1996년 완공
수력발전	미림갑문발전소	평양 사동구역	8	대동강 갑문
	봉화갑문발전소	평양 강동군	2	대동강 갑문
	남강발전소	평양 강동군	13	북한 자체 기술

자료: 이상준 외, 2004.

선'을 개통하면서 등장하였고, 남북으로 뻗은 천리마선과 동서를 횡단하는 '혁신선'의 2개 노선이 있으며 총 연장은 34km이다. 궤도전차는 1990년대에 재등장했는데 1991년 4월 완공된 20km구간의 제1노선과 1992년 4월 개통된 12km의 제2노선 구간, 1998년 9월 건설된 20km의 제3노선 등이 운행되고 있다. 무궤도전차는 1962년 평양역-농업공업전람관구간(9.2km)이 개통된 이후 10여 개 노선이 운행 중이며 수송능력은 대형 100여 명, 소형은 50여 명 정도이다. 택시는 1987년부터 운행되었는데, 일본의 도요타와 독일의 벤츠 등 수입차 600~700대가 운행되고 있다(연합뉴스, 2005).

평양시를 방문한 사람들의 공통적인 견해가 자동차가 얼마 없어 차를 보기 어렵다는 점과 김경술(2004)의 연구에서 북한 전체의 자동차 대수가 24만 7,000대로 추정된다는 점 등으로 미루어 보아 평양시의 자동차로 인한 대기오염문제는 심각하지 않을 것으로 예상된다.

2. 평양시 대기오염도 측정 방법

평양시의 전반적인 대기오염상태를 파악하기 위해서는 평양시의 여러 곳에 대하여 장시간 측정한 자료를 검토하여 보아야 할 것이나 북한의 특성상 이러한 자료를 얻기는 쉽지 않다. 이 연구에서는 다만 2004년의 6월과 2005년 6월 두 차례에 걸쳐 평양 시내의 고정지점(고층)과 도로 이동 중 측정 자료를 확보할 수 있었다.

[그림 26]은 측정이 이루어진 평양시내 평천구역의 위치도이다.

측정대상 대기오염물질은 이산화질소와 아황산가스이다. 하지만 2004년에는 이산화질소에 대해서만 측정이 이루어졌고 아황산가스는 2005년에만 측정이 이루어졌다.[36] 또한 아황산가스 측정의 특성상 이동 중에는 측정이

36) 아황산가스의 측정은 적어도 5일 이상 지속적으로 측정해야 하기 때문에 2004년도에는 측정시도를 하지 않았으나 이후 2005년에는 2004년보다는 다소 긴 시간이 확보되어 측정을 시행함

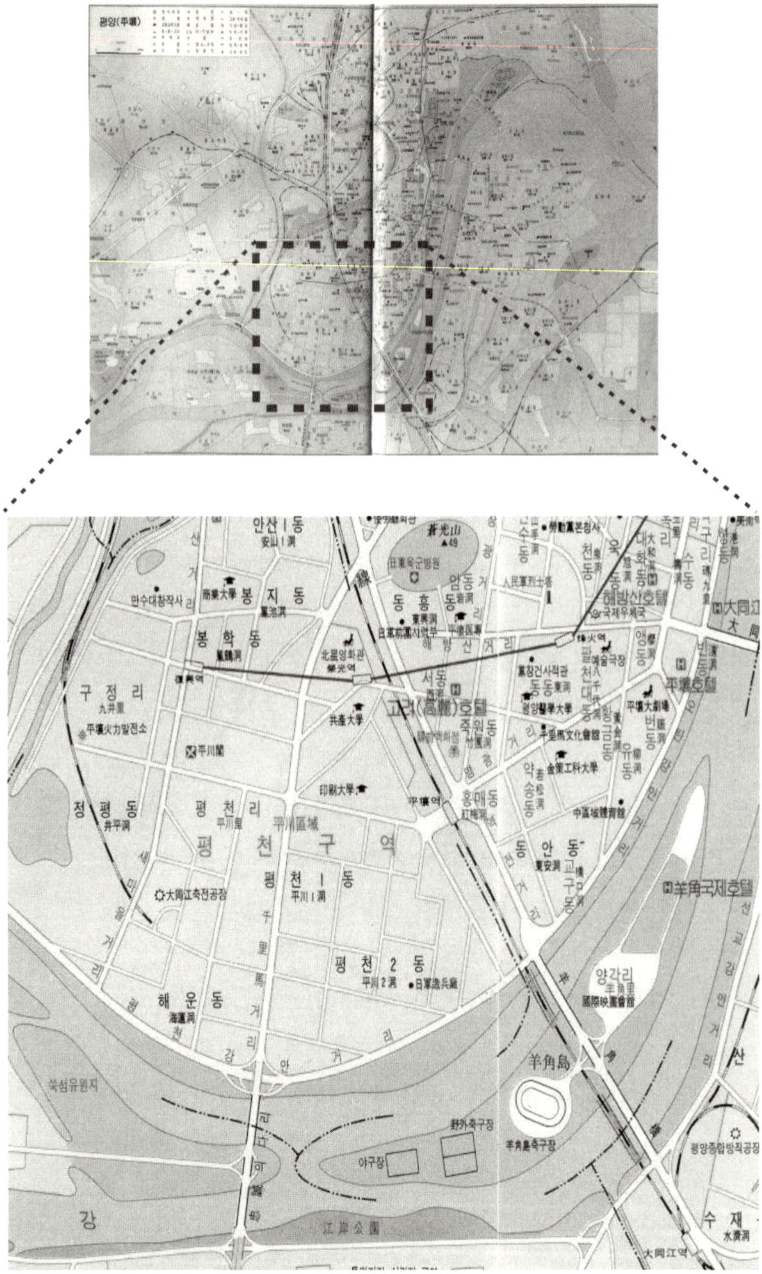

[그림 26] 평양시 대기오염도 측정 지역(평천구역)

이루어지지 않았고 일반오염도(고정 장소)에 대해서만 측정이 이루어졌다.

특히 2005년도에는 같은 방법으로 측정한 서울시의 농도값과 비교하기 위하여 평양시 측정과 동일한 조건과 날짜를 택하여 서울시에서도 수행하였다.

일반오염도는 서울시에 있는 고층 건물 두 곳[37]을 선택하여 평양시와 유사한 높이에 해당하는 장소에서 이산화질소와 아황산가스를 측정하여 비교하였다. 또 환경부의 자동측정데이터와 본 연구진의 측정결과를 비교하기 위하여 관악구 측정소에 해당하는 곳(신림 5동사무소)에서 동일한 날짜에 해당하는 이산화질소와 아황산가스의 농도를 측정하였다.

또 도로 이동 중 측정한 평양시 자료와의 비교를 위해서 서울시내 마을버스 노선 3개를 선택하여 각각 일별 이산화질소 농도를 측정하였다. 마을버스를 선택한 이유는 평양시내에 운행 중인 여객 차량이 대부분 경유차이며 저감장치 등 배출 조건이 열악할 것으로 판단되어 서울시 경유 차량 중 상대적으로 배출조건이 열악한 마을버스가 평양시 차량의 배출조건과 유사할 것으로 판단되었기 때문이다.

3. 측정 결과

(1) 일반오염도

1) 이산화질소

평양시의 고정지점에서의 이산화질소의 일반 대기 중 농도 측정을 2004년과 2005년 두 해에 걸쳐 여름철에 시행하였다. 측정은 같은 장소에서 약 10미터 높이의 간격을 두고 2004년도에는 두 지점, 2005년도에는 세 지점에서 이루어졌다. 이들 다섯 개의 측정지점은 주위에 공기의 흐름을 방해할 만한 지형지물이 없고 충분히 높은 지점이어서 평양시내의 대기오염도를 대표할 수 있을 것으로 보인다. 각각의 지점에서의 측정결과는 〈표 61〉

37) 한 곳은 서대문구에 있으며 도로변과 근접한 곳이고 다른 한 곳은 관악구에 소재하는 아파트 옥상으로 상대적으로 변화하지 않은 곳임.

〈표 61〉 평양시 일반 대기 중 이산화질소 농도 측정 결과(2004/2005, 고정 장소)

			지점 1	지점 2		일평균 농도
2004 여름	제1일	샘플링 시간(분)	990	1020		8.4
		농도(ppb)	7.9	8.9		
	제2일	샘플링 시간(분)	1530	1530		7.7
		농도(ppb)	7.9	7.5		
	제3일	샘플링 시간(분)	1490	1500		6.6
		농도(ppb)	6.7	6.5		
	평균 농도(ppb)		7.6			
			지점 1	지점 2	지점 3	일평균 농도
2005 여름	제1일	샘플링 시간(분)	1,050	1,360	1,125	9.5
		농도(ppb)	10	NA	9	
	제2일	샘플링 시간(분)	NA	1,360	NA	8.2
		농도(ppb)	NA	8	NA	
	제3일	샘플링 시간(분)	1,560	2,040	1,255	8.7
		농도(ppb)	10	7	9	
	제4일	샘플링 시간(분)	390	NA	1,195	14.6
		농도(ppb)	23	NA	7	
	평균 농도(ppb)		10.2			

〈표 62〉 서울시 일반 대기 중 이산화질소 농도 측정 결과(2005, 고정 장소)

날짜	항목	충정로	봉천동	신림동	일평균 농도
제1일	샘플링 시간(분)	–	1,091	1,255	35.2
	농도(ppb)	–	30.9	39.4	
제2일	샘플링 시간(분)	1,541	1,451	1,440	56.0
	농도(ppb)	82.8	39.2	46.1	
제3일	샘플링 시간(분)	1,304	1,428	480	69.9
	농도(ppb)	84.9	51.7	73.1	
제4일	샘플링 시간(분)	1,471	313	–	64.7
	농도(ppb)	74.1	55.3	–	
평균 농도(ppb)		80.6	44.3	52.9	59.2

과 같다.

평양시 이산화질소 농도의 2004년 평균은 7.6ppb이고, 2005년 평균은 10.2ppb로 나타났으며 매우 낮은 오염도를 나타내었다. 이 값은 남한의 환경기준치는 물론이고 북한의 이산화질소 환경기준치 중 1등급(요양소 기준)기준인 15ppb보다도 낮은 값이다.

한편 동일한 기간, 동일한 조건으로 측정한 서울시의 일반 대기 중 오염도는 〈표 62〉와 같으며 세 지점의 평균이 남한의 연평균 대기환경기준치인 50ppb보다도 높은 값을 나타냈으며 충정로는 24시간평균농도의 환경기준치인 80ppb도 초과하였다. 2005년 평양시의 이산화질소 평균농도는 같은 시기 서울시 이산화질소 농도의 약 17% 수준으로 매우 오염도가 낮음을 알 수 있다.

2) 아황산가스

아황산가스의 측정은 2005년 여름에 이루어졌으며 3개 지점에서 약 3일 동안 연속 측정을 하였다. 측정 결과는 〈표 63〉과 같으며 평양시 평균 아황산가스 농도는 4.7ppb이다. 평양시 아황산가스 농도 역시 남한의 기준치는 물론이고 북한의 엄격한 기준인 특별지역기준치보다 훨씬 낮은 값을 나타내었다.

〈표 63〉 평양시 대기 중 아황산가스 농도 측정 결과(2005.6)

측정지점	샘플링시간(분)	농도(ppb)	평균농도(ppb)
지점 1	4,380	4.1	4.7
지점 2	4,429	3.1	
지점 3	4,380	6.8	

〈표 64〉 서울시 대기 중 아황산가스 농도 측정 결과(2005.6)

측정 장소	샘플링시간(분)	농도(ppb)	평균농도(ppb)
충정로	4,317	3.9	6.9
신림동	3,175	9.9	

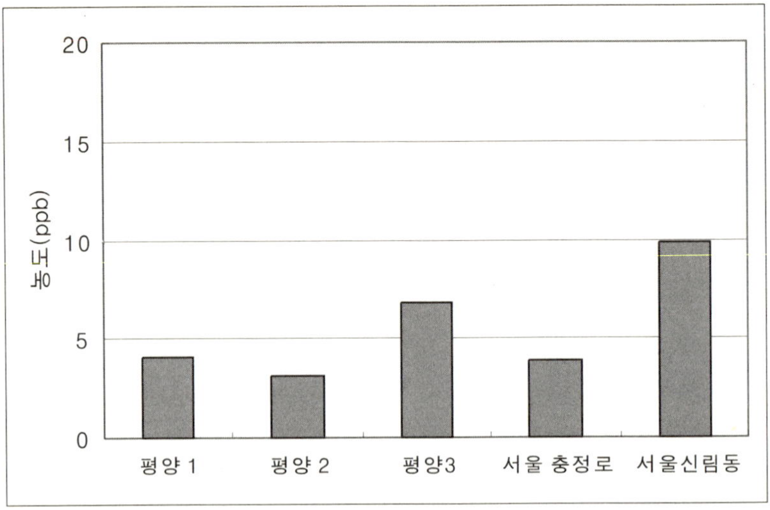

[그림 27] 평양시와 서울시(본 연구 측정)의 일반 대기 중 아황산가스 농도 비교(2005.6)

서울시의 아황산가스 측정 역시 평양과 같은 날에 이루어졌으며 두 곳에서 약 3일 동안 연속 측정하였다. 측정 결과는 〈표 64〉와 같으며 충정로의 경우 3.9ppb이고 신림동은 9.9ppb이었으며, 두 곳의 평균 아황산가스 농도는 6.9ppb였다. 충정로에서의 측정은 도로변 빌딩 옥상에서 이루어졌고 신림동은 3층에서 측정했는데, 고층에서 측정되었기 때문에 충정로의 농도값이 신림동에 비해 낮게 나온 것으로 추정된다.

아황산가스 농도의 경우 지점별로 편차가 있긴 하지만 대체적으로 평양시와 서울시의 차이가 크지 않은 것으로 보인다.[38)]

(2) 이동 중 오염도

앞서 언급하였듯이 평양시내 도로 이동 중의 이산화질소 농도를 측정하였으며 비교를 위하여 동일한 방법으로 서울시에서도 측정하였다.

2004년도에는 평양시에서만 측정이 이루어졌고 평양-남포 간 이동 중

38) 평균값으로 보면 서울시가 약간 높으나 고층끼리 비교하는 것이 타당하므로 서울의 충정로 값과 평양시 값을 비교.

2개의 샘플, 평양시내 이동 중 2개의 샘플, 백두산 이동 중 5개의 샘플로 총 9개의 측정이 이루어졌다. 2005년도에 평양시 이산화질소 측정은 평양시 내에서 9개의 샘플, 평양-묘향산 간 3개의 샘플로 총 12개의 측정이 이루어졌다. 서울시에 대해서도 역시 같은 기간 동안 매일 3개의 샘플로 총 12개의 측정이 이루어졌다.

〈표 65〉 평양시 대기 중 이산화질소 농도 측정 결과(2004/2005, 도로 이동 중)

	날짜	측정지점	샘플링시간(분)	농도(ppb)	일평균 농도(ppb)
2004 여름	제1일	평양 시내	640	27.5	27.5
			120	56.4*	
	제2일	백두산	380	13.9	18.8
			780	18.7	
			495	19.2	
			380	20.1	
			840	22.2	
	제3일	평양-남포	840	27.0	31.9
			540	36.8	
	평균 농도(ppb)		26.1		
2005 여름	제1일	평양	520	33.3	32.4
			360	31.6	
			450	32.2	
	제2일	평양	520	63.7	47.8
			630	37.3	
			870	42.3	
	제3일	묘향산	325	12.4	20.6
			600	30.7	
			900	18.6	
	제4일	평양	420	33.2	27.7
			390	27.0	
			520	22.8	
	평균 농도(ppb)		32.1		

* 유의하지 않은(측정시간이 너무 짧음) 데이터로서 평균계산에서 제외됨.

평양시 측정 결과는 〈표 65〉와 같으며 2004년 평균은 26.1ppb, 2005년 평균은 32.1ppb를 나타내었다. 이동 중의 측정값이라 자동차 배기가스의 영향을 직접 받고 또 오차범위가 큼을 감안해야 한다. 그런데도 이들 측정치는 남한의 차도가 아닌 일반 고정지점에서의 측정 결과인 59.2ppb와 비교하여도 매우 낮은 값이다.

지점별로 보면 백두산이 18.8ppb로 가장 낮게 나타났으며, 평양 시내의 농도 값은 청정지역인 백두산이나 묘향산 지역보다 상대적으로 높게 나타났다.

서울시의 측정결과는 〈표 66〉과 같으며 평균 농도는 129.4ppb로 매우 높게 나왔다. 서울시의 이산화질소 오염도는 평양시의 약 4배에 이르는 농도이다. 이는 서울시의 교통량이 평양시보다 현저히 높은 현실을 그대로 반영한다.

〈표 66〉 서울시 대기 중 이산화질소 농도 측정 결과(2005, 도로 이동 중)

날짜	측정지점	샘플링시간(분)	농도(ppb)	일평균 농도(ppb)
제1일	노선 1	340	74.2	75.9
	노선 2	349	81.9	
	노선 3	368	71.6	
제2일	노선 1	635	195.0	177.7
	노선 2	495	199.2	
	노선 3	570	138.8	
제3일	노선 1	611	142.9	136.8
	노선 2	608	158.9	
	노선 3	684	108.7	
제4일	노선 1	188	156.6	127.3
	노선 2	250	107.6	
	노선 3	208	117.8	
평균 농도(ppb)		129.4		

※ 노선 1, 노선 2, 노선 3은 각각 봉천동−영등포, 봉천동−삼각지, 봉천동−석수 간 운행되는 마을버스 노선이다.

(3) 고찰

평양시의 아황산가스 측정결과를 남한의 주요 도시의 아황산가스 오염도와 비교해 보면 [그림 28]과 같다. 같은 기간인 2005년 6월 서울시의 자동측정망을 통한 오염도 측정 결과는 3.4ppb이고 평양시의 아황산가스 농도는 4.7ppb로 서울시의 오염도보다 약간 높으나 대체적으로 남한 주요 도시와 큰 차이가 없는 것으로 보인다. 다만 남한의 공업 도시인 울산의 아황산가스

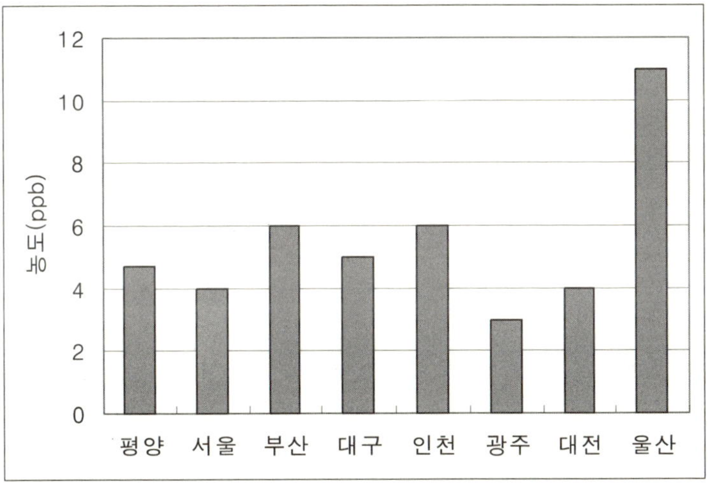

[그림 28] 평양시와 남한 주요도시의 아황산가스 농도 비교(2005.6)

〈표 67〉 서울시 일반 대기 중 이산화질소와 아황산가스 농도(2005.6)

날짜	이산화질소			아황산가스		
	관악구	서대문구	서울시 평균	관악구	서대문구	서울시 평균
제1일	23	31	31	4	2	3
제2일	17	30	27	4	2	4
제3일	25	30	26	4	1	4
제4일	23	33	29	3	1	3
4일 평균	23.6	29.6	28	3.8	1.4	3.4
6월 평균	29	32	32	6	3	4

※ 자료: 서울시, 2005, 2005년 여름 측정당시의 대기오염도 현황.

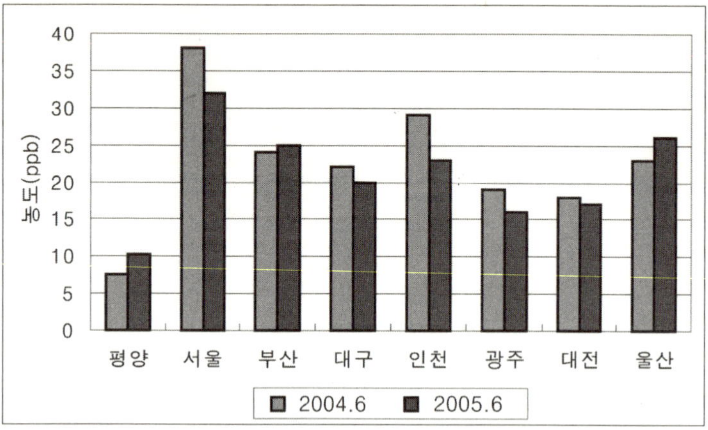

[그림 29] 평양시와 남한 주요 도시의 월별 이산화질소 농도 비교(일반 오염도)

농도가 높아 평양시보다 약 2배 이상 높았다.

아황산가스는 주로 화석연료의 연소에서 발생하는데 남한은 저유황유 보급으로 1990년대 이후 아황산가스 농도가 감소하여 현저히 낮은 상태이다. 평양시의 오염도가 남한의 수준과 유사한 것은 평양시가 석유 등 에너지원의 공급이 원활하게 이루어지고 있지 못한데다가 특히 여름철에 난방용 연료의 사용도 없고 자동차도 거의 없으며 공장이 시내와 떨어져 있고 평양화력발전소는 굴뚝 사진판독에 따르면 110～130미터로 상당히 높아서 지상의 오염도에 미치는 영향이 미미하기 때문이라고 판단된다.

평양시의 이산화질소 농도를 서울시 등 남한의 주요 도시의 농도와 비교해 보면 [그림 29], [그림 30]같이 평양시의 오염도가 남한의 도시보다 현저히 낮음을 알 수 있다. 특히 서울은 평양보다 3～5배 정도 높다. 남한 대도시의 경우 이산화질소 오염원이 주로 자동차인 데 반해, 평양시의 경우 운행 중인 자동차 대수가 매우 적어 이산화질소 오염도가 매우 낮은 것으로 보인다.

도로 이동 시 측정한 평양시의 이산화질소 오염도 역시 서울에 비해 매우 낮음을 알 수 있다. [그림 31]에서와 같이 평양시의 이동 중 이산화질소

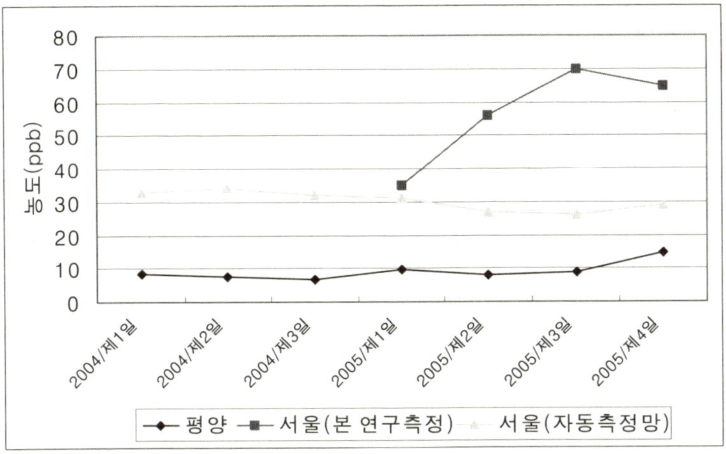

[그림 30] 평양시와 서울시의 일별 이산화질소 농도 비교(일반 오염도)

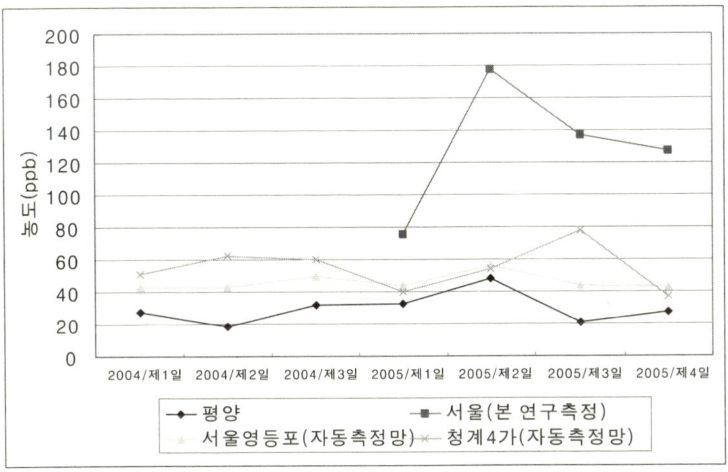

[그림 31] 평양시와 서울시의 도로 이동 중 이산화질소 농도 비교

오염도는 동일한 방법으로 측정한 서울시 이동 중 이산화질소 농도의 절반에도 못 미칠 정도로 낮았으며, 서울시에서 측정한 도로변 측정값보다도 매우 낮은 값을 나타내었다. 도로 이동 중의 평양시와 서울시의 이산화질소 농도 비교는 같은 방법으로, 즉 이동 중인 차량에 장착하여 측정한 본 연구진의 측정 결과와 비교하는 것이 보다 타당할 것으로 보인다. 이 둘을 비교할

때 평양시의 도로변 이산화질소 오염도는 남한 오염도의 18% 정도밖에 되지 않는다고 할 수 있다. 평양시의 이산화질소 오염도가 이렇게 낮은 것은 평양시 일반 대기 중의 이산화질소 농도가 낮은 이유와 마찬가지로 자동차 운행 대수가 절대적으로 매우 적기 때문이다.

한편 대기오염물질 농도의 측정 결과를 서울시에서 운영하는 자동측정망 자료와 비교해 보면, 본 연구진이 측정한 아황산가스 농도는 2005년의 같은 기간 동안 자동측정망을 통해 측정된 결과 값과 큰 차이가 없었다. 연구진이 2005년 6월 중에 서울시에서 측정한 농도의 평균값은 6.9ppb이고 서울시의 자동측정망의 측정 결과는 3.4ppb로서 둘 사이에 큰 차이가 없는 것으로 나타났다(<표 69> 참조).

그러나 이산화질소의 경우는 다소 차이가 있었다. 연구진이 봉천동과

<표 68> 서울시 도로변 측정소 이산화질소와 아황산가스 농도(2005.6)

날짜	이산화질소		아황산가스	
	영등포	청계4가	영등포	청계4가
제1일	44	40	12	6
제2일	56	54	16	4
제3일	44	78	11	5
제4일	43	37	13	5
4일 평균	47	52	13	5
6월 평균	54	58	11	9

자료: 서울시, 2005, 2005년 6월 대기오염도 현황.

<표 69> 아황산가스의 본 연구 측정과 환경부 자료 비교

(단위: ppb)

	서울(본 연구 측정)	서울시(자동측정망)	서울시 평균(자동측정망)
관악구	3.9	3.8	3.4
서대문구	9.9	1.4	
평균	6.9	2.6	

충정로 등 고정지점에서 측정한 이산화질소 농도는 각각 44.3ppb, 80.6ppb 임에 비해 자동측정망 자료는 관악구, 서대문구[39]가 각각 22ppb, 31ppb이다. 연구진이 측정한 이산화질소 농도 값이 자동 측정망 자료의 두 배 이상 높은 값을 나타내었다. 이것은 측정지점의 위치와 매우 큰 관련이 있는 것으로 보인다. 이산화질소 농도는 도로변인지 아닌지에 따라 크게 달라질 수 있는데 연구진이 측정한 지점은 자동측정망이 설치된 위치보다 도로변에 가깝다. 특히 충정로는 도심 번화가, 즉 교통량이 상대적으로 많은 곳에서 측정되어 다른 측정값들과 비교할 때 비교적 높은 이산화질소 농도값을 나타냈다(남한 환경기준치 초과). 또한 관악구의 자동측정망이 있는 곳은 단독주택이 밀집해 있고 비교적 좁은 도로에 근접해 있지만 연구진이 측정한 봉천동의 측정 지점은 대규모 아파트 단지 내 교통량이 제법 있는 도로변에

〈표 70〉 이산화질소의 본 연구 측정과 환경부 자료 비교(2005)

(단위: ppb)

구분		자동측정망			본 연구 측정 결과	
고정	측정지점	관악구	서대문구	서울시 평균	봉천동	충정로
	제1일	23	31	31	30.9	–
	제2일	17	30	27	39.2	82.8
	제3일	25	30	26	51.7	84.9
	제4일	23	33	29	55.3	74.1
	4일 평균	22	31	28.3	44.3	80.6
도로 이동*	측정지점	영등포	서울역	청계4가	3개 노선 평균	
	제1일	44	NA	40	75.9	
	제2일	56	NA	54	177.7	
	제3일	44	83	78	136.8	
	제4일	43	73	37	127.3	
	4일 평균	47	78	52	129.4	

* 도로 이동의 경우 자동측정망 결과는 도로변에 위치한 고정된 측정망이며, 연구진의 측정 결과는 버스에 설치되어 도로 이동 중에 측정된 것임.

39) 서울시에서는 각 구별로 한 곳씩 자동측정망을 운영하고 있는데, 연구진에서 측정한 곳인 봉천동과 충정로가 속한 구는 각각 관악구와 서대문구임.

위치한 곳이었다.

도로 이동 중 측정 자료 역시 두 배 이상 차이가 나는데 이 또한 측정 방법에서의 차이 때문인 것으로 판단된다. 서울시에서 운영하는 도로변 측정소는 말 그대로 도로변에 위치한 것으로 버스에 장착되어 계속 도로를 따라 이동하면서 측정하는 방법과는 분명 다르기 때문이다.

하지만 이상의 측정 방법상의 차이가 있음을 감안해 볼 때 연구진이 측정한 결과가 어느 정도 신뢰성 있는 결과라는 것을 알 수 있다. 그 이유는 첫째 도로변인지 주택지역인지에 따라 그에 부합하는 농도 값을 나타내고, 둘째 상대적으로 농도가 낮은 지역에 있는 서울시 자동측정망의 측정결과보다 다소 높은 값을 나타내는 점 등은 매우 타당한 측정 결과라고 할 수 있기 때문이다.

마지막으로 평양시 실측 결과를 UNEP(2003)의 평양시 이산화질소 농도와 비교하면, 연구진의 일반대기 오염도 측정 결과는 UNEP(2003)에서 보고된 평양시 이산화질소 농도 중 가장 낮은 값인 15ppb(1998)보다도 훨씬 낮은 수치이다. 이는 북한의 측정소 위치가 과거 남한이 그랬던 것처럼 도로변에 위치하기 때문일 가능성이 크다.

(4) 소결

북한의 대기오염도를 평가하는 가장 정확한 방법이라고 할 수 있는 실측을 통해 북한의 대기오염도를 살펴보았다.

북한의 대표적인 도시로서 인구밀도가 가장 높고 경제활동이 가장 활발하게 이루어지는 평양시에 대하여 2004년과 2005년도 두 차례에 걸쳐 실측을 통해 대기오염도를 살펴본 결과, 일반 대기오염도를 반영하는 평양시 이산화질소와 아황산가스 오염도는 각각 평균 8.9ppb, 4.7ppb로 매우 낮았다. 이 결과는 같은 방법으로 측정한 서울의 이산화질소와 아황산가스 농도에 비해 훨씬 낮은 값이다. 특히 이산화질소의 경우 같은 기간 서울시 이산화질소 농도의 17%에 불과하였다.

차량 이동 중의 이산화질소 오염도는 2004년 26.6ppb, 2005년 32.1ppb로 버스 안에서의 농도임에도 불구하고 남한의 일반대기환경 기준치인 80ppb 보다 낮은 값을 나타내었다. 같은 방법으로 측정한 서울시의 이동 중 이산화질소 측정결과인 129.4ppb와 비교하면 그 오염도는 1/4～1/5 수준이었다. 평양시 이산화질소 측정결과를 같은 시기에 해당하는 서울시의 도로변 측정소 농도값(영등포 측정소 47ppb, 청계4가 52ppb)과 비교하여도 훨씬 낮은 오염도를 나타내었다.

평양시의 이산화질소 오염도가 서울시에 비해 절대적으로 낮은 이유는 운행 중인 자동차 수가 극히 적어 이산화질소 배출량이 매우 낮기 때문인 것으로 판단된다. 아황산가스 농도는 서울과 크게 차이나지 않으면서 매우 낮은 오염도를 나타내었는데 이는 측정한 시기가 여름이어서 아황산가스의 주 배출원이라고 할 수 있는 난방을 위한 화석연료 사용이 상대적으로 적은 영향도 있는 것으로 보인다.

제6절 결론

이상으로 북한의 대기질 현황을 파악하기 위하여 북한의 대기관리 정책 고찰, 북한의 지역별 대기오염도 분석, 평양시 주요 대기오염물질 농도 측정 등을 수행하였다. 이상의 결과를 종합하면 기존의 많은 연구에서 지적했던 것과 달리 북한의 현재 대기질 상태는 대체적으로 매우 양호한 것으로 판단된다. 그 근거는 다음과 같다.

첫째, 북한은 나름대로 매우 엄격한 대기관리정책을 표방하고 있다. 북한에서 명목적으로는 환경보호법을 통해 매우 엄격한 대기환경 기준치를 마련한 상태이고, 나아가 대기오염 배출시설에는 대기오염방지 시설을 의무화하고 있다.

둘째, 북한의 지역별 대기 현황을 살펴본 결과 북한은 농촌뿐만 아니라 인구밀도와 도시화 정도가 가장 높은 평양시의 대기오염도도 매우 낮은 것으로 나타났다. 가령 함경남도 금호리는 겨울철 아황산가스 농도조차 남한의 환경기준을 충분히 충족시킬 정도였으며, UNEP(2003)에서 제시한 평양의 대기 중 아황산가스 농도는 1989년의 경우 서울의 절반 정도였다. 다만 공업지역의 경우 측정 단위가 달라 직접 비교는 이루어지지 않았다.

셋째, 북한의 수도인 평양시의 대기 중 이산화질소와 아황산가스 농도의 실측 결과 일반 대기 중 평양시의 오염도는 매우 낮았다. 일반 대기오염도를 반영하는 평양 시내 중심의 이산화질소와 아황산가스 농도는 각각 평균 8.9ppb, 4.7ppb로서 같은 방법으로 측정한 서울의 이산화질소와 아황산가스 농도에 비해 훨씬 낮은 오염도를 나타내었다. 특히 이산화질소는 같은 기간 서울시의 이산화질소 농도의 17%에 불과했다. 남한의 환경기준치는 물론이고 매우 엄격한 북한의 1등급 지역 기준치보다도 낮을 정도로 매우 깨끗한 대기 상태였다.

북한의 대기 상태가 매우 양호한 것은 기본적으로 도시화, 산업화가 남한에 비해 많이 이루어지지 않았다는 것이 주요 원인으로 판단된다. 특히 주된 대기오염원인 에너지의 부족(특히 화석연료)은 북한의 대기 상태가 어쩔 수 없이 깨끗하게 된 측면이 강하다. 따라서 앞으로 북한의 경제가 발전하면서 북한의 대기 상태가 나빠질 가능성은 얼마든지 있다. 과거 남한이 그랬던 것처럼 북한의 경제발전 과정에서 심각한 공해문제가 발생하지 않으리란 법이 없는데 그렇게 되면 그 영향이 남한까지 미칠 수도 있다. 이러한 이유로 추후 북한의 대기질 상태에 대한 지속적인 모니터링이 필요하다고 할 수 있으며, 특히 북한 주요 대기오염물질 배출원에 대한 파악을 통해서 저감대책을 미리 세울 필요성도 있다.

제5장 북한의 폐기물 정책*

박순애_ 서울대학교 행정대학원

제1절 서론

세계적으로 환경문제가 국가의 중요 정책이슈로 부각되고 있음에도 불구하고 북한의 환경문제는 핵문제, 기아나 인권문제에 비해 비교적 세인의 관심에서 멀었던 것이 사실이다. 특히 폐쇄적 외교정책 때문에 환경정책이나 이를 관장하는 기구가 제대로 활동하는지, 환경문제가 얼마나 심각한 사회문제인지를 파악할 수 있는 통로는 부재하였다. 다만 UNEP를 비롯한 각종 환경기구 등의 연구와 조사결과로 나타난 것과 같이, 일찍이 시작된 중화학 공장 건설과 탄광, 철광 등 광산개발 등으로 인한 환경오염은 심각한 수준에 이르렀을 것으로 추정하고 있다.

풍부한 지하자원을 보유한 북한지역은 중화학공업 발전과 산업공해가 그 연혁을 같이한다고 볼 수 있다. 즉 일제 강점기부터 흥남비료공장 등 중화학공업단지 건설과 광산 자원의 무질서한 개발 등으로 1970년대에는 산업공해가 극에 달했을 것으로 보인다(최선화, 2000). 또한 중공업을 비롯한

* 이 논문은 「한국정책과학학회보」 11권 4호, 2007에 “북한의 환경문제와 폐기물정책에 관한 시론적 연구”라는 제목으로 게재되었습니다.

채취공업과 군수산업과 긴밀한 연계성으로 산업폐기물이 대량 유출되었을 것으로 추정되며, 특히 광물을 정광(精鑛)하는 처리과정의 후진성과 폐수처리시설이나 정화시설 부재로 토양과 수질오염으로 인한 피해는 심각할 것으로 생각된다[40](정회성 외, 1996.12).

더욱이 북한은 극심한 경제난과 외화부족으로 1993년 말부터 프랑스, 중국, 독일, 영국, 오스트리아, 스위스에서 수만 톤의 생활쓰레기와 산업폐기물을 수입하는 것으로 나타났다. 지난 1990년부터 8년간 일본에서 알루미늄 제련과정에서 나오는 공해물질 5만 1,000톤을 수입했으며,[41] 1997년에는 대만과 비밀계약하에 고준위가 포함된 원자력 핵폐기물 20만 배럴을 반입하려고 시도하다 한국의 환경단체를 포함한 국제적 반대여론에 부딪혀 좌절하였다(동아일보, 2000.7.27). 물론 북한은 1986년 환경보호를 국가와 인민의 중요 책무로 규정하고 자연환경보존대책, 공해 등 환경오염 방지대책, 환경문제를 관장하기 위한 조직구성, 환경훼손에 대한 민·형사적 책임 등을 포함한 환경보호법을 제정하였다(박상철·김창규, 1995). 그러나 현재 북한의 산업체제나 경제현실 등을 고려할 때 환경정책이 제대로 작동하기는 어려운 것으로 판단되며, 외국에서 불법적으로 반입되는 각종 생활 및 산업 폐기물 등에 대한 처리나 관리가 적절히 이루어지지 못하는 것으로 추정된다. 이러한 각종 유해 폐기물이 도시와 농촌지역을 비롯하여 산간오지 등에 매립 또는 방치된다면 수질과 토양오염 등의 주요 원인이 되며, 이는 곧 환경오염의 끊임없는 악순환으로 이어질 수 있다.

즉 대기, 수질, 토질오염 등을 비롯하여 폐기물오염이 심각한 수준인 것으로 예측됨에도 불구하고, 북한의 폐쇄주의 정책 때문에 이에 대한 공식적

---

40) 그러나 대도시가 발달하지 않았고 소득수준이 낮아 도시하수, 생활폐기물, 자동차 배기가스 등 생활환경 오염문제는 심각하지 않을 것으로 추정된다.(정회성 외 1996)

41) 알루미늄을 정련하는 과정에서 발생하는 잔회는 물과 섞이면 섭씨 2,000도 이상의 고열과 다량의 암모니아가스를 내뿜어 토양과 수질을 크게 오염시킨다. 따라서 일본에서도 야적에 따른 화재와 악취 등 심각한 공해문제를 일으켰다. 이것을 안전하게 처리하려면 우선 암모니아가스를 제거한 뒤 완벽하게 방수 처리된 곳에 매립하여야 한다.(서울신문, 1998.3.23)

자료나 정보수집이 용이하지 못하였고, 현재까지 전문적이며 체계적인 조사와 연구가 부족한 것이 사실이다. 따라서 본 연구는 북한의 인구, 자연환경, 산업구조 등에 대한 일반적 현황을 살펴보고, 발생 가능한 폐기물과 환경오염의 유형을 추정하려 한다. 접근 방법으로는 국제기구와 정부 및 유관기관에서 발간된 연구보고서와 언론보도자료 등 문헌분석을 토대로 북한 폐기물 관련 제도와 현황을 파악한 후, 탈북자와의 인터뷰를 통해 폐기물관리 실태를 확인하고자 한다. 이러한 분석을 바탕으로 향후 북한의 폐기물 정책이 추진해 나아가야 할 방향과 남북한 협력방안 등을 제안하고자 한다.

제2절 북한의 일반적 현황

이하에서는 북한의 시대별 인구, 산업, 에너지소비구조 등 일반적인 사회현황의 변화를 살펴보고 이러한 사회구조 변화가 폐기물 발생에 어떠한 영향을 야기할 수 있는지 추정하고자 한다. 〈표 71〉은 북한의 시대별 인구구

〈표 71〉 북한의 인구구조

연 도	총인구 (만 명)		성비 (여자100명당 남자수)		인구밀도 (명/㎢)	연령별 인구비 (15세 미만/15~64세/65세 이상)	농가인구비	
	남한	북한	남한	북한			남한	북한
1970	3,224.1	1,490.5	102.4	89.8	122.1	38.0/58.9/3.1	44.7	40.5
1980	3,812.4	1,762.2	101.8	92.7	144.3	34.7/62.0/3.3	28.4	38.2
1990	4,286.9	2,022.1	101.3	94.8	164.7	26.6/68.8/4.6	15.5	37.8
1995	4,509.3	2,154.3	101.4	95.4	175.5	26.7/67.7/5.6	10.8	36.5
2000	4,700.8	2,217.5	101.4	96.3	180.6	25.3/68.2/6.5	8.6	36.8
2002	4,761.5	2,236.9	101.5	96.5	181.7	24.3/68.6/7.1	7.5	36.8
2003	4,784.9	2,252.2	101.5	96.6	182.9	24.1/68.3/7.6	7.4	36.8
2004	4,808.2	2,270.9	101.6	96.7	184.4	23.7/68.3/8.0	7.1	36.8
2007	4,829.7	2,330.1	101.0	93.0	193.3	23.3/68.1/8.5	7.1	36.8

출처: 통계청, 행정자치부, 국가정보원, 2005. 미국중앙정보국 홈페이지, 2007.

조 변화를 나타낸다.

북한의 인구는 1970년 1,400만여 명에서 2004년 2,200만여 명으로 연평균 2% 내외의 증가율을 보이고 있다. 전체 인구구조를 살펴보면, 15세 미만의 아동인구는 줄어들고 65세 이상의 노인인구는 소폭으로 증가하여 남한과 마찬가지로 고령화 사회가 진행됨을 알 수 있다. 총 인구 중 농업인구가 차지하는 비율은 36.8%로 여전히 농업비중이 크다고 볼 수 있다. 총인구와 인구밀도는 소폭으로 증가하나 전체 가구 중 농가인구가 차지하는 비중이 높기 때문에 생활폐기물 대부분은 1970년대의 남한과 마찬가지로 농업생산을 위한 비료나 가축사료로 재활용될 것으로 추정된다. 4절에서 구체적으로 논의하겠지만 탈북자를 대상으로 실시한 인터뷰 결과, 식량부족과 경제난 등으로 도시와 농촌지역에서 배출되는 생활폐기물은 매우 적은 양이며 대부분은 가축, 토지, 생활에너지 등의 용도로 재활용되고 있다고 한다.

〈표 72〉에서 보듯이 북한의 총소득은 2000년 이후 증가추세이며 1990년대 후반부터 이루어진 각종 남북경제협력사업 등으로 경제성장률 또한 플러스를 기록하고 있다. 북한 경제가 지난 4년 동안 플러스 성장을 기록함으로써 경제회복을 하는 듯 보이지만 북한은 여전히 세 가지 곤란에 처했다고 한다. 가장 심각한 것은 외화난, 식량난, 에너지난 등의 경제난이고, 두 번째는 국제경쟁력 저하, 근로의욕 저하, 기술수준 저하로 인한 생산성 저하이고,

〈표 72〉 북한의 국민총소득(GNI)과 경제성장률

(단위: 억 달러, 달러)

연 도	명목GNI	1인당GNI	경제성장률(%)
1990	231	1,142	–
1995	223	1,034	–4.1
1996	214	989	–3.6
1997	177	811	–6.3
2000	168	757	1.3
2002	170	762	1.2
2003	184	818	1.8
2004	208	914	2.2

출처: 한국은행, 2005.

마지막은 열악한 생활 환경조건, 기계설비의 낙후성, 품질 저하와 부품 부족으로 말미암은 비효율성 문제라고 한다(남성욱, 2001). 이를 해결하기 위한 남한의 각종 대북 원조와 경제지원사업은 건축과 산업 폐기물 발생량을 급증시킬 것으로 예상되며, 동시에 이를 안전하게 매립하고 처리할 수 있는 전문시설의 부족으로 그 피해가 심각할 것으로 추정된다.

2005년 현재 북한의 에너지 소비구조를 살펴보면, 석탄이 70.2%(남한 24.0%)로 다른 자원보다 소비 비중이 높은 것으로 나타나고 있다.[42] 1990년 중반부터 남한은 석탄의 비중이 줄고 원자력과 액화천연가스의 비중이 늘어나는 반면, 북한은 여전히 석탄에 많은 부분을 의존하고 있어 이로 인한 환경오염이 심각할 것으로 보인다. 석탄 위주의 에너지 소비와 저질탄의 과다 사용, 에너지 이용 설비의 노후화는 대기와 수질오염의 주요 원인으로

〈표 73〉 북한의 에너지 소비구조

(단위: %)

연도	석탄		석유		수력		원자력		액화천연가스		기타	
	남한	북한	남한	북한	남한	북한	남한	북한	남한	북한	남한	북한
1970	29.6	72.5	47.2	4.2	1.6	13.3	–	–	–	–	21.6	10.0
1980	30.1	72.0	61.1	10.0	1.1	12.6	2.0	–	–	–	5.7	5.3
1990	26.2	69.2	53.8	10.5	1.7	15.7	14.2	–	3.2	–	0.9	4.7
1995	18.7	68.6	62.5	6.4	0.9	20.5	11.1	–	6.1	–	0.7	4.6
2000	22.3	71.7	52.0	7.1	0.7	16.2	14.1	–	9.8	–	1.1	5.0
2002	23.5	70.0	49.1	8.0	0.6	17.0	14.3	–	11.1	–	1.4	5.0
2003	23.8	69.3	47.6	7.6	0.8	18.2	15.1	–	11.2	–	1.5	4.9
2004	24.1	69.0	45.7	7.4	0.7	18.9	14.8	–	12.9	–	1.8	4.7
2005	24.0	70.2	44.4	6.0	0.6	19.2	16.1	–	13.3	–	1.7	4.6

출처: 산업자원부, 에너지경제연구원, 국정원, 2005.

42) 북한의 전력공업이 당면하고 있는 문제점을 보면, 먼저 수력발전소의 경우 산림 황폐화에 따른 수자원의 감소, 기존 수력발전소의 설비 노후화 등으로 가동률이 낮고 계절에 따라 전력생산의 변동이 심하다는 것이며, 화력발전소의 경우도 주된 연료인 석탄 생산과 수송이 한계에 도달하여 발전소의 가동률이 저조하다는 점이다. 더욱이 송·배전체계의 불합리로 누전율이 높고 전압이 고르지 못해 양적으로나 질적으로 낙후된 실정이다.(통일원, 북한개요, 2000 p. 865)

지적되고 있다. 이러한 오염은 특히 원산화학공장과 문평제련소가 있는 원산 지역에서 그 피해가 심각한 것으로 보도되었다. 원산 공장 종업원의 상당수가 치아가 빠지는 이상 증세를 보이기도 하며,[43] 액체 화학 연료를 생산하는 만포시 운하공장 주변의 별오동 주민들은 전체 주민의 약 40%인 1만여 명이 간염, 간경변증, 간암, 간경화 등의 질병에 시달리고, 여성들은 기형아, 불임증, 유산이 잦다는 것이다.[44] 함경남도 함주군의 제철소와 시멘트공장의 분진 공해도 심각하며, 분진에 의한 진폐결핵이나 카드뮴에 의한 '이타이이타이병'과 유사한 증상을 보이는 환자도 발생했다고 한다(김정인, 2004). 〈표 74〉는 산업폐기물로 인한 환경오염과 폐해가 심각할 것으로 추정되는 1990년대 북한의 주요 산업단지들을 보여주고 있다.

언론보도에 따르면 북한은 평양을 비롯한 대도시(남포시, 함흥시, 청진시, 순천시, 개성시, 단천시, 신의주시, 김책시, 원산시, 사리원시, 평성시, 해산시, 강계시 등)의 오물(폐기물) 처리시설이 부족한 실정이며, 경제악화 때문에 추가 처리시설의 확충이 어려운 형편으로 알려지고 있다. 또한 70% 이상이 1960년대 건설된 산업시설로서 처리시설을 제대로 갖추지 못한 낙후시설이므로 그 피해는 더욱 심각할 것으로 예상된다. 실례로 두만강 상류에 위치한 무산광산은 300만 톤의 철정광을 생산하는 과정에서 발생한 320만 톤의 폐석과 370만 톤의 폐기물을 적절히 처리하지 못해 대부분이 두만강과 합류하는 성천강으로 방류되는 실정이다(경향신문, 2001.12.2). 또한 화학공업은 석탄을 주원료로 하는 재래방식이 주류를 이루고 있으며 공해방지시설이 전혀 없거나 미비하여, 대기뿐만 아니라 토양과 수질에도 심각한 환경피해를 초래하는 것으로 보인다. 특히 비날론과 카바이트, 메탄올, 염화비닐, 가성소다, 탄산소다 등의 생산은 공정전체가 재래식 방식에 의존하고 있어 이러한 우려를 심화시키고 있다(김정민, 1995). 류준명과 김석중(2004)의 연구는 생산

43) "환경 보호 잘 되고 있는가", 「내외통신」, 주간판 제1101호, 1998.3.19.

44) 1994년에 귀순한 여만철의 부인은 "함흥은 공장이 많아 공기가 서울보다 더 안 좋다"고 증언함. (조선일보, 1995.5.19, 제5면)

공정에서 발생하는 다이옥신에 관해 다음과 같이 기술하고 있다.

"종이생산에서 펄프를 만들 때 리그닌을 분리하기 위하여 목재를 염소처리하는 과정에 디옥신이 생기며 그로 인하여 식료품 포장종이에서도 디옥신이 검출된다. 금속공업부문의 마르텐로에서 강철을 만들 때도 디옥신이 생긴다. 디옥신은 가정에서 나무, 석탄, 중유, 폴리염화비닐과 합성수지를 태울 때 나온다. 디옥신에 의한 중독과 그 후과를 미리 막기 위하여 화학공업, 펄프종이

〈표 74〉 북한의 주요 산업지구 분포

구분	중심도시	특화공업	입지조건		
			자원	전력	공업용수
평양 공업지구	평양, 남포, 대안, 송림, 사리원	전기전자, 정밀기계, 철강, 조선, 판유리, 방직, 식료	평양남북부의 무연탄, 승호지역의 석회석, 은율의 철강	수풍 미림, 북창 평양, 남포 순천	대동강
청진 공업지구	청진, 나진, 은덕, 선봉, 나남, 고무산	제철, 제강, 기계·조선, 화학, 시멘트	무산철강, 아오지 유연탄, 부령, 회령의 석회석	허천강, 수력, 웅기, 청진 화력	두만강, 서두수
함흥 공업지구	함흥	각종화학공업, 비료, 제련, 기계	고원탄전, 만덕, 운포석회석	장진강 부전강 수력, 함흥 화력	성천강
김책 공업지구	김책, 단천, 길주	제강, 화학, 제련, 조선,내화물, 펄프, 제지, 합판	개마고원의 임산자원, 함북남부탄전의 마그네사이트, 검덕, 천남의 아연	허천강, 내중리 수력	어랑천, 길주, 남대천
원산 공업지구	원산, 문천	기계, 조선, 제련, 시멘트	고원탄전, 천내리의 석회석	금강산 수력, 장진강 수력	용홍강
신의주 공업지구	신의주, 용암포	화학, 섬유, 제지, 방직기계, 조선	신도갈대	수풍, 천마, 태평만 수력	압록강
강계 공업지구	강계, 만포, 회천, 전천	공작기계, 정밀, 기계, 군수품	임산자원	운봉, 강계, 독로강 수력	압록강, 독로강
안주 공업지구	안주, 개천, 박천, 피현, 북창, 순천	정유, 석유계열, 제지	안주 유연탄, 중공의 대경유전	수풍, 안주 및 태천 화력	청천강
해주 공업지구	해주	시멘트, 제련, 인비료	부포광산	해주 화력	

출처: 통일원, 북한통일연구논문집(1992), 한국언론인협회(2002), 재인용.

공업, 금속공업부문을 비롯한 인민경제부문들과 거주환경에서 디옥신 발생 원천들을 조사장악하고 그것을 없애야 하며 생산공정을 현대화, 밀폐화하고 산생된 디옥신을 정화하여야 한다. 또한 폐설물과 오물을 태울 때 나오는 가스들이 대기에 방출되지 않도록 철저한 정화대책을 세워야 한다. 오물소각로에서는 디옥신의 위생기준을 바로 정하고 엄격히 지키는 것은 디옥신의 영향을 막는 주요한 위생학적 대책의 하나이다."

이러한 연구결과는 북한에서 다이옥신이 사회문제화되고 있음을 반영한 것으로 볼 수 있다. 주요 공업지를 중심으로 발생되는 환경오염피해는 북한의 '환경보호법' 제3장 환경오염방지에 관한 조항45)에 의해서 철저하게 규제되고 통제되어야 하나 법의 실효성에 대해서는 의문시된다.

〈표 75〉에 나타난 바와 같이 북한의 산림 또한 지속적으로 감소하는데 직접적 원인은 연료채취를 위한 농촌과 중소 도시민들의 야산 남벌, 다락밭 건설을 위한 산지개간과 벌채, 대중국 수출용 목재의 벌채 등으로 보인다(강광규 외, 2002). 이러한 산림의 감소와 함께 각종 폐기물의 무분별한 반입과

〈표 75〉 북한의 토지이용 변화

(단위: km^2)

연도	산림	농지	시가화 건조지역	초지	습지	나지	수역	기타
1980년대말	91,865	21,434	1,409	5,058	456	1,000	1,442	28
1990년대말	86,719	24,128	2,127	6,083	316	1,777	1,501	41
변화면적	△5,146	2,694	718	1,025	△140	777	59	13

출처: 환경부, 2001.

45) 제20조 해당 기관, 공장, 기업소는 대기오염을 막기 위한 가스, 먼지잡이장치와 건물과 시설물에서 나는 냄새를 가시기 위한 공기려과장치를 갖추며 로와 탕크, 배관을 비롯한 시설들을 계획적으로 보수정비하여야 한다. 지방행정 및 경제지도기관은 해당 공장, 기업소와 주민구역 사이에 위생보호구역을 정하고 거기엔 원림을 조성하여야 한다 제36조 기관, 기업소, 단체는 생산과정에 생기는 해로운 물질의 배출량과 농도, 소음과 진동의 세기를 정상적으로 측정하고 계통적으로 낮추며 해당 환경보호감독기관의 허가를 받아야 한다. 환경보호감독기관의 허가가 없거나 허용기준을 초과하는 해로운 물질은 내보낼 수 없다.(환경보호법, 1986.4.9, 최고인민회의 제5기 제7차 회의 채택)

매립은 북한의 지속가능한 토지이용을 더욱 어렵게 만들고 있다. 이상에서 살펴본 바와 같이 오늘날 북한 사회의 경제적 비효율성, 중화학공업위주의 산업구조, 석탄위주의 에너지 소비, 에너지 이용설비의 노후화, 오염방지기술의 낙후 등은 북한의 환경오염을 더욱 악화시키는 것으로 볼 수 있다.

제3절 북한 폐기물 관리현황과 제도

앞서 살펴본 바와 같이, 석탄위주의 중화학 공업과 이에 대한 적절한 환경오염방지 시설의 낙후는 목표달성 중심의 사회주의 계획경제체제와 맞물려 북한의 환경오염을 더욱 악화시키고 있다. 더욱이 극심한 경제난을 겪으면서 유럽을 비롯하여 외국의 생활 및 산업 폐기물의 무분별한 반입과 대만 핵폐기물의 불법적인 반입 시도는 북한뿐 아니라 한반도 전체의 환경에 적지 않은 위협이 되고 있다.[46] 이러한 환경오염의 위협을 최소화하기 위해서는 현재 북한의 환경오염실태와 폐기물로 인한 오염 정도를 명확히 인식하고 구체적인 해결방안을 모색해가는 노력이 요구된다. 그러나 현재 북한의 환경오염실태를 비롯하여 폐기물 오염에 관한 현황을 구체적으로 파악할 수 있는 지표나 연구자료는 부족한 실정이다.

탈북자를 대상으로 조사한 박창석(2001)의 연구에 의하면 북한 농촌지역에서 가장 심각한 환경오염으로 거의 대다수가 산림훼손(77.4%)을 응답하였고, 다음이 토양오염 7.5%, 쓰레기 및 폐기물오염 5.7%, 수질오염 3.8%

46) 1997년 1월 북한과 타이완은 핵폐기물의 북한 반입에 관한 협정을 체결하였는데, 그 주요 내용은 다음과 같다. ① 타이완은 향후 2년간 6만 드럼의 저준위 핵폐기물을 7,500백만 달러를 주고 북한에 이전한다. 또 2단계로 14만 드럼의 저준위 핵폐기물을 1억 5,200만 달러를 주고 북한에 이전한다. 1·2단계를 통해 타이완은 핵폐기물을 이전하는 대가로 북한에 총 2억 2,700만 달러를 지급한다. ② 모든 운송은 북한이 책임진다. – 타이완은 타이완 내 항구까지만 폐기물 운반을 책임지며 북한 운반선에 선적한 이후부터는 북한 책임 하에 이루어진다. 결과적으로 북한은 방사성 폐기물을 배로 운반해서 영구 처분하는 두 가지 일을 맡게 된 것이다. 또한 핵 폐기물처리지는 황해북도 평산소재 폐광으로 알려졌다.(김영재, 1999)

순으로 나타났다. 즉 전반적인 식량과 생활필수품의 부족으로 허덕이는 북한에는 일반가정에서 배출되는 쓰레기 문제는 심각하지 않은 듯하다. 농촌지역에서 배출되는 쓰레기는 연탄재를 제외하면 거의 전부가 농산물 찌꺼기이고 연탄재도 농경지에 투입된다고 한다(정유진, 1992; 박창석, 2001 재인용). 또한 건축물쓰레기도 지방자재의 사용과 기존 건축물의 이전·재활용 등으로 발생량이 많지 않은 것으로 조사되었다. 소, 돼지, 닭 등의 배설물은 메탄가스 발포탱크에 모아 취사용이나 물을 끓이기 위해 사용된다. 이러한 적극적인 재활용정책으로 폐기물 발생량이 많지 않아 농촌지역에서는 쓰레기처리를 위한 별도의 시설이 존재하지 않는 것으로 추정된다(박창석, 2001).

1990년대 이후 북한에서 발간된 논문들 중 환경문제나 폐기물처리에 관련한 연구는 다음과 같은 내용을 포함하고 있다. 박호영(1990)은 "개별적인 공장, 기업들에서 방출되는 부분적인 생산페설물량을 분석평가하는 과거의 패러다임에서 벗어나 지역의 종합적 생산활동과 배출총량에 관심을 기울여야 한다."고 촉구하면서 생산물방출결과를 예측할 수 있는 행렬방정식을 제시하고 있다. 이미 1990년대에 오염총량제에 관심을 가졌다는 것, 그리고 이러한 문제해결을 위해 계량적 접근을 시도한 것은 진취적인 것으로 평가된다. 리봉락, 김철만(1992)은 과거 폐기물 처리는 단순히 오염을 줄이기 위한 단편적인 연구로 진행됨으로써 폐기물 처리의 효율성이 저하되고, 폐기물처리 과정에서 발생하는 2차적인 오염은 더 심각한 환경문제를 초래한다고 주장한다. 이 논문은 폐기물의 사료화, 에너지 연료화 등 최근 재활용 방법의 추세를 설명하고 환경보호와 연계한 무폐기물 생산체제를 계획대상 지역의 특성과 연계하여 제시하고 있다.[47] 강옹룡(1997)은 인민들에게 아름

47) 이들이 제시한 계획대상지역의 특성에 맞는 폐기물처리체계는 다음과 같다. ① 계획대상지역 내에서 나오는 폐기물의 종류, 질, 량의 시공간적분포를 조사하여 목록을 작성한다. ② 계획대상지역의 폐기물 처리실태와 경제지리적 특징, 자연지리적 조건을 조사한다. ③ 현존 및 전망적으로 나오는 폐기물 중에서 이용가능한 폐기물을 현존 및 전망 생산기업소들의 원료, 연료로서 이용하기 위한 경제부문별 균형표를 만든다. ④ 폐기물을 처리하는 기업소들의 성격, 수와 능력, 위치를 결정한다. ⑤ 자원으로 이용하지 못하는

답고 문화적인 생활환경을 마련해 주기 위한 쾌적환경의 중요성을 강조하면서 쾌적환경에는 자연적 요소뿐만 아니라 사회적 요소, 물질적 요소, 추상적 요소들이 포함되어야 한다고 주장한다. 이 중 사회지표는 주택, 봉사, 보건위생 등 6개로 구분되며 보건위생에는 버림물 처리장과 정화시설 등 환경관리 지표를 포함시키고 있다. 김철만(2003)은 도시오물의 수집, 반출, 처리방법에 이어서 오물순환의 총합이 최소가 되는 오물수송경로와 오물하차장 최량배치문제를 다루고 있다. 즉 오물하차장 후보지들을 국토건설총계획과 도시건설계획에 근거하여 입지하되 주민지구에서는 격리되고, 교통조건이 유리한 도시주변구역에 설치할 것을 제안하고 있다.[48] 또한 류준명, 김석중(2004)의 연구는 다이옥신의 위험성에 대해 경고하면서 농약의 주요 성분인 테트라클로르디벤조-파라-디옥신(TCDD)의 생산 공정을 현대화·밀폐화하고, 이미 다이옥신에 노출된 노동자들에 대한 보호대책 수립을 촉구하고 있다.

이상의 연구를 통해서 볼 때 폐기물에 관한 북한 학자들의 연구가 세계적인 학문적 추세에서 크게 벗어나지는 않다는 점, 이미 1990년대 초반에 폐기물의 사료화나 에너지화에 관심을 보였다는 점, 환경계획이라는 큰 틀에서 폐기물을 효율적으로 관리하고자 노력한다는 점은 긍정적인 성과로 평가되지만, 폐기물 처리시설의 미비로 인한 환경오염문제가 사회문제로 확대되고 있음을 파악할 수 있다. 즉 북한의 폐쇄적 사회체제와 함께 경제난, 식량난 등이 겹치면서 이른바 '먹고 사는' 문제가 시급한 상황에서 환경문제에 대한 학문적 접근은 찾아 볼 수 있지만 정책대안으로 실제 집행되고 있는지는 확인하기 어렵다.

단지 1986년 최고인민회의에서 채택된 환경법에서 폐기물 관리에 대한 조항이 포함되어 있어 제도화를 위한 근거는 수립된 것으로 볼 수 있다. 특히 제3장 환경오염방지에 폐기물처리에 관한 구체적 규정이 포함되어

처리된 폐기물을 오염이 생기기 않도록 대책을 세운다.(리봉락 외 1992)

48) 김철만(2003)은 오물수송비용이 최소가 되도록 배치하기 위해 도시중심구역과 인구밀도상 무게중심을 이용한 방사선균등분배법을 제시하고 있다.

있는데, 제19조는 환경오염을 예방하는 것이 국가와 공민의 의무임을 규정하고, 제20조는 오염발생기관의 정화설치와 유지관리를 의무화하고 있다. 제23조는 일반폐기물처리에 대한 가장 직접적인 규정으로 "기관, 기업소, 단체와 공민은 나뭇잎과 오물을 도시주민구역과 주요 도로주변에서 불태우지 말고 정해진 곳에 모아 처리하여야 한다. 도시관리기관과 해당 기관은 환경을 보호하는 데 지장이 없도록 오물을 제때에 실어내야 한다."고 명시하고 있다. 그 외에도 제26조, 제28조에서는 해상에서의 오물폐기, 특히 기름, 오수, 오물폐기를 금지하며, 해안주변 시설에 대해서도 정화처리시설의 설치를 의무로 규정하고 있다. 제29조는 산업폐기물과 관련하여 "해당 기관, 기업소, 단체는 생활오수와 여러 가지 버릴물의 침전지, 정화장과 오물, 공업폐설물의 처리장을 바다, 강하천, 호수, 저수지와 먹는물 원천을 오염시키지 않을 곳에 정하여야 한다. 박토장, 버럭장, 저탄장, 연재 및 광재 처리장은 주변 환경이 오염되지 않도록 꾸리며 다 리용한 뒤에는 흙을 덮어 나무를 심거나 농경지로 리용하여야 한다."고 명시하고 있다. 방사성폐기물과 관련해서도 제32조에서 방사성물질 취급 기관은 "방사성 기체, 먼지, 버릴물, 폐설물에 의하여 환경이 오염되지 않도록 려과시설과 정화시설을 갖추고 방사능농도를 배출기준 아래로 낮추어야 한다."고 규정하고 있다. 또한 제4장 환경보호에 대한 지도관리, 제45조에서 공해감시 측정기관들의 역할을 명시하고 "생활오수와 여러 가지 버릴물, 공업폐설물을 처리하기 위한 과학기술적 대책" 수립을 촉구하고 있으며, 제5장에서는 환경피해에 대한 손해보상 및 제재에 대해 규정하고 있다(www.unikorea.go.kr/index.jsp).

이상에서 논의된 환경보호법과 시행법령에 의하면 북한정부는 공장과 기업의 폐수·하수에 대한 법적 통제장치를 강화하고, 강과 하천을 오염시키는 공장과 기업에 '오염자 부담원칙(Polluters Pay Principle)'을 적용하고 있는 것으로 판단할 수 있다. 그러나 UNEP(2003)보고서에 따르면 북한은 폐수·하수 처리에 필요한 비용투자가 미비하고 물 관리가 제대로 이뤄지지 않아 수자원, 특히 대동강이 오염되어 그 수질은 최소 환경기준을 초과하며, 해가

지날수록 악화되는 것으로 나타났다. 또한 토지자원의 산성화를 막고 토지를 비옥하게 하기 위해 처리과정을 거친 고형화된 하수(solid sewage)와 석탄 찌꺼기가 활용되며, 도시 하수 처리 시설에서 발생한 침전 찌꺼기 또한 도시 근교 농경지에서 대체비료로 사용되고 있다. 하지만 도시 쓰레기와 하수의 처리가 불완전하여 처리과정에서 2차 오염이 발생하는 것으로 나타났다.[49]

이외에 폐기물 재활용정책으로는 소비품의 극심한 부족을 해소하기 위해 시작된 '8 · 3인민소비품생산운동'을 들 수 있다(통일부 북한개요, 2000, pp. 274~275). 이 운동은 김정일이 1984년 8월 3일 평양에서 열린 경공업제품전시회를 방문하면서 각 공장 · 기업소 내에 가내작업반을 확대 · 조직하여 유휴자재나 폐품을 활용하여 생활필수품을 생산하고, 이를 각 구역의 직매점을 통해 주민들에게 공급하도록 지시한데서 시작되었다. 일종의 소비재생산 증대운동인 '8 · 3인민소비품생산운동'은 생필품 부족현상을 다소 해소시킬 수 있다는 점에서 적극 권장되고 있다.

제4절 북한 폐기물관리에 대한 탈북자 인터뷰

북한의 환경이나 폐기물에 관련된 국내 연구들은 대체로 탈북자 인터뷰를 근거로 진행되어 왔다. 본 연구도 현재 우리나라에 있는 탈북자 보호 · 지원단체들을 통해 파악된 만18세 이상의 탈북자 15명을 대상으로 북한의 환경오염과 폐기물 실태에 관하여 2006년 7~8월 동안 인터뷰를 실시하였다.[50] 이들 중에는 북한과학연구원에서 근무한 경력이 있는 전문가가 있어, 북한의 환경오염 실태를 심층적으로 파악할 수 있었다. 질문은 총 7문항으로

49) 평양시에서만 연간 42만 톤의 쓰레기가 발생하는데 이 중 일정부분은 처리 시설을 거쳐 평양 근교 농경지에서 비료로 사용되고, 대부분의 미처리 고형폐기물은 도시의 공터에 트럭으로 버려지고 있음.(UNEP, 2003)

50) 탈북자들은 신분보호를 위해 모두 익명으로 처리하였다.

거주 지역, 생활폐기물의 종류와 처리비용, 기타 폐기물의 처리 방법과 처리 시설의 유무, 환경오염으로 인한 피해와 해결방안 등에 대한 내용으로 구성되어 있다. 전문가 인터뷰 3부와 일반 인터뷰 12부로 나누어 정리한 결과는 다음과 같다(〈표 76〉 참조).

전문가 그룹으로 분류된 응답자들은 탈북 이후 남한에서 환경정책을 전공하거나 관련 분야에서 경력이 있는 학사 학위 이상 소지자들이다. 북한에서의 거주 지역은 함경북도 무산군, 평남 순천, 남포 등 농촌 혹은 소도시였는데, 거주 지역에 따른 폐기물 발생과 처리방법 등에는 큰 차이가 없는 것으로 나타났다. 각 가정에서 배출되는 생활폐기물은 극소량의 음식물 찌꺼기와 생활 오물, 무연탄, 목재 등의 연료 탄재가 대부분을 이루고 있고, 극심한 식량부족 때문에 사실상 음식물 쓰레기는 거의 발생되지 않으며, 그나마도 농업생산을 위한 가축 사료나 식물 퇴비 등으로 재활용되고 있다고 한다. 그밖에 의류나 가정에서 사용되는 냉장고, 텔레비전, 라디오, 기타 가전제품

〈표 76〉 생활폐기물에 대한 탈북자 인터뷰

질 문	인터뷰 내용
거주지역	대도시: 2명, 지방·농촌: 13명
나이	20~30: 12명, 31~40: 1명, 41~50: 2명
성별	여: 7명, 남: 8명
교육수준	중등학습과정: 2명, 고등학습과정: 10명, 학사학위 이상: 3명
가정생활에서 배출되는 생활폐기물 유형	극소량의 음식물 찌꺼기, 생활 오물, 무연탄 등 연료탄재
생활폐기물의 재활용	음식물쓰레기: 가축사료, 퇴비, 가전기기 등은 부품별 재활용, 또는 주변 지역에 무단 방치, 분리수거 개념 없음
생활폐기물 처리에 대한 비용 부담	처리비용 부담 없음(지역 동장 등이 운반비용 일부 지불하기도 함)
생활폐기물 처리방식 (소각 또는 매립)	공터나 공공장소에 모아두었다가 농촌지역으로 반입
환경오염으로 인한 피해	유해가스로 인한 각종 호흡기 질병, 수질 오염, 위장병, 치아질병 등
북한의 환경오염 수준 및 원인	환경오염 수준은 심각한 상태이며 이에 대한 정부의 대책 부재

등의 생활폐기물 역시 거의 발생되지 않으며, 발생한다고 하여도 분리수거와 체계적인 재활용 관리가 이루어지지 않고 있기 때문에 주거지역에 그대로 방치되거나 부품별·개별적으로만 재활용되고 있는 것으로 나타났다.[51] 황해북도의 도시지역 아파트에 거주했던 남성 탈북자의 인터뷰에 따르면, 아파트 주변에 생활쓰레기 배출장소가 마련되어 있으나 배출량은 극히 소량이며, 공장에서 대량으로 배출되는 산업폐기물과 유해폐기물 등은 인근 강가나 도로 주변에 무분별하게 방치되고 있어 생활폐기물보다는 산업폐기물로 인한 환경피해가 극심함을 알 수 있다.

폐기물관리 측면에서 남한은 개인에게 처리비용을 지불하게 하는 쓰레기 종량제를 실시하는 반면, 북한은 쓰레기 처리비용을 부과하지 않으며 구역 행정단위에서 생활쓰레기 운반비용으로 각 지역 (인민)동장 등이 일부분을 비공식적으로 지불하고 있다고 한다. 즉 차량운행비 명목으로 쓰레기 처리 비용의 일부분을 지역 주민이 부담하는 것으로, 생활폐기물 운전기사는 쓰레기를 지정된 장소에 폐기하거나 시내외곽으로 싣고 나간다고 한다. 그러나 대부분의 농촌지역이나 지방도시의 경우 처리비용 없이 그대로 방치되거나 배출되고 있는 것으로 언급하였다.

[그림 32]에서 나타난 것과 같이 흰 선으로 표시된 부분이 북한 도시지역 아파트 주변의 생활폐기물 배출 장소이다. 생활폐기물의 양이 매우 적기 때문에 남한같이 분리수거나 분리배출을 하지 않으며 가정에서 배출되는 각종 생활폐기물의 처리는 그림에서와 같이 주변의 공터나 공공장소를 활용하여 일정한 장소에 모아 두는 정도로 이루어지고 있다. 소각과 처리시설을 갖춘 매립지나 처리장이 적고, 도시주변의 생활폐기물은 지정장소에 수집된 후 지방 또는 농촌지역으로 반입되는 경우가 많아 폐기물 오염문제는 도시보다는 오히려 지방이 심각할 것으로 추정된다.

---

51) 이외에도 일본으로부터 폐플라스틱수지, 폐기된 파친코 기계, 냉장고-텔레비전-컴퓨터 등 폐전자제품, 건설기자재를 소각하고 남은 재가루, 심지어 폐차 처분된 자동차에서 나오는 엔진 오일 등도 반입하는 것으로 알려지고 있어 잠재적인 환경 피해는 더욱 심각할 것으로 예상된다.(김영재, 1999)

[그림 32] 북한 도시지역 아파트의 쓰레기 배출장소
출처: 황해북도 탈북자 제공.

비록 폐기물 발생량은 적지만 거주 지역 주변에 방치되고 있는 생활폐기물과 기타 유해한 산업 환경으로 인해 지역 주민들이 정신적·신체적 피해를 겪고 있다고 한다. 황해북도 도시출신인 탈북자 김 씨는 거주 지역에 시멘트 공장이 있어 시멘트 먼지와 분진 등으로 호흡기 질환을 겪었으며, 송림시는 공장에서 나오는 유해한 가스 때문에 대부분의 지역주민이 창문을 열지 못하고 생활하는 불편을 겪는다고 하였다. 또한 공장에서 발생된 시멘트 가루 등의 분진이 가정에도 뿌옇게 쌓이고 코나 목 등의 호흡기에 장애를 줄 정도로 심각한 실정이라고 한다. 평남도 남포지방의 남성 탈북자 이 씨(50세, 전 북한과학연구원)는 남포대학 시절 안개가 끼는 날에는 남포제련소에서 발생하는 각종 유해가스 등으로 온 시내가 자욱한 먼지로 뒤덮인 적이 많았고, 함흥 비날론 공장 주변에는 공장에서 가동되는 기계 등의 시약 냄새로 주변 지역 일대에서 호흡 곤란, 기침과 구토 증세를 보이는 주민도 상당수 있다고 하였다. 한편 함경북도 무산군에 거주하였던 여성 탈북자 엄 씨(46세)는 자철광산 지역의 대기, 수질, 폐기물 등의 피해가 심각한 상황으로, 식수가 오염되어 위장염, 치아질병이 확산되었고, 노약자들의 관절염과 피부염 등 각종 신체 질병까지 유발하고 있음을 지적하였다. 위의 내용을 요약하면 어려운 경제상황 때문에 생활폐기물, 즉 음식물, 의류, 가전제품 등 가정에서 배출되는 쓰레기로 인한 환경오염과 그 피해는 비교적 적은 편이지만, 대규모 공장이나 산업단지 등에서 무분별하게 배출되는 유해한 산업폐기물로 인한 피해는 심각한 수준에 이르렀다고 볼 수 있다.

일반인으로 분류된 응답자들은 현재 탈북자 학교에서 중·고등학교 과정[52)]의 학습을 받는 학생들로 구성되어 있다. 응답자 12명의 남녀 구성비는 동일하며(각각 6명), 대도시 2명을 제외한 10명이 농촌과 지방출신으로, 평균 연령은 23.5세로 응답자의 대부분이 20대 초반이다. 일반인 응답자들은 생활폐기물의 대부분이 가정에서 배출되는 생활오물과 폐수 그리고 난방과 취사 등에 이용되는 석탄과 나무 재가 주를 이룬다고 답변하였다. 일부 플라스틱류나 의류 등의 생활용품이 버려지는 경우도 있으나 양은 매우 적고 음식물 쓰레기 역시 많지 않으며 대부분 가축 사료와 농작물의 퇴비 등으로 활용된다고 한다. 인터뷰에 응한 대부분의 탈북자들은 생활폐기물의 양이 극히 적기 때문에 그로 인한 환경오염의 피해를 심각하게 인식하지 않았으며 처리방법과 과정에도 거의 관심이 없는 것으로 나타났다. 설문에 응한 30세의 한 남성 탈북자는 "북한에서는 환경오염이라는 개념조차 생소하며 관련부처나 기관 등에 의한 활동도 본 적이 없다. 또한 주민 개인들의 생계난과 국가경제가 쇠약하므로 현재 상황에서 환경오염 예방과 대책을 마련하기는 어려운 상황이다."라고 하였다. 응답자들의 의견을 종합해 보면 가정에서 발생되는 생활폐기물이 북한의 환경오염에 미치는 영향은 크지 않은 것으로 예측되나, 일부 생활폐기물이 특별한 처리과정 없이 거주 지역

52) 탈북 이후 탈북자 학교에서 중·고등학교 학습과정을 이수하는 경우를 말하며 북한에서의 학력과 상관없이 남한에서 이수한 학습을 기준으로 함.

인근에 방치되거나 무분별하게 매립되고 있어, 생활오물과 폐수 등을 처리할 하수시설의 개선과 석탄재 등의 연료 폐기물을 처리할 수 있는 매립지나 소각장 등 관련시설의 확충과 체계적인 관리가 요구된다고 할 수 있다.

제5절 결론: 환경친화적 폐기물관리정책의 전파

남한의 폐기물 관리법은 2원화–1원화–세분화 단계를 밟아왔다. 폐기물 문제가 심각하지 않았던 1980년대 중반까지 생활폐기물은 '오물청소법', 사업장폐기물은 '환경보전법'에 의하여 이원적으로 관리하였다. 그러나 1986년 '폐기물관리법'이 제정되면서 관리체계가 통합되어 일원화된 이후, 다시 재활용 활성화와 폐기물처리시설 설치 촉진을 위하여 분법화됨에 따라 법률체계가 세분화·전문화되어 현재에 이르고 있다(환경부, 폐기물 관리법 해설 2004.8.11).[53] 이에 반해 북한은 환경정책이라는 큰 틀에서 폐기물관리를 한 부분으로 다루며 그나마 실효성을 담보하는 정책으로 보기에는 한계가 있다. 북한이 법정책적 차원에서 환경문제에 관심을 나타내기 시작한 것은 1986년 4월 최고인민회의에서 '환경보호법'을 채택하면서부터이고, 이후 공해방지와 환경보호를 위한 각종 시책을 추구해 왔다. 북한에서는 1995년 10월 총 5장 55조로 된 '환경보호법 시행규정'을 제정하면서,[54] 환경보호법을 실천하려는 의지를 적극적으로 표명하였다(내외통신 종합판 58, 1995: pp. 242~243).

---

53) 현재 남한은 폐기물을 크게 생활폐기물과 사업장폐기물, 건설폐기물 등으로 구분하여 폐기물 관리법에 근거하여 처리·관리하고 있다. 이 법에 따르면 정부는 폐기물 처리에 대한 기술을 연구·개발·지원하고, 모든 국민은 환경을 청결히 유지하고 폐기물의 감량화와 자원화를 위하여 노력해야 한다. 또한 시·도지사와 시장, 군수, 구청장은 폐기물 처리에 관한 기본계획을 수립하여야 하며 환경부 장관은 국가의 폐기물 처리에 관한 종합계획을 수립하는 등 폐기물 처리에 관하여 체계적인 관리가 이루어지고 있다.

54) 이 시기에 정비한 환경관련 법규는 동년 7월 '수산물법', 1997년 '물자원법(5장 37조)', '자연지역 및 기념물보호법', '바다오염관리법', 1998년 '토지및환경보전관리법' 제정 등이 있다.(정회성 외, 1996)

그러나 이러한 법적 의지와 별개로 외국에서 생활과 산업폐기물을 수입해서 매립하고, 1997년 타이완에서 핵폐기물을 수입하려고 했던 사실은 심각한 경제난을 고려한다고 하더라도 환경보호에 관심을 표명한 국가의 조치라고 보기는 어렵다(박수혁, 2001). 현재 북한은 총체적으로 경제와 산업발달 수준이 낮아 환경오염과 예방에 실천적 의지나 여력이 없는 것으로 판단된다. 더욱이 중화학공업을 비롯한 산업시설에서 배출되는 각종 유해폐기물 등이 특정 처리시설이나 여과장치 없이 방치·배출되고 있어서 환경오염에 대해 무방비 상태에 놓여 있다고 볼 수 있다. 따라서 국제기구와 남한은 다양한 채널과 방식으로 환경친화적 폐기물관리 정책을 전파할 필요가 있다. 폐기물관리정책의 첫 번째이며 가장 중요한 원칙인 폐기물발생 방지정책은 북한의 경우 생활폐기물보다는 생산현장에서 적용되어야 할 것으로 보인다. 북한의 모든 생산시설에 청정기술을 보급하는 것이 불가능하다면 개성사업단지만이라도 폐기물 발생을 최소화하는 환경친화적 시설을 운영하도록 남한정부와 기업체의 지원이 필요한 것으로 판단된다. 이러한 의미에서 정회성(1996)이 제시한 '환경보전형 경제협력'은 시사하는 바가 크다고 할 수 있다.[55] 둘째 안전한 폐기물 매립지와 소각시설 건립과 운영이 절실하나 이는 한국과 국제환경기구의 협력 아래 중·장기적으로 추진되어야 할 것으로 생각된다. 셋째 학술교류와 환경단체 등의 민간교류를 통해 북한 폐기물 발생과 관리정책 자료를 축적하고, 폐기물로 인한 환경오염상태를 파악하며, 폐기물관리에 대한 기술과 정보를 교환하는 것이다. 특히 남북한 학자들의 공동세미나 개최, 학술서적과 관련 논문DB 공유 등은 폐기물관리에 필요한 기술과 지식을 전파·확산할 수 있는 유용한 통로가 될 것이다. 결국 북한의 폐기물관리정책은 오염의 사전예방과 사후정화라는 환경정책의 큰

55) 남·북간 경제협력에서 환경영향평가를 의무화하고 이의 이행 상황을 철저히 모니터링하는 체제를 구축하며 북한으로 진출하는 남한기업에 대해 남한수준의 환경기준 준수의무를 부과한다. 북한의 심각한 식량사정과 농업문제를 감안하여 지속가능한 영농기술의 개발협력, 산림녹화사업에의 협력과 지원, 토질개량 기술개발과 자금지원 등도 주요한 협력방안이 되어야 한다. 이와 함께 북한에 대해 에너지관련 기술과 산업개발을 위한 협력을 강화하고 환경산업과 기술이전도 적극 추진한다.(정회성 외, 1996)

틀 속에서 지원되고 협력해야 할 것이다.

이 연구는 북한정보에 대한 폐쇄성과 자료접근의 한계 때문에 단편적인 언론보도, 국제기구의 보고서, 소수의 북한전문가 기고논문과 탈북자 인터뷰 등 패치워크식 접근을 통해 북한의 폐기물 정책에 대한 이해를 도모하였다. 따라서 연구결과가 분석적이기보다 기술적이며, 결론 또한 규범적인 제언 수준에 머무를 수밖에 없는 한계가 있다.

제6장 북한의 도시계획

김기호_ 서울대학교 환경대학원

제1절 서론

1. 연구의 배경과 목적

이 연구는 '남북한의 환경정책 비교와 통일 후의 통합 환경정책 비전을 개발'하기 위한 기초연구로서 북한의 환경실상과 정책에 관한 자료 분석을 토대로 장기적으로 남북한을 통합하는 통일한국의 환경정책 종합계획수립을 위한 기초자료를 만드는 데 목적이 있다. 이 연구는 서울대학교에서 수행하는 통일학 연구과제 중 도시계획분야 3차년도 과제로서 선행연구에서의 총론적인 분석을 토대로 각론적인 분석을 통해서 통일을 대비한 남북 환경협력방안을 모색하도록 할 것이다. 나아가 본 연구는 통일 이전의 남북 교류협력을 친환경적으로 유도하고 통일 이후 도시계획분야가 나아가야 할 분야를 명확히 제시하는 데 의의가 있다.

2. 연구의 방법과 범위

향후 남북한 정책비교를 전개함에 객관적 자료를 수집, 정리, 분석하는 단계가 필요하나 현재 도시계획분야를 포함한 북한관련 정보가 부족하여 남북한 간의 현황 분석에 한계가 있다. 따라서 북한 도시의 일반 현황과 북한의 도시계획, 도시설계, 건축 현황을 중심으로 체계적으로 연구를 진행하고자 한다.

제2절에서는 사회주의 도시계획의 기본원리와 이념을 분석하고 사회주의의 이념과 체계가 북한의 도시계획 분야에 끼치는 영향을 간략히 설명하였다. 제3절에서는 북한 국토 개발과 도시계획 체계와 토지이용실태를 고찰하였고, 북한의 국토개발정책과 환경문제를 다루었으며 북한의 도시계획의 틀을 고찰하였다. 제4절에서는 북한의 주거지계획과 주택의 변천과정을 고찰하였다. 제5절에서는 북한의 도시설계에 대한 이론적 바탕과 평양을 중심으로 한 도시설계의 실천과정을 고찰하였다.

3. 연구의 한계

이 연구의 여러 가지 어려운 자료 환경에서 진행된 연구로서 심층적인 연구라고 보기는 어렵고 일부 국내에 발표되지 않은 중요한 북한의 도시계획관련 전문서적을 통하여 북한의 기본적인 주거지계획과 도시설계 틀을 요약·정리하였다. 앞으로 심층적인 자료 확보와 국내의 다양한 북한도시에 관한 연구를 통하여 본지의 정리내용에 대하여 심층연구와 확증하는 작업이 필요하다. 또 다양한 원문을 요약 정리하는 과정 중에 다양한 북한 특유의 단어에 대하여 원문 그대로 인용한 부분이 있으므로 독자들의 양해를 구한다.

제2절 사회주의 도시계획 이론과 북한 도시계획의 발전

1. 사회주의 도시계획 이념[56)]

(1) 도농균형개발

사회주의 국가가 제시하는 가장 우선적인 도시계획의 이념은 농공병진정책[57)]을 통해 도시와 농촌을 균형적으로 개발한다는 원칙이다. 즉 농업과 공업을 균형 있게 발전시킴으로써 도시의 공업근로자와 농촌의 농업근로자 간의 생활격차를 해소하고, 도시와 농촌 간의 경제적 격차를 제거함으로써 사회주의 이상사회를 실현하고자 한 것이다. 균형개발은 도시와 농촌 간의 균형뿐 아니라 도시 안에서도 추구되었는데, 평양은 행정구역이 도시적인 18개 구역과 농촌적인 4개 군으로 구성되어 도시 안에서의 도농균형정책을 채택한 것으로 알려졌다. '도농 간 격차해소'는 1848년의 마르크스-엥겔스의 공산당선언에 명시된 이후로 가장 기본적이고 지속적인 사회주의 계획의 목표로 제시되었다. 사회주의 체제의 기본이념인 사회적 계급구조의 타파를 통한 차별 없는 노동자 사회의 건설이라는 명제가 공간적으로 도시와 농촌의 격차를 해소하는 방향으로 전개되었다.

(2) 도시성장규모의 억제

자본주의사회의 병폐가 대규모 산업도시에서 기인한다는 도시관은 마르크스-엥겔스의 견해를 그대로 수용한 것이다. 사회주의 국가에서는 도시규모를 일정 수준 이하로 억제하기 위하여 대도시권 주위에 위성도시를 건설하였다. 도시 규모가 일정 수준을 넘어서면 외부불경제에 따른 폐해가 과도

---

56) 김현수, 개방 · 개혁에 따른 북한도시의 공간구조변화전망, 국토계획, 2000, v. 35 n. 4.
57) 사회주의 혁명의 발단이 계층 간의 격차를 해소하기 위한 것이라며 계층 간의 격차해소를 공간적으로 반영한 것.

하게 발행하고 도시관리비용이 증가하며, 확대된 통근거리와 익명성의 증가는 사회주의 공동체의 장인 커뮤니티의 형성을 저해한다는 것이다. 이러한 이념이 공간적으로 가장 잘 구현된 것이 밀류틴의 선형도시이다. 즉 도시의 대표적 공공재인 이동의 접근성을 균등하게 배분하고, 도시규모가 과도하게 성장하지 못하도록 하는 사회주의 도시의 모델인 것이다.

선형도시에서는 주택과 서비스시설이 공업지대와 평행하게 배치되어 모든 근로자들이 직장까지 이동하는 데에 동일한 시간이 소비되도록 배려되었다. 또 직주근접을 고려하되 공해로부터 안전을 위하여 주택과 공장 사이에 위생녹지대를 배치하였으며 바람의 방향을 고려하여 주거와 공장의 위치를 결정하였다. 이러한 구상은 실제로 1920년대 말 스탈린그라드계획에 적용된 바 있다.

도시규모 억제는 도농균형개발정책과도 긴밀한 관련성이 있는데 지역간의 균형성장을 위해서는 대도시의 성장이 억제되어야 하며, 이에 따라 대도시 주위에 위성도시를 건설할 것을 제시하고 있다. 이러한 원칙 아래 평양시 주위로 위성도시를 건설하고 평양시의 행정구역도 도시중심기능이 있는 중심도시권과 공업생산기능의 준위성도시권, 농업생산기능을 주로 하는 위성도시권으로 구분하여 '도농 간의 균형' 을 추구해 온 것으로 알려졌다.

(3) 자족적 계획단위의 설정

지역 간 격차가 해소되고 도시와 농촌이 고루 발전하기 위해서는 각각의 시, 군 같은 공간계획단위가 자족적이어야 한다. 자족적인 계획단위의 설정은 모스크바 기본계획에 잘 나타나 있는데, 1971년 기본계획에서는 모스크바 전역을 8개의 지역으로 구분하고, 각 지역은 100만 명 규모로 설정하여 내부에 주거, 생산, 교육, 위탁 등의 기능이 자족적으로 운용될 수 있게 계획하였다. 각 지역의 중심에는 도심적 기능을 부여하여 구도심까지의 이동을 제한하였으며, 각 지역 사이에는 녹지대를 설치하여 위탁공간을 제공하는 동시에 지역 간의 이동을 억제함으로써 각 지역의 자족성을 높이고자 하였다. 북한에서도 이와 유사한 계획기법인 주택소구역 계획을 도입하여 북한의 대도시들은 위계적인 계획단위의 집합으로 구성되어 있는 것으로 인식되고 있다. 주택소구역 계획은 이상적인 사회주의 공동체를 건설하고 도시공간에 계층적 공간질서를 부여하며 지역별로 자족적인 생산·생활단위를 조성하여 주민의 편리를 도모함과 동시에 이동을 억제하기 위한 도시계획의 기본적인 수법으로 알려졌다.

제3절 북한의 국토계획과 도시계획[58)]

1. 북한의 국토계획

(1) 국토계획수립체계

북한의 행정위원회의 최상위기관은 '정무원'으로 한국의 국무회의 같은 집행기관이다. 정무원은 1원 14개 위원회, 25개 부로 구성되어 있다. 정무원 기능 중 국토계획과 관련된 것은 ① 경제발전계획의 작성과 집행기능, ② 국가예산편성기능, ③ 농공상업과 건설·운수·국토관리·도시경영의 업무, ④ 국토개발관련 업무 등을 집행함에 하위단위의 지방행정위원회 지도감독 등이다.

국토개발계획을 수립하는 사실상의 최고기관은 '국가계획위원회'이다. 이 기구는 정무원 총리의 지휘감독 아래 정책의 대강과 방향은 노동당의 지시를 받고 기본정책에 입각하여 모든 개발계획을 종합적으로 작성하는 책임을 진다. 국가계획위원회는 13개의 정무원 부서별 31개의 관할처와 3개의 관할국을 둔 방대한 조직이다. 이러한 편제는 1965년 '계획의 일원화와 세부화원칙' 발표 후 계획립권을 국가계획위원회에 중앙집권화하여 위원

58) 정회성, 북한의 환경문제와 통일한국의 환경정책방향, 한국환경기술개발원, 1996.

회의 기능을 강화하기 위해서 이루어진 것이다.

이 같은 계획의 중앙집권적 일원화방침에 따라 국가계획위원회는 산하에 지방조직으로 '지구위원회'를 두고 있다. 지구위원회와는 별도로 '도(광역시) 건설위원회'를 구성, 중앙의 국가건설위원회로부터 지도감독을 받아 관할구역 내에서의 도로건설, 주택건설 등의 건설공사를 집행한다.

(2) 국토개발정책의 주요 내용

북한이 추진하는 국토이용의 기본방향은, 첫째 보호와 토지개발을 통한 국토개조와 자연조건의 극복, 둘째 토지개량을 통한 토지이용률 제고, 셋째 국가가 수립한 계획에 부합하는 토지이용체계의 확립(계획허가제도) 등이다. 북한의 국토개발계획은 국토건설계획의 대상에 따라 전국계획, 지구계획, 지역계획으로 구분하고 있다. 전국계획과 지구계획은 최고인민회의의 승인을, 지역계획은 도인민위원회의 승인을 받아야 하는 것으로 규정되어 있다. 기간에 따라서는 30~50년을 장기기간으로 하는 전망계획과 이를 기초로 한 당면계획으로 구분되어 있는 것으로 알려졌다.

북한의 국토이용계획은 남한의 국토종합개발계획에 해당하는 '국토건설총계획'이라는 기본계획에 기초하여 수립 · 시행되고 있다. '토지법'에서 규정하는 국토건설총계획(토지법 제3장 제14, 15, 16, 17, 18조)은 경제발전과 복리증진에 기여하도록 합리적인 국토개발과 이용을 목적으로 하는 계획이다. 국토건설총계획수립의 원칙은 ① 농촌보전: 국토건설과 자원개발에서 농경지를 침범하지 말며, 그것을 극력 아끼고 보호하도록 한다. ② 소도시지향: 도시의 규모를 너무 크게 하지 말며, 작은 도시 형태로 많이 건설하도록 한다. ③ 지역특성별 도시 및 지역개발: 나라의 各異한 지대들의 기후풍토적 특성을 고려하도록 한다. ④ 지역경제의 연계화: 나라의 인민경제발전방향과 같이한 지역들의 경제발전에 맞게 과학적으로 세우도록 한다는 것 등이다(토지법 제15조).

한편, 토지법 제17조를 보면 국토건설총계획의 주요 내용을 규정하고 있는데 그 내용은 ① 혁명전적지, 사적지의 보호, ② 토지정리개량 및 간석지 개발방향과 대책, ③ 산림조성 및 이로운 동식물대책 ④ 강하천 · 호소 · 저수지의 건설 및 정리방향, 홍수피해를 막기 위한 시설물의 배치 및 종합적 이용대책, ⑤ 교통운수 · 전기 · 체신망의 합리적 배치, ⑥ 지하자원개발, 농 · 공업의 배치와 규모책정, ⑦ 도시와 마을, 휴양지, 요양지의 위치와 규모, 명승지, 천연기념물 및 문화 유적물 보호대책, ⑧ 연안 · 영해개발 및 수자원 보호대책, ⑨ 공해방지대책 등이다. 국토이용의 승인절차는 이원화되어 있는데 전국국토건설총계획과 중요지구국토건설총계획은 최고인민회의 또는 중앙인민위원회에서, 지역국토건설계획은 도인민회의 또는 도인민위원회에서 승인하도록 하고 있다(토지법 제18조).

그러나 이러한 원칙 등이 토지법에 매우 구체적으로 명시되어 있기는 하지만 과거 김일성과 김정일이 수시로 현장지시, 감독하는 사실로 미루어 보아 토지법에 의한 규정이 큰 의미를 지닌다고 보기는 어렵다. 김일성 우상화와 신격화가 추진되고, 이어 김정일 우상화가 진행되는 등 김일성 부자에게 절대 권력이 집중됨에 따라 북한의 도시계획도 개인적인 판단에 근거한 일방적 지시에 따라 이뤄지는 경우가 잦았다. 이러한 현지교시는 김정일에 이르러 더욱 빈번해지고 있다고 한다.

(3) 토지이용과 관리제도

토지의 건설 · 보호 · 관리 등에 대한 규정은 토지법에 매우 상세하게 규정되어 있다. 북한의 토지정책은 사회주의 혁명을 달성하기 위한 수단으로 인식되고 있다. 지난 50여 년 간 사회주의 건설을 수행하는 과정에서 북한이 토지문제를 일관되게 정책적으로 다루어 왔다는 점에서도 그러하다. 1977년 4월 29일 최고인민회의에서 발표한 '토지법을 채택함에 대하여'라는 김일성의 담화문을 보면 토지정책의 기본이념이 나타나 있다. 이 담화문에는 초기의 국유화에서 한걸음 더 나아가서 토지를 개발 · 이용 · 보호 및 관리하는 데 김일성의 통치이념이 반영되고 있다. 북한의 토지정책은 사회주의 건설과 혁명수행의 수단으로 이용되고 있다. 동시에 주민들에게 사회주의혁명을 위해 토지에 대해 새로운 의무를 부과하는 특징이 있다.

북한의 토지는 현재 이용형태에 따라 농업토지, 주민지구토지, 산림토지, 산업토지, 수역토지, 특수토지 등으로 구분된다(토지법 제7조). 농업토지(農業土地)에는 오직 경작 가능한 농지만이 포함된다. 주민지구토지(住民地區土地)는 시, 읍, 노동자구의 건축용지와 그 부속지, 공공이용지와 농촌건설대지를 포함한다. 산림토지(山林土地)는 산림이 조성되어 있거나 조성예정인 산야와 그 내부의 각종 이용지를 말한다. 산업토지(産業土地)에는 공장, 광산, 탄광, 발전시설 등 산업시설물이 차지하는 토지와 그 부속지가 포함된다. 수역토지(水域土地)는 연안, 영해, 강하천, 호소, 저수지, 관개용 수로 등이 차지하는 일정한 지역의 토지를 말한다. 특수토지(特殊土地)는 혁명전적지, 혁명사적지, 문화유적지, 보호구역, 군사용 토지 등 특수한 목적에 이용되는 토지를 말한다(토지법 제64, 69, 70, 72, 74, 75조). 그런데 사적 소유권이 존재하지 않는 상태에서의 이 같은 분류는 남한식의 토지이용 구분과는 그 성질이 판이하며 단순한 행정적인 분류의 성격을 띤다고 할 수 있다.

(4) 토지이용 실태와 주요 국토개발사업의 추진 개황

북한의 토지이용 실태를 살펴보면 임야가 897만 ha로 70% 이상을 점하고 있다. 전답지는 1977년 158만 ha 12.9%에서 1992년 172만 ha 14.0%로 다소 증가하였다. 관개 가능한 토지도 1977년 8.4%에서 1992년 11.9%로 증가하였다. 적극적인 치수사업을 한 결과로 보인다.

북한의 국토개발사업 중 해방 이후 현재까지 북한이 가장 관심을 기울여 온 분야로는 토지의 건설과 치산치수사업을 들 수 있다. 토지건설은 주로 식량증산을 위한 경지의 확산·개선과 관계된 것으로 간석지개간, 다락밭건설, 새땅찾기운동 등을 대표적인 사업으로 볼 수 있다.

치수, 즉 하천개발은 여러 가지 원인에서 시작되나 경지에의 농업용수 공급이 가장 중요한 요인으로 작용했다. 이를 위해 북한은 제방 축조, 저수지

조성, 경제림 조성과 댐 건설 등을 적극 추진하였다. 특히 남한과 마찬가지로 강수량의 계절적 차이가 심하고, 평야지대인 서부해안 일대가 소우지(少雨地)이며, 서해안에 조성된 간척지의 물 공급 등을 위해 대규모의 관개시설이 필수적이라고 볼 수 있다.

한편, 이에 못지않게 적극적으로 추진하고 있는 사업은 혁명의 수도이자 사회주의 모범적 도시로서 평양시 건설, 5대지구건설계획 같은 공업지구의 개발 등을 들 수 있다. 이외에 경제특구와 자유무역지구조성계획, 두만강지역개발계획, 금강산, 백두산과 묘향산지구 등의 관광지개발 역시 북한의 주요 개발사업으로 볼 수 있다.

북한의 주요 국토개발사업은 서해안과 동해안을 따라 공업지구가 개발되어 있고 내륙지역에도 다수의 공업지구가 개발되어 있다. 그리고 서해안 지역에는 간척지 개발을, 내륙지역에는 댐건설 등을 적극 추진하였다.

(5) 도시개발정책과 주요도시 성장추이

북한의 도시화는 전후 복구사업과정에서 급격히 진행되었다. 그 결과 1960년에 인구의 40% 이상이, 1970년에 이르면 과반수가, 1980년대 중반에 이르면 60% 정도가 도시지역에 거주하는 국가로 성장하였다. 1970년대 이후 도시화는 속도 면에서 상당히 감소하였으며, 이제는 거의 도시화가 이루어지지 않고 있다. 북한의 도시화는 평양을 제외하고는 인구 100만 명을 넘는 대도시가 발달하지 못하였다는 점, 인구이동이 극도로 제약된 상태에서 도시화가 진행되었다는 점은 남한의 경우와 확연히 구분되는 현상이다. 북한에서도 수위도시인 평양이 다른 도시보다 훨씬 큰 규모로 성장하였을 뿐만 아니라 평양 인근의 도시가 빨리 성장하였다. 이러한 종주도시화와 도시집적현상은 북한도 남한의 경우와 비슷한 도시화과정을 경험하고 있음을 보여주고 있다.

북한의 도시정책은 마르크스의 평등지향적 이념을 중시하고, 도시와 농촌 간 격차의 해소를 도시정책의 최우선 고려사항으로 삼고 있다. 따라서 대도시 성장의 억제를 추구하였으며, 군(郡)을 단위로 하는 자족적 도시체계를 발달시키고자 하였다. 그 결과 평양 이외에는 100만 명을 넘는 대도시가 성장할 수 없었으며 중소도시 위주로 도시가 발달하였다.

북한의 도시화는 평양 인접도시의 집적현상, 동해안축 도시의 발달이 대표적인 경우이다. 또한 산업화가 활발히 이루어지던 1950년대와 1960년대에는 도시화도 급속히 진행되었다. 그러나 경제가 침체되기 시작한 1970년대 이후 거의 이루어지지 못하다는 점에서 볼 수 있듯이 도시성장은 반드시 정책적으로 결정되는 것이 아니라 외부요인의 영향을 받으면서 진행되고 있음을 시사한다.

분단 후 북한은 일제에 의해 형성된 공간구조를 개편하는 데 일차적인 관심을 두었으며, 이러한 기본방향은 6.25 이후 군사적 요인이 고려됨으로써 더욱 강화된다. 해방 이후 북한 도시개발의 가장 큰 공간적 특징은 휴전선 인접지역의 도시성장을 가급적 억제해 왔다는 점과 북부내륙지역에 다수의 신흥도시가 건설되었다는 점을 들 수 있다.

북한의 도시 중 가장 안정적인 성장을 보이는 도시는 평양이다. 1940년 당시 인구 28만 6,000명에 불과하던 평양은 1967년에 155만 5,000명, 1972년에 184만 7,000명 등 꾸준한 성장을 계속했으며, 1991년에는 1972년의 2배에 가까운 333만 명으로 성장하였다. 물론 평양의 지속적인 성장은 1960년대 이후에만도 다섯 번이나 이루어진 시계(市界) 확장·개편에도 부분적으로 영향을 받았겠지만 평양을 국제도시로 만들기 위한 북한 당국의 지속적인 개발에도 원인이 있을 것이다.

북한에서 평양과 함께 해방 이후 현재까지 가장 뚜렷한 인구성장을 보이는 도시로 남포직할시를 들 수 있다. 1967년에 14만 1,000명이던 것이 1991년에는 80만 1,000명으로 증가하였다. 남포시의 급성장은 물론 직할시로의 승격과 함께 이루어졌다. 현재 남포시의 직할시 승격에 관한 공식적인 이유는 밝혀지지 않았으나 수도인 평양의 해상관문이라는 입지적 요인이 큰 영향을 미친 것으로 추측된다.

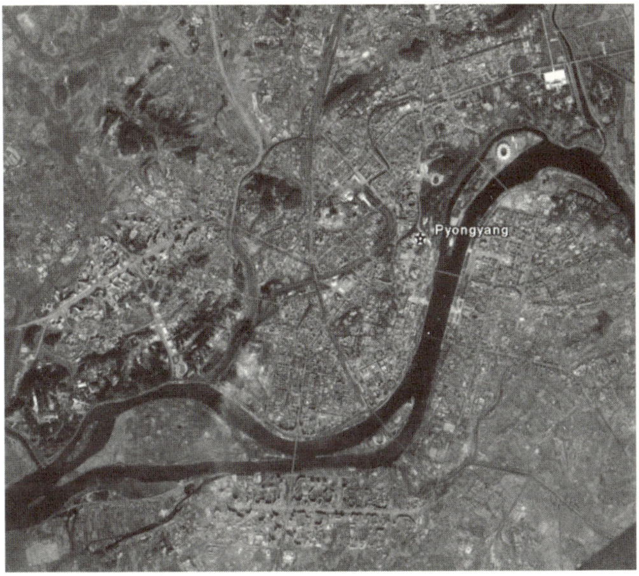

[그림 33] 평양 인공위성 사진

출처: Google, 2006.

이에 비해 공업과 항구도시인 청진은 일제강점기에 북한 제2의 도시였음에도 불구하고 도시규모의 증가가 상대적으로 정체되어 인구 규모만을 고려할 경우 현재 4위에 불과하다. 특히 1982~1986년 사이에는 인구 격감현상이 나타났는데, 이는 청진이 직할시에서 일반 시로 격하되면서 행정구역의 감소가 수반된 결과로 볼 수 있다. 한편 개성과 해주, 원산도 인구 급증현상이 보이지 않았다. 그 이유로는 개성과 해주의는 휴전선에 인접했다는 점이, 원산시는 한국전쟁 당시의 함포사격 경험과 외국인 중심의 관광도시로 개발한다는 정책 등으로 이러한 결과가 나타난 것으로 보인다.

이에 비해 일제강점기에는 도시적 면모를 갖추지 못하였던 다수의 중소도시가 급성장하는 경향을 보였다. 순천을 필두로 하여 단천, 혜산, 회천, 평성, 구성 같은 도시의 성장이 잘 나타나는데, 혜산은 양강도의 중심지로서, 평성은 평양시가 지녔던 평안남도의 행정기능을 이관 받으면서, 그 밖에 다른 도시는 내륙공업지대 개발방침과 주요 시설의 안전지대 소개정책으로 공업이 급성장한 결과로 보인다.

2. 북한의 도시계획

(1) 북한의 행정구역과 도시현황

1) 북한의 행정구역 변천[59)]

북한의 행정구역은 1945년 해방 당시에는 6도, 9시, 89군이었으나, 1952년 12월 행정체계와 행정구역 개편을 통해 도(특별시), 시 · 군(구), 읍 · 면, 리(동)의 4단계 행정구역체계 중 면을 폐지하여 도(특별시, 직할시), 시 · 군(구역), 읍 · 리(동 · 노동자구)의 3단계 행정구역체계로 개편하고 군 지역을 재분할하였다.

이로 인해 행정단위는 오히려 증가했다. 즉 1946년 9월 평양시가 평안남도에서 분리되어 특별시로 개편되면서 직할시로 된 이후 50여 차례의 행정구역 개편을 거쳐 1999년 현재 9도, 1특별시, 2직할시, 25시, 38구역, 147군, 2구, 3311리, 896동, 251노동자구의 행정구역으로 되어 있다. 이러한 행정구역 개편은 중앙집권체를 강화하면서 김일성 부자 및 가계우상화를 위한 지명 개칭과 한국의 행정구역수를 의식한 구역수의 확대를 염두에 둔 것으로 보인다.

2) 북한의 행정구역 현황[60)]

북한은 1945년 해방 당시 6개도 9시 810읍 · 면이었으나 이후 행정체제를 간소화하고 행정구역을 개편하여 종전 4단계 행정구역 체제에서 면을 폐지하고 3단계 행정구역 체제로 개편하였다. 또한 광산, 임업사업소, 수산사업

---

59) 통일부, 북한개요 2000, 발췌.
60) 통일부 정보분석국.

[그림 34] 북한의 행정구역 개편내용

자료: http://nkchosun.com

소, 공장, 기업소 중 도시 형태를 갖추고 임금노동자가 400명 이상 거주하는 곳에 노동자구를 설치하였다.

1946년 평양시를 평안남도에서 분리하고 강원도를 신설하였으며, 1945년 량강도, 1949년 자강도를 신설하였고 황해도를 남·북도로 분리하였다. 이후 여러 차례에 걸쳐 행정구역 개편을 단행해 2004년 1월 현재는 9도, 2직할시(평양, 라선), 1특급시, 25시, 26구역, 148군, 3특구(금강산관광지구, 개성공업지구, 신의주특별행정구), 2구(청남구, 수동구), 3지구(운곡지구, 득장지구, 금호지구) 등이 구성되어 있다.

노동자구는 노동력을 집단적으로 관리하여 생산성과 효율성을 높이기 위해 탄전지대, 공업단지, 염전, 광산지역, 발전소, 어장, 특수농장 등 인구밀집 지역에 도시형태를 갖추어 설치한 행정단위로, 일종의 특수촌락이다. 광복 당시 6개 도에서 9개 도로 늘어난 것은 자강도(1949.1)와 량강도(1954.10)가 신설되고 황해도가 황해북도와 황해남도로 분리(1954.10)된 결과이다.

북한이 '혁명의 수도'로 부르는 평양은 19개 구역(남한의 구에 해당)과 4개 군으로 구성돼 있다. 면적은 약 2,800km^{2}로 서울의 4배 정도 되는 크기이다. 그러나 실제 인구 밀집지역은 전체 면적의 2%를 넘지 않는다. 북한의 공식 출판물들은 한결같이 평양을 직할시로 명기하고 있다. 국내의 출판물이나 웹사이트 가운데 평양을 특별시로 표기한 것이 많은데 이는 사실과 다르다. 이 밖에 공식 행정단위는 아니지만 2개 구(평남 청남구, 함남 수동구)와 3개의 시·군급 특수행정구역(함남 금호지구, 평남 운곡지구·득장지구)이 더 있다.[61]

3) 북한의 도시와 도시화율

도시인구의 비율은 1953년 17.7%, 1965년 47.5%, 1970년 53.3%, 1980년 56.9%로 나타나 전후 산업화에 따른 도시인구의 급격한 증가가 있었다. 그러나 1980년대에 들어서는 정체되는 양상을 보이며, 1995년 현재 북한의 도시화율은 61.3%로서 남한의 약 85%에 훨씬 미치지 못하고 있다.

북한의 주요 도시로는 인구 330만 명의 평양시를 비롯하여 80만 명의 남포시와 함흥시, 67만 명의 청진시가 있다. 이외에 인구 20만 명이 넘는 도시는 순천시(48만 명), 개성시(35만 명), 단천시(35만 명), 신의주시(32만 명), 김책시(29만 명), 원산시(29만 명), 사리원시(29만 명), 평성시(26만 명), 강계시(26만 명), 혜산시(22만 명) 등이 있다.

이와 같이 북한이 남한과 달리 대도시가 발달하지 않았다는 점은 우선 쓰레기, 생활하수 등 도시형 오염문제가 심각하지 않을 것이라는 점을 시사한다. 즉 거대도시화가 진행되지 않고 생활수준이 낮아 자동차 배기가스에 의한 대기오염, 다량의 쓰레기 발생으로 인한 문제, 다량의 생활하수 발생에

61) http://nkchosun.com

따른 수질오염 등이 심각하지 않을 것이라는 점이 유추된다.

(2) 북한의 도시계획[62)]

1) 북한 도시계획의 기본이념

북한의 도시계획은 대체로 사회주의 국가 도시계획의 이념원칙인 '도농(都農)간의 격차해소', '대도시 인구집중 폐단시정', '주택의 의도적 물적 계획을 통한 빈부격차 해소'라는 세 가지 커다란 이념을 근간으로 한다. 이러한 이념 추구를 위한 운영원칙 역시 다른 사회주의국가와 유사하게 '도시의 동질화를 유지하기 위한 주택 혹은 주거공간의 표준화', '도시규모 결정을 위한 도시인구에 대한 노동인구비율 책정', '도심지역의 상업화가 아닌 정치-문화-행정중심 개발', '자족단위로서의 직주근접' 등으로 축약할 수 있다. 북한의 국토개발과 도시계획 이념 또한 사회주의 국토개발과 도시계획이 비교적 충실하게 반영되어 개발되었다고 한다. 이러한 국토개발원칙 중 가장 기본적인 '농공병립(農工竝立)'을 통해 도시와 농촌의 균형적 발전을 유도한다는 취지로 농촌지역의 공간적인 거점단위를 '군'으로 설정하고 군의 중심지에 '읍'을 두고 있다. 또한 도시개발에서도 '소규모 거점도시 육성', '기존 대도시 도시정비 및 현대화', '대규모 국제도시화'를 지향하여 현재의 물리적 계획에 적용하고 있다. 북한 토지법 제3장(일반적으로 북한의 물리적 계획의 제어나 유도 수단인 법은 주로 군사적인 칙령과 유사하며 김일성의 교시가 근간이 되어 성문화된 것이다)에 근거한 '국토건설총계획'에 따라 30~50년의 예정기간을 두고 통일적이고 종합적인 국토개발을 목표로 하고 있으며, 내용 면에서는 사상적인 이념이 우선으로 혁명전적지, 혁명사적지 관리와 토지의 개발, 환경보전, 방제대책, 주요기반시설의 입지와 규모 등 다양한 항목을 다루고 있다. 실지로 북한의 국토개발은 혁명사적지가 우선적으로 개발되었으며 건축물 역시 공공 용도의 시설이 대규모로 건설되었다. 북한

---

62) 삼우설계, 북한도시건축연구회.

의 모든 물리적인 계획의 특징은 사상적인 이념이 우선된다. 이는 북한의 건축, 도시계획에서 모두 적용되는데, 위의 내용을 제외하면 실제로 우리의 건축과 도시계획의 기본적인 골격과는 큰 차이는 사실상 찾아보기는 힘들다. 그러나 이념의 실현수단으로 건축과 도시계획이 계획되고 설계되기 때문에 실제로 나타나는 물리적 현상은 현재의 우리 건축 도시계획과는 매우 다른 양상이 되었다.

2) 북한 도시의 구성요소

북한의 도시는 구성요소와 봉사요소로 나뉘는데 여기서 도시의 구성요소는 도시발전에 가장 근본적인 영향을 주는 기관과 기업소를 말한다. 여기에 속하는 시설로는 ① 해당도시의 당, 행정, 근로단체 기관, ② 경제기관, 기업소들인 산업기업소, 외부운수기관, 새로운 건설기소, ③ 과학, 문화, 보건기관인 고등교육기관, 과학연구기관, 보건기관, 휴양 및 요양소 등이 여기에 속한다. 도시의 봉사요소는 도시의 구성요소에 포함되지 않고 도시 주민들에게 직접 봉사하는 기관인 기업소를 말한다.

3) 북한 도시계획의 영역

북한의 도시계획 영역은 우리 도시계획법의 도시지역과 비도시지역처럼 도시건설영역과 도시건설영역 밖의 대지로 나뉜다. 이 도시건설영역은 다시 거주지역과 거주지역이 아닌 지역으로 나뉜다. 거주지역은 일반적으로 우리의 주거지역과 같은 것이며, 거주지역이 아닌 지역으로는 산업지역, 외부교통지역, 창고지역, 공영시설지역 등으로 구분된다. 산업지역은 근로자들의 생산활동이 진행되는 장소로 산업기업소의 기본생산건물, 부대건물, 기타 관련 시설, 동력시설, 산업지역안의 교통시설, 창고, 대지 등으로 구성된다.

외부교통지역은 주민 등의 노동과 생활과 휴식을 위하여 도시의 외부지역, 다른 도시와 연계를 보장하기 위한 지대로서 여기에는 철도역과 그와 관련된 철도시설, 항구, 비행장, 시외자동차 교통시설이 포함된다. 창고지역은 도시적인 공영창고와 국가적 의의가 있는 여러 창고들이 배치되어 있는 지역이다. 공영시설지역은 도시의 급수와 배수시설, 정화장, 오물처리장, 공동묘지 화장터 등이 배치되는 지대이다. 도시건설영역 밖에는 산림풍치, 교외문화휴식지대(바람막이 숲, 풍치림, 유원지, 야영소)가 배치된다. 우리의 도시계획의 용도지역제와 커다란 차이는 없으며 구성요소도 매우 유사한 점을 발견할 수 있다. 다만 지역지구 분류가 우리의 도시계획법보다 간단한 편이며 자본주의에 있는 상업시설, 준주거 시설 규정은 없다.

제4절 북한의 주거지 계획

1. 북한 주거지의 변천과정

(1) 1920년대 후반기~1945

초창기 사회주의 주거지는 항일전쟁시기의 유격근거지에서 그 유래를 정리하고 있다. 유격근거지는 일반적으로 경계방어지대, 거주지대, 후방지대, 대피지대로 기능별로 구분되었고 그중 거주지대가 북한 사회주의 주거지의 시작이라고 볼 수 있다.

거주지대는 인민들의 생활지대였다. 일반적으로 기존의 자연부락을 살리면서 유격근거지의 사명에 맞게 개조하거나 새로 더 건설하여 주민지를 형성하였다. 거주지대에는 대부분 일정한 중심이 형성되었다. 여기에는 당기관 및 인민혁명정부 건물, 유격대와 반일자위대 지휘건물, 아동단학교들이 있었다. 아동단학교에는 운동장, 인민혁명정부건물 앞에는 넓은 마당이 있었는데 이것들은 대중 집회장소로 많이 이용되었다. 이러한 중심의 둘레에는 주택들이 있었는데 근거지에 사람들이 많이 모여들면서 새 집을 많이 지었으며, 새 마을도 형성되었다.[63]

63) 리화선, 조선건축사2, 과학백과사전종합출판사, 1989, p. 13.

(2) 해방 후 민주건설시기(1945.8～1950.6)

해방은 주거 건축분야에서도 새롭고 넓은 발전의 길을 열어주었다. 해방 후 나라의 주인이 된 국민은 그들의 물질문화생활상 요구에 맞는 많은 주택을 요구하였다. 그러나 해방직후 인민적인 주택 건축을 창조하고 대대적으로 건설할 수는 없었기 때문에 당면한 주택 문제를 풀기 위해 먼저 일제와 친일주구, 민족반역자, 지주, 예속자본가들의 주택을 몰수해서 집 없는 근로자들에게 분배하는 사업부터 전국적으로 시작하였다.

도시와 농촌, 공장들에서 새 주택 건설사업이 활발히 진행되기 시작하였다. 해방 후 초기에는 도시와 공장지구 주택들이 주로 단층으로 건설되었으나, 1949년부터 점차 소층주택으로 건설되었다. 1947년 8월에는 북한 최초의 설계현상모집인 '인민주택현상모집'사업이 시행되었다. 이후 북한 주택 건축설계는 점차 일정한 발전궤도에 들어섰다.

경제가 발전함에 따라 주택의 건설도 촉진되었다. 평양에서는 1949년에 당시 간성동(평천구역)과 동평양(동대원구역)에 여러 채의 소층주택을 건설하기 시작하였다. 이 두 곳의 소층주택은 모두 쎅찌야식(Sekciya式)으로 설계되었다.

(3) 전후복구건설과 사회주의 기초건설 시기(1953.7～1960)

1) 도시주택[64]

김일성은 북한 주민의 물질문화적 수요가 늘어나는 현실적 조건에 맞게 주택 건축에서 민족적 형식에 사회주의적 내용을 부여하여, 주민들에게 주택들을 건설할 방침을 제시하였다. 이 방침 후 전후 북한에서는 많은 주택이 건설되었다.

이 시기 주택 건축발전단계는 전후 3개년 계획시기와 5개년 계획시기로

64) 리화선, 앞의 책, p. 121.

나누어 볼 수 있다.

전후 3개년 계획시기에는 주로 쌓기식으로 소층주택을 건설하였다면, 5개년 계획시기에는 다층주택을 많이 지으면서 건설을 주로 조립식으로 건설하였다. 3개년 계획시기 소층주택들은 거의 모두가 쎅찌야식으로 설계되었으며 5개년 계획시기 다층주택들은 복도식(외랑식과 일부 중간복도식)과 쎅찌야식으로 설계되었다.

건축형성방법도 단순 쌓기식에서 조립식으로 이행하였고, 건축설계도 급속히 발전하였다. 북한 최초로 1956년에 소층주택표준설계들이 작성되었다. 이 첫 표준설계 작성성과에 기초하여 본격적인 조립식 건설에 맞는 표준설계작성사업이 시작되었고, 국가적인 단위자체계를 수립하기에 이르렀다. 이 단위자체계에 따라 벽돌규격도 고쳐졌다. 대부분의 도시형주택들이 표준설계에 의하여 건설되게 되었다.

주택을 쓰기 편리하게 설계하는 데서도 적지 않은 성과들이 이룩되었다. 전후 북한 도시형 여러층 주택에는 온돌이 적용되기 시작하였다. 온돌은 북한주민이 오래전부터 즐겨 이용한 난방형식으로 주택건축에 그대로 반영되어 고유한 조선식 주택구조를 낳게 하였다. 온돌을 놓는 것이 조선사람의 생활에 맞다 하여 여러층 주택에 온돌을 놓는 성과를 이루었고, 온돌의 구조형식은 1960년대에 들어서면서 더욱 발전하였다.

전후 어려운 조건이었으나 주택 평면도 점차 발전되어 갔다.

1956년 북한 첫 표준주택들은 2방 1세대(세대 당 건축면적 65~70m^2)로서 세대마다 변소와 세면장, 벽장과 창고들이 있었으며 온돌로 난방할 수 있게 되어 있었다. 1958년에 도시에서 긴장한 주택문제를 풀기 위하여 한방세대가 많고 공동위생실을 쓰는 바깥복도식과 중간복도식주택들을 적지 않게 지었다.

설계에서 쎅찌야식 평면도식만 선택하던 일면성을 없애고, 같은 조건에서 적은 조립부재 종류로 집을 지을 수 있는 경제적 도식인 바깥복도식과 중간복도식 평면도식이 많이 선택되었다. 또한 평면계획을 잘하여 편리성을 보장하는 조건에서 거주면적 대 건축면적은 크게, 보조면적 대 거주면적은 작게 하기 위한 노력이 계속되었다.

주택 실 층고의 경우 온돌방은 2.3m로, 마루방의 높이는 2.5m로 낮추어 실공간을 더욱 아담하게 하였다. 2~3층 소층주택이 기본이었던 것이 1958년 이후 4~6층으로 발전하였다. 층수의 증대는 건설의 물질기술적 토대가 빨리 강화되고 있음을 반영하기도 한다.

2) 농촌주택[65]

정전 후 북한 농촌에서는 전시임시주택으로부터 지상주택으로 옮겨 살기 위한 주택건설이 힘 있게 진행되었다. 김일성 주도로 1958년에 설계와 건재부문일군들이 각 지방에 파견되어 7종의 농촌문화주택표준설계를 만들었다. 이것이 북한 농촌표준주택의 첫 시작이었다. 이 표준설계의 대지조직은 과거 주택과 달리 통일적으로 350~450m^2 범위에서 조직되었고 집집마다 뜨락에는 변소, 헛간, 재우리, 돼지우리, 퇴적장 등이 규모 있게 갖추어져 있었다.

농촌주택대지조직은 크게 두 가지 방향으로 계획되었다. 산간지대에서는 주택이 경사진 등고선을 따라 배치되기 때문에 1호주택같이 대지가 좌우로 전개되어 조직된다. 벌방지대에서는 그리 심하지 않은 경사지에 집들이 배치되는 것을 고려하여 5, 6호 대지조직에서와 같이 앞뒤로 전개되게 대지를 계획하였다. 이렇게 조직된 주택대지는 규모정연하게 꾸려지는 농촌부락의 기본구성단위였다.

주택들은 처음에 시범적으로 지방적 특성을 고려한 7종의 표준설계로 건설하였으나 점차 2~3종의 표준설계로 통일되어갔다. 주택의 건축면적은 약 42.4~56.3m^{2}인데 세대마다 2~3개의 온돌방이 있고 충분한 면적의 부엌, 창고, 벽장, 툇마루가 갖추어져 있었다. 이러한 전원형 주택들은 우리

---

65) 리화선, 앞의 책, p. 132.

나라 농촌의 세기적 낙후성을 털어버리고 문명한 사회주의문화농촌을 꾸리는 데에 큰 역할을 하였다.

(4) 사회주의 전면적 건설시기(1960~1970)

1) 도시주택[66)]

사회주의 기초건설을 위한 5개년 계획기간에 주택이 많이 건설되어 주택문제가 기본적으로 해결된 상황에서, 7개년 계획기간에는 전체 북한주민에게 넉넉한 문명의 생활을 보장하기 위해 더 많은 주택을 더 좋게 지어야 했다. 이러한 요구를 실현하자면 공업적 건설의 전제가 되는 표준설계사업을 더욱 발전시키고 큰 도시에 중앙난방체계를 도입하여 건물의 질을 높이고 도시의 주택들을 더욱 아담하고 문화적이고 쓸모 있게 지어야 했다. 전후 복구건설시기부터 1963년까지 1,820만 8,000m^{2}의 도시주택이 건설되었으며, 1963~1966년 말까지 도시와 농촌에 무려 1.021만 m^{2}의 새 주택이 건설되었다. 1968년에는 1967년의 1.7배에 달하는 주택을 건설하였기에 근로자들의 주택조건이 훨씬 개선되었다. 주택들은 거의 모두 표준설계에 의해 건설되었다.

주택의 구조와 시설도 훨씬 발전하였다. 2방으로 된 주택의 비중이 훨씬 늘어났으며 3방짜리도 적지 않게 건설되었다. 1964년 1월 건재공업부문일군협의회 이후 위생자기를 북한에서 생산하기 시작하고 타일, 금속건재, 방수재 생산이 늘어남에 따라 점차 모든 도시의 주택에는 위생실, 욕실이 갖추어지게 되었다.

이 시기에는 바깥복도형, 쎅찌야형, 여러 가지 탑형의 주택들이 건설됨으로써 평면도식이 훨씬 다양하게 발전하였다.

1968년 이후 평양에서 중앙난방체계가 널리 도입되면서부터 평면도식이

---

66) 리화선, 앞의 책, p. 211.

급속히 달라졌다. 부엌이 단순 취사장으로 바뀌면서 부엌과 살림방을 자유롭게 배치할 수 있게 되었다. 그리하여 흔히 3경간 주택에서 가운데 경간에 부엌과 전실을 배치하고 양쪽 경간에 살림방을 배치하는 평면이 일반화되었다.

도시에는 탑식주택들이 많이 건설되었으며 그의 평면도식도 다양해졌다. 이 시기 평양은 물론 지방의 도시와 읍 및 노동자구들에 다양한 전원형 주택들이 건설되었는데, 이들은 주로 바깥복도형이 많고 일부 쎅찌야형으로 된 것이 있었다. 주택의 시설과 설비 측면에서도 난방시설이 급속히 발전하여, 재래식 온돌형식이 1961년부터 점차 수평온돌로 발전하게 되었다. 또한 평양화력발전소의 더운물에 의한 온수온돌이 널리 도입되기 시작하여, 1960년대 후반에는 온수온돌로 된 집을 많이 지었다. 이에 따라 불집, 굴뚝, 연료창고가 없어졌다. 주민들의 문화적 수요에 따라 각종 문화교양과 편의봉사 시설을 주민지에 더욱 접근시키는 것이 의의를 갖게 되었다. 이러한 시설들을 주택 아래층에 배치함으로써 기능상 요구와 이용에 편리를 다 고려했다. 주택에는 지하실이 들어서기도 했다. 고층주택들은 층수가 전반적으로 높아졌고, 큰 도시에서는 5~6층의 주택을 많이 지었다. 평양시에서는 10층 주택이 적지 않게 건설되었고, 탑식 주택의 비율도 늘어났다.

건물의 평면형태는 직사각형, 정방형, 그것을 다양하게 결합한 평면 등 새로운 평면도식이 많이 생겨났다. 외형 형성요소들도 많아져서 내민대와 물림퇴가 많이 적용되었고 건물의 바깥마감도 새로워져서 여러 가지 색타일로 포장을 하였다. 건설에서는 공업화 수준이 높아져, 대형판벽, 대형블로크, 대형 다공판으로 집을 지으면서 한편으로는 새로운 부재들도 적지 않게 생산했다.

2) 농촌주택[67)]

이 시기 농촌문화주택은 더욱 농민들의 생활에 알맞게 아담하게 건설되었

---

67) 리화선, 앞의 책, p. 220.

다. 대부분의 문화주택들은 단층정원형으로 건설되었고 주택은 크게 두 가지로, 한 동 한 세대 또는 한 동 두 세대로 건설되었는데 농민의 취향을 따라 한 동 한 세대가 장려되었다.

(5) 사회주의 완전승리를 위한 투쟁시기(1970~1980년 전반기)

1) 도시주택[68]

이 시기에는 김정일이 북한의 건축, 건설사업을 주도하면서 주택혁명을 일으킬 방침을 제시하여, 주택의 규모와 형식, 기능조직과 건축설비 해결에서는 종전에 비할 바 없는 혁신이 일어났다. 특히 낙원거리 주택건설에 뒤이어 1980년대 건설의 시발점이 되는 창광거리 주택, 문수거리와 경흥거리 주택 건설경험이 생김으로써 주택혁명의 본보기가 마련되고 그것은 북한 주택건축발전의 새로운 단계를 맞이하게 되었다.

주택 층수가 기존 6~8층 정도였으나, 낙원거리에 20층 주택 등 층수가 이전보다 훨씬 높아졌다. 주택형성 또한 급속히 발전하였다. 이 시기 주택건축은 그 어느 때보다도 다양하고 입체적 조형성이 높아진 것으로 특징지어진다.

주택의 평면 형태는 이전 선형과 점형 평면에서, 더 다양한 형식의 점형 평면과 여러 가지 묶음형 평면들이 많이 적용되었다. 평면도식이 새롭게 발전하여 평양에서 3칸 주택의 비중이 훨씬 늘어났고, 4칸, 5칸짜리 주택도 건설되었다.

주택 건설의 공업화수준이 훨씬 높아지는 등 이 시기에 주택혁명이 힘있게 일어나 주택의 평면도식이 다양해지고 살림방의 수가 늘어나면서 세대당 건축면적이 훨씬 커졌으며 현대적 가구, 설비들을 많이 갖춤으로써 많이 건설되고 주택들이 그 어느 때보다도 다양하게 형성됨으로써 주택 건축에서

68) 리화선, 앞의 책, p. 342.

새로운 발전단계를 맞이하게 되었다.

2) 농촌주택[69]

북한 농촌주택은 크게 단층과 소층으로 나누어 볼 수 있다. 단층주택들은 '一'자형 또는 'ㄱ'자형으로 되었는데 대부분이 전실중심식으로 평면이 계획되었다. 전실을 통해서 살림방, 부엌, 위생실과 연결되게 되어있다. 살림방은 2~3칸으로 되었다. 이 시기 새로 생기고 많이 건설된 주택은 2층 주택이다.

새로 지은 농촌문화주택은 살림방이 2방, 3방으로 구성되어 있으며 세대마다 전실이 있고 수도, 수세식변소, 목욕탕 같은 시설이 다 갖추어졌다. 일반적으로 전실을 뒤 혹은 옆에 설치하고 전실을 통해 위생실로 드나들게 하였는데 위생실에는 수세식변소와 욕탕을 설치하였다.

2. 북한 주거지 계획의 특성

(1) 주거지역의 계획목표

북한에서 도시거주지역의 계획목표는 주민들의 위생조건을 우선적으로 고려하여 생활상 편리와 문화휴식을 보장할 수 있게 하여야 한다는 것에 두고 있다. 이는 과거 일제강점기에 계획되었던 도시는 거주지역에 유해로운 공장, 기업건물이 뒤섞이고 도시중심부에 철도가 관통하고, 경치 좋은 바다와 강이 공장, 창고, 철도에 의해 거주지역과 격리되는 등 많은 폐단이 있었다고 생각하기 때문이다. 또한 상하수도 등 도시 인프라에 대한 기술시설망이 전혀 예견되지 못하여 이 역시 다수의 문제점을 야기했다고 스스로 평가한다. 따라서 북한은 거주지역을 제일 경치가 좋은 장소에 건설하여 문화와 휴식을 위한 장이 되어야 한다고 강조한다. 실지로 이러한 개념이 평양, 함흥, 개성 등의 대도시에 적용되었다. 즉 자본주의의 대도시의 자연발

---

69) 리화선, 앞의 책, p. 351.

생적인 산업화와 공업화의 과정이 사회주의에 의해 철저한 계획으로 통제 가능하였음을 말하는 단적인 예이다.

(2) 주거지역의 구성체계

규모에 따라 다르지만 일반적으로 주택군, 주택소구역, 주택구역, 주택지역으로 구성된다. 주택군은 주민들의 1차 봉사시설이 있는 몇 개의 주택건물의 결합으로 구성된다. 주택 소구역은 매일 이용되는 봉사시설(편의시설)이 있는 주택군의 결합을 의미한다. 주택구역은 주기적으로 이용하는 문화생활과 사회봉사시설이 있는 몇 개의 주택 소구역으로 구성된다.

주택지역은 몇 개의 주택구역의 결합으로 이루어지는데 보통 대도시에만 해당된다. 여기에는 해당지역의 주민을 위한 교육, 문화, 보건, 상업 및 편의 봉사기관, 기타 도시적인 의의를 가진 기관, 기업소들이 배치된다. 이러한 지역, 구역, 소구역, 경계선은 해당 거주단위의 자연조건들을 고려하여 결정되며, 소구역경계는 주로 간선도로망의 체계와 연결시켜 산정한다. 거주지 형성은 소도시의 경우도 몇 개의 소구역으로 형성되고, 중도시는 몇 개의 주택구역으로 구성, 대도시는 몇 개의 주택지역으로 구성된다.

(3) 소살림지역의 개념과 특성

주택소구역은 주민들이 멀리 가지 않고도 편리하게 살 수 있게 주택과 함께 일상적으로 이용하는 공공문화 봉사건물과 후생시설들이 충분히 갖추어진 거주지역의 기본 생활단위이다.

도시주민들의 합리적인 생활단위인 주택소구역은 작은 규모의 주택구획에 비하여 주민들의 생활에 더욱 편리하게 평면계획을 작성할 수 있고 건설과 경영에서 경제적이며 도시교통에서 안전성과 신속성을 보장하게 할 뿐 아니라 건축형성도 더 잘할 수 있는 조건을 비롯하여 여러 가지 이점이 있다.

즉 주택소구역에는 주택과 함께 학교, 유치원, 탁아소, 목욕탕, 이발소,

밥공장, 진료소, 수리소, 상점, 식당 등 일상생활에 필요한 여러 가지 봉사시설이 갖추어지므로 멀리가지 않고도 짧은 시간에 일상생활에서 나서는 요구를 손쉽게 해결할 수 있다. 아이들은 도시교통의 위험을 받지 않고 학교, 유치원, 탁아소에 갈 수 있으며 유희시설과 체육시설을 이용할 수 있게 된다. 소구역 공원과 정원들에서 주민들은 언제나 간단하게 휴식할 수 있다. 또한 소구역에 경공업공장, 분공장, 가내작업반들을 배치하면 가정부인을 비롯한 여성들의 출퇴근을 편리하게 할 수 있다.

주택소구역에는 주민세대구성에 맞게 그 안에 평면 형태가 여러 가지인 건물과 통로 및 녹지를 계획할 수 있으므로 평면계획과 공간형성이 다양하게 될 수 있다. 주택소구역은 도시건설영역을 더 집약적으로 이용하여 대지면적을 절약하고 가로포장과 기술시설망의 연장길이를 줄이게 함으로써 건설비를 훨씬 낮출 수 있다. 도시간선가로의 교차점을 줄임으로써 교통운행의 신속성과 안전성을 보장하여 주민들이 대중여객교통을 편리하게 이용할 수 있게 한다. 주택소구역의 크기와 형태는 주민들의 생활상 편의와 건설 및 경영의 경제성을 보장하는 데서 의의가 크다.

주택소구역의 규모는 다음과 같은 것들에 관계된다.

① 도시의 규모와 특성, 건물의 층수, ② 자연지리적 조건과 현황상태, ③ 간선가로망체계, ④ 생활단위조직과 봉사망체계, ⑤ 도시 건설과 경영의 경제성, ⑥ 행정적인 지도단위 등.

남한에서는 소구역의 합리적인 대지규모를 12~30ha로 규정하고 있다. 지형조건과 이미 건설된 거주지역의 상태로 하여 확대된 구획으로 소구역을 조직할 수 없을 때에는 주택구획을 조직할 수 있다.

(4) 북한 주거지 평면 특성

주택은 우리의 주거건축에 해당되며 주택 계획은 우선 계획에 작용하는 주요 계획요소로는 ① 김일성 초상화를 걸 수 있게 계획, ② 사회주의적 생활양식과 주민의 생활풍속과 감정에 부합, ③ 자연기후조건 영향에서 제기되는 요구 수용, ④ 공업적 건설과 경제적 요구 해결 등이다. 북한의 모든 도시와 건축물의 가장 중심이 되는 장소는 바로 김일성 업적을 전시할 공간이 건축설계의 핵심요소가 된다. 실제로 이렇게 하여 건축물의 설계가 진행되고 또한 건설된 예를 북한의 모든 건축물에서 찾아 볼 수 있다.

주택의 구분은 층수에 따라서 단층주택, 소층살림집(2~3층), 여러층주택(4~7층), 고층주택(7층 이상), 초고층주택(20층 이상)으로 구분된다.

주택의 세대수에 따라서도 구분되는데 적은세대 주택, 여러세대 주택으로 구분되기도 한다. 또한 세대들을 연결하는 평면도식의 특성에 따라서도 복도형 주택(바깥복도형, 가운데 복도형), 홀 쎅찌야식형 주택으로 구분하여 계획한다.

(5) 주거지 내 공공건축물의 배치

북한이 거주지역에 공공건물을 건설하는 목적은 근로자들의 사상을 개조하고 물질문화적 생활환경을 원만히 보장하는 데 그 목적이 있다. 이러한 공공건물은 목적에 따라 다음과 같이 구분된다.

북한 공산당의 유일사상교양건물인 사적관, 연구실 등이 있으며 문화교육건물로는 학생소년궁전, 문화회관, 극장, 영화관, 구락부, 전람관, 도서관이 해당되며 보육 및 교육건물로는 탁아소, 유치원, 인민학교, 고등중학교, 전문학교, 대학, 간부양성기관과 치료예방건물로는 병원, 진료소, 조산원(산부인과병원), 아동병원, 요양소와 과학연구건물, 상업 및 급양건물(일종의 배급소)로는 백화점, 전문상점, 종합상점, 식당, 청량음료점과 편의봉사건물인 목욕탕, 이발소, 빨래집, 수리소 사무건물인 당 및 정권기관, 근로단체, 기관기업소, 청사 체육건물인 체육관, 수영관, 빙상관 운수체신건물인 역사, 방송국, 우편국, 체신소, 전신전화국로 구분된다.

여기서 한 가지 흥미로운 것은 북한의 공공건물 배치개념은 주민들이 출퇴근에 편리하도록 분산집중배치가 아닌 드문드문 배치법(분산배치법)을 적용한다는 것이다. 이러한 이유는 한 곳에 집중배치하면 도시교통에 긴장성이 나타나기 때문에 기능과 목적에 따라 건축한 것이다.

제5절 북한의 도시설계

1. 북한 도시설계의 일반적 특성

(1) 해방 전 평양 중심부 형성과 발전의 특성

1) 봉건시기의 평양 및 중심부

고구려 시기 평양은 427년부터 거의 250년간 수도로 번성하였다. 평양이 고구려 수도로 된 초기에는 안학궁을 중심으로 한 대성벌 일대가 수도였다. 안학궁 북쪽에는 대성산성, 동남과 서남쪽에는 고방산성, 청암리토성이 있어 이 세 성들로 도시가 옹위되었다. 대성산성 소문봉 남쪽에는 안학궁이 있었는데 이 궁전은 대성산성과 직접 관련되어 있었다. 궁전의 남쪽과 동서 양쪽에 도시가 펼쳐져 있다고 보인다.

586년부터 7세기 중엽에는 대동강과 보통강이 합류하는 곳에 남북으로 긴 모양으로 평양성을 건설하였다. 586년부터 평양성은 고구려의 수도였다. 이 시기에 고구려 수도가 된 평양은 정치, 군사, 경제적인 세 가지 기능을 완전히 발휘할 수 있는 성 체계를 점차 구성하였다.

고려 시기 918~1392년까지 고려시대에 평양은 고려 제2의 수도가 됨으로써 도시 건설 활동을 다시 적극적으로 진행하였다. 고려시대에 평양성을 전반적으로 보수하고 건축물을 고치기도 하면서 아름다운 자연 풍치를 잘 결합한 인공환경을 비교적 완벽하게 구성하였다. 그때 평양에서 널리 알려져 있는 '평양8경'은 조화를 이루면서 '제일강산'이라는 아름다운 도시로서의 면모를 완전히 갖추게 되었다. 고려시대에 평양성의 중심부에는 봉건계급의 관청이 위치하고 있었을 뿐 아니라 군사방어기관(장대, 지휘터, 연병터

[그림 35] 평양 대성산성과 안학궁성 위치도

출처: 김립명, 평양시 중심영역 형성이론과 그 빛나는 구현, 건설건재대학 박사학위논문, 1987.

등)이 있었다.

조선시대 1392~1910년까지는 평양이 조선의 평안도 도소재지가 됨으로써 도시건설을 원만하게 진행하였던 시기였다. 조선시대의 건설 활동은 기본적으로 평양성의 중심부(즉, 내성 안)에서 진행되었으며 평양성 밖에 규모가 큰 건축물과 구조물은 적게 건설되었다. 따라서 평양성의 중심부의 건축형성과 계획배치는 기본적으로 조선시대 후기에 보존된 것이다.

2) 일제통치시기의 평양과 중심부[70)]

1910~1945년 8월까지 일제강점기에는 평양이 일본제국주의의 식민지가 됨으로써 도시 건설을 식민지 적기형 상태로 진행하였던 시기였다. 그 시기의 도시계획과 건설은 다음과 같은 특징을 보인다.

① 1920년대 후 평양은 일제의 침략정책에 의하여 원래 성벽 안의 범위를 벗어나 도시 주변으로 맹목적으로 확대되었다. 이는 유서 깊은 역사유물인 성벽을 파괴하였을 뿐 아니라 도시의 전반적 기능구조와 배치에 대한 불합리적이고 불균형적인 발전을 가져왔다.

② 평양은 맹목적이고 기형적으로 발전한 상태에서 도시 안의 모든 기능요소가 혼잡해짐에 따라 일련의 사회문제와 자연공해를 가져왔다. 일제통치자들은 조선과 평양의 자연자원과 노동력을 효과적으로 약탈하기 위해 철도를 건설하였으며, 철도가 평양 중심부로 깊게 들어가서 거주구역을 분할하였고, 이는 도시환경에 소음, 먼지, 진동 등 공해를 가져왔다. 도시 안에서 도로망이 불합리하게 구성되었으며 여객운수와 화물운수, 기동교통수단과 비기동교통수단이 한 도로에 혼잡하게 배치되어 교통상태가 혼란해졌고 도로 옆에 있는 거주구역의 환경을 파괴하였다. 이런 상태는 도시교통관리, 도시경영관리, 도시환경위생, 도시건축형성 등에 일련의 유해로운 문제를 가져왔다.

③ 도시중심부의 구역분할은 반동통치계급의 요구에 맞게 제일 좋은 지대는 통치계급이 차지하고, 낮은 지대는 근로자들이 차지한 구역으로 되었다. 이러한 배치는 도시중심부에서 빈부의 차이를 조성하였다. 평양중심부 주변에 있는 빈민굴은 좁은 도로에 밀집된 초가집에 아무런 봉사시설이 없고 상수도와 하수도가 없기 때문에 일조, 통풍 등 위생조건을 보장받지 못하였다. 이러한 구역에서 사는 빈민들은 자연재해와 인적재해의 위험을 늘 받았

70) 김립명(1987), 평양시 중심영역 형성이론과 그 빛나는 구현, 건설건재대학 박사학위논문, 1987, p. 126.

다(수해, 유행병 등).

④ 도시 안에 있는 많은 역사유물을 잘 보호하지 못했으며 아름다운 금수강산의 경치를 적지 않게 파괴하였다. 많은 역사유물은 기본적으로 조선시대에 고친 후 일제통치시기에 보수하지 못했기 때문에 완비되지 못했다. 대동강과 보통강 기슭은 도시의 오물과 오수를 저축하는 오물장으로 되었으며 녹지와 공원은 전혀 없었다.

⑤ 일제침략자들은 조선의 지하자원과 노동력을 더 많이 약탈하기 위해 평양을 침략적 군사기지뿐 아니라 조선의 재부약탈기지로 전변시켰다. 공장과 창고를 평양의 중심부에 배치하였고, 이러한 공장과 창고에서 나오는 가스, 연기, 먼지와 소음이 주변 환경에 유해한 영향을 가져왔으며 도시중심부의 전반적인 환경의 질은 날로 악화되었다.

⑥ 일제통치자들은 반동통치를 강화하기 위하여 정권기관, 재판소, 경찰서, 감옥 등을 많이 건설하였다.

이후 1945년에 광복을 맞이하여 평양시 건설에는 새로운 장이 열렸다.

(2) 해방 후 평양시 중심부 형성과 발전의 특성[71)]

1) 해방 후부터 조국해방 전까지(1945.8~1950.6)

일제강점기에 가혹하게 파괴되었던 도시와 농촌을 새롭게 개건하기 위한 어려운 임무가 제기되었으나, 나라의 경제가 많이 파괴된 상태였으므로 평양 건설을 대규모적으로 진행할 수 없었다. 해방 후 김일성과 조선로동당 주도로 평양을 현대적 도시로 일으켜 세우기 위한 준비사업을 시작하였다. 이 시기의 주요한 준비사업은 다음과 같다.

① 김일성과 조선로동당은 평양의 총계획에 대한 정확한 방침과 대책을 제시하였다.

② 일제강점기 식민지교육정책에 의해 도시건설과 계획에 관한 전문가가

---

71) 김립명, 앞의 논문, p. 128.

매우 적었기 때문에 김일성의 교시에 따라 전문기술 인재양성 사업을 적극적으로 진행하였다.

③ 도시중심부에 많은 불합리한 기능요소를 국부적으로 정리하고 고쳤다.

④ 보통강 개수공사를 진행하였다. 이는 북한 대자연 개조의 첫걸음이었으며, 평양 도시건설의 서막이었다. 이는 후에 평양 도심부 건설에 매우 많은 영향을 주었다.

⑤ 해방 직후 북한의 중공업과 건재공업의 기초가 매우 미약했기 때문에 국민경제의 발전과 도시의 대규모 건설을 널리 전개하는데 제일 큰 난관이었다. 따라서 평양에 대규모 시멘트공장, 부재공장, 벽돌공장, 유리공장 등 건재공장이 건설되었다. 당시 평양시 중심부 건설에 쓴 부재와 벽돌은 모두 평양의 건재공장에서 만든 것이었다. 북한의 중공업과 건재공업의 건립은 해방 후 전국적 사회주의 건설을 위한 토대를 세우고 평양 도시복구건설을 대규모적으로 전개하기 위한 물질적 토대가 되었다.

2) 한국전쟁시기(1950.6~1953.7)

전쟁과 동시에 전후 평양의 복구건설을 신속히 추진하기 위해 필요한 준비사업을 하였다.

① 먼저 전쟁 후 평양의 도시총계획과 시중심부 계획에 대한 제안을 작성하였다. 건축설계부문 담당자들을 찾아 도시복구 재건계획을 미리 작성하도록 하였으며, 1951년 5월 중순에는 평양시 도시총계획안이 작성되었으며, 1952년 5월에는 평양시복구건설에 대한 내각결정을 채택하였다.

② 북한인민군 병사들을 대학에 보내고, 전쟁 후 국가경제와 도시 복구건설을 위한 전문기술인재(관리간부와 기술전문가)를 양성하기 시작하였다.

③ 평양 대동강의 섬에 양묘장을 꾸리고 여러 가지 묘목을 키움으로써 전후 평양의 녹화를 위한 물질적 조건을 마련하였다.

④ 평양에 있는 주요한 수원지, 철도, 다리, 도로망과 일부 지하시설을 지켜 전쟁직후 복구건설에 유리한 조건을 만들었다.

⑤ 전쟁에도 불구하고 역사 고적물을 철저히 보호하였다.

⑥ 지하 방공시설을 많이 건설하여 병력과 주민들을 효과적으로 보호하였고, 지하시설의 시공, 설계, 보수 등에 대한 전문적 경험을 많이 쌓았다.

3) 한국전쟁 후부터 현재까지(1953.7~1985.7)

비로소 발전의 길을 걷기 시작했던 평양 도시건설은 3년간의 전쟁에 의해 중단되었을 뿐 아니라 도시의 모든 것이 파괴되었다. 북한의 많은 공장, 학교, 주택, 병원 등 건물과 구조물들이 무참하게 파괴되었으나 전쟁 직후 다시 복구하기 위한 노력이 계속되었다.

전쟁 직후 김일성은 평양시 복구위원회를 조직하고 복구위원회 위원장을 맡아 수도복구건설사업을 주도하였다. 복구건설사업을 계획적으로 진행하며 공장, 학교, 병원 등을 1차적으로 건설하고 기관, 주택을 2차적으로 건설하였으며 영구건물과 임시건물을 배합해서 건설하였다. 그리고 국민의 위생조건을 고려하여 도시의 넓이와 중심부를 확정하고 도시의 주 교통망과 간선도로를 적절하게 계획하였다.

① **전후 인민경제복구 건설시기**(1954~1956): 평양시 중심부총계획에 의하여 대동강에서 보통강 사이의 지대(본평양)와 대동강 기슭의 동평양 지대는 전후 평양 복구재건의 중점이 되었다. 평양의 여러 공업부문을 복구재건하면서 평양의 건재기지를 우선적으로 복구 건설하였다. 동시에 국가의 경제능력에 의해 도시중심부에 중요한 거리, 철도, 발전소, 수원지 등의 구조물들을 최대한으로 이용해서 복구함으로써 도시중심부의 대규모 복구건설을 전개하기 위해 필요한 준비공사를 하였다.

평양중심부에 약 30km 길이의 간선거리(오늘날의 승리거리, 버드나무거리, 모란봉거리 등)의 도로포장, 지하시설 등 공사가 빠른 속도로 진행되었고 일부 도시중심부의 철도는 보수하거나 철거하였다.

다음으로 평양중심부 복구건설의 제1단계에 따라 병원, 학교, 영화관을 비롯한 문화시설과 봉사시설들을 재건하였고, 거리 양 옆에 작은 규모의 주택구역에서 단층 또는 2~3층의 주택들이 건설되었다. 이 시기에 평양에는 60여 개의 대중 공업기업소, 20여 개의 큰 공공청사, 대학을 비롯한 80여 개의 각급 학교, 200여 개의 상점과 식당, 모란봉극장을 비롯한 20여 개의 극장과 영화관 및 구락부, 적십자병원을 비롯한 25개의 병원과 진료소들이 신설 또는 복구 확장되었으며 180만 m^2의 주택이 건설되었다. 또한 대동교가 복구되었고 주요한 간선도로망 35만 m^2가 신설되었다.

② 5개년 인민경제계획시기(1957~1960): 전후 경제복구 건설초기에 일부 설계자들과 책임자들이 외국의 전형적 본보기를 기계적으로 모방하여 북한의 자연지리적 조건과 민족적 풍속에 맞지 않는 도시계획설계사업을 하였다. 따라서 주민들의 일상생활에 불편한 점이 생기게 되었고, 이에 도시계획과 건축설계에서의 실천적, 기술적 문제 해결방법을 하나하나 제시하게 되었다. 특히 전반적인 건축형성과 도시중심부의 건축형성에 대한 문제를 제1차 5개년 계획시기 초기에 구체적으로 구상하였다.

③ 7개년 인민경제계획시기(1961~1970): 제1차 5개년 계획기간에 달성한 성과에 기초하여 7개년 계획의 전망을 밝혔다. 이 시기의 도시건설사업에서 조선로동당이 제기한 주요한 과업은 세 가지였다. 인민들의 주거문제를 원만하게 해결하는 과업, 기본건설뿐 아니라 도시건설에서 최대한의 예비를 동원하고 중요 건설자재들을 절약하여 국민들의 기호에 알맞게 더 많이 건설하는 과업, 이미 큰 규모로 건설된 도시 안에서 여러 가지 문화시설, 봉사시설, 지하시설, 경영관리시설 등을 더 체계적으로 건설하는 과업이었다.

먼저 평양시 건설에서 큰 도시들에 인구가 지나치게 늘어나지 않게 위성도시체계로 나아갈 방향에 대해서는 평양에서 15~20km 범위에서 여러 개의 위성도시를 건설함으로써(강동, 중화, 장원, 순안) 체계가 마련되었다.

동시에 도시중심부의 소구역, 거리, 주요한 공공건축물, 유원지 등도 건설되었다.

④ 6개년 인민경제계획시기(1971～1976): 현대적인 비파거리, 상원선거리(새살림거리), 낙원거리들이 짧은 기간에 새로 건설되고 조선혁명박물관, 만수대예술극장, 인민문화궁전, 2.8문화회관, 조국해방전쟁승리기념관, 평양체육관, 김일성종합대학의 제2호 교사, 평양지하철도를 비롯한 대 기념비적 건축물 들이 새로운 시대적 미감과 아름다운 민족적 형식으로 건설되었으며 여러 개 현대적 문화시설과 봉사시설들이 소구역들에 더 편리하고 쓸모있게 건설되었다.

⑤ 제2차 7개년인민경제계획시기(1978～1984): 이 시기에는 김정일의 주체적인 건축사상에 따라 입체적이고 개방적이고 특색 있는 현대적 도시형성안이 창조되었다. 도시중심부의 거리형성에는 하신거리(1978), 경흥거리(1978), 아미산거리(1978), 문수거리(1981～1982), 창광거리 제1단계(1980～1982)를 비롯한 새로운 거리가 생겨나고 버드나무거리, 금수산거리를 비롯한 많은 거리들이 개건 확장되었다.

도시중심부의 공공건축물과 기념적 건축물인 주체사상탑, 개선문, 김일성경기장, 인민대학습당, 의사당, 평양산원, 청류관, 창광원, 빙상관, 평양 제1백화점, 평양제1고등중학교를 비롯한 조선로동당시대의 기념비적 건축물은 주로 1980～1982년 사이에 건설되었다.

2. 북한 도시설계의 이론적 틀

(1) 유일사상교양에 기반한 인민적인 도시 중심부 형성에 관한 이론[72)]

72) 김립명, 앞의 논문, p. 169.

도시는 인류사회발전, 특히 창조적 노동의 산물이다. 도시형성은 해당 사회의 지배적인 사상과 이념을 반드시 반영한다. 특히 도시중심부 형성은 해당 사회의 지배적인 이념을 집중적으로 반영한다. 도시형성에 작용하는 지도사상과 이념은 사회제도의 성격에 의하여 규정된다. 그리하여 사회주의적인 지도사상과 이념에 기초한 도시형성은 착취사회의 반인민적인 사상과 이념에 기초한 도시형성과 근본적인 차이를 지니게 된다.

북한의 도시중심부에는 김일성 주석의 동상이 있다. 이것은 김일성의 혁명사상과 덕성을 학습하며 김일성에게 충성을 다한다는 북한주민의 염원과 신념을 보여준다.

북한의 도시중심부에 김일성의 동상을 배치하고 가까이에 '김일성동지혁명사적관', '김일성동지혁명사상연구실' 그리고 혁명박물관, 혁명사적비 등 사상교양적인 건축물들과 기념비를 건설함으로써 도시중심부의 사상성을 더욱 두드러지게 하였으며, 도시중심부는 김일성의 혁명사상과 조선로동당의 혁명전통으로 근로자와 청소년을 교육하는 장소가 되게 하였다.

북한의 도시중심부에 김일성의 동상과 사상교육적 목적이 있는 건축물과 기념물을 건설해 놓음으로써 도시중심부형성에 사상성과 기념적 의의를 부여하는 것은 북한 도시중심부형성계획의 가장 중요한 특색이며, 북한 도시중심부형성이론의 핵을 이룬다.

사회주의사상과 이론에 의해 도시중심부형성계획에서는 모든 것을 국민들의 물질생활과 문화정신생활에 편리하게 우선적으로 고려하면서 과거 착취사회의 도시중심부형성과 근본적으로 다른 중심부 기능구조와 공간 및 건축형성을 창조하였다.

북한도시중심부형성계획에서는 이러한 원칙에 따라 두 측면에서 인민성을 철저히 구현하였다.

① **기능요소의 선택과 배치에서 인민성**: 사회주의도시의 인민적 성격에 따라 도시에서의 모든 정치, 문화, 경제 활동은 국민들을 중심으로 진행된다.

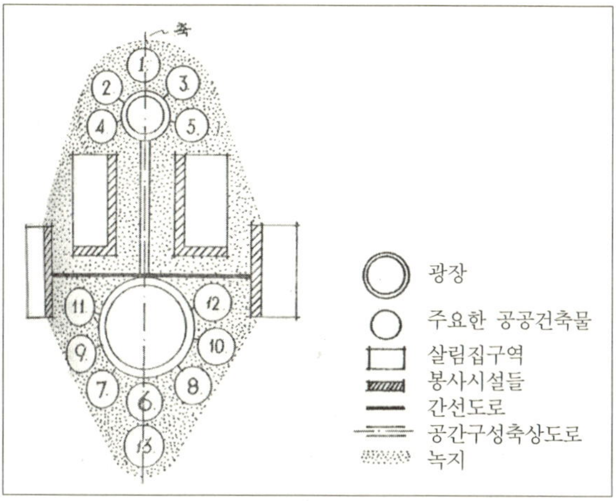

[그림 36] 북한 도시중심부 기본 구성요소와 공간관계 도식

출처: 김립명, 평양시 중심영역 형성이론과 그 빛나는 구현, 건설건재대학 박사학위논문, 1987.

따라서 도시중심부에 있는 여러 가지 기능요소은 주민들의 물질생활과 문화정서생활에 최대한 도움이 되는 기능요소로 되어야 한다는 것을 원칙으로, 도시중심부 기능요소구성에서는 대중에게 최대한의 편리를 줄 수 있는 문화시설과 봉사시설들을 우선적으로 선택하고 있다.

오늘날 평양에는 이와 같은 원칙에 따라 전문적 교육기관과 야간대학, 과학연구기관을 도시중심부에 배치하였으며, 특히 중심부의 중요한 위치에는 인민대학습당을 배치하였다. 동시에 문화와 봉사시설을 성별, 연령별, 직업별, 취미별로 전문화된 여러 가지 장소들에 공공건축물을 배치하였다.

② **공간형성에서 인민성 구현:** 도시중심부공간형성에서는 사회주의 혁명과 건설을 힘차게 밀고 나가는 근로주민들의 지향과 요구를 잘 반영해야 한다. 이를 위해 도시중심부 공간과 건축형성에서는 근로인민의 영웅적 기상을 잘 표현할 수 있는 기념적 구조물, 건축물, 소 건축물을 많이 배치하는 것이 중요하다. 또한 더 아름답고 웅장하고 화려하며 현대적인 도시를 만들기

위해 다양성, 통일성, 입체성, 비반복성 등의 선진적 방법을 적용하고 있다.

자연환경과 인공환경을 유기적으로 결합하여 북한의 아름다운 강산의 특생을 충분히 살리면서 자본주의국 대도시들에서 나타나는 공해현상이 나타나지 않도록 위생환경이 좋은 자연속의 화원도시 중심부를 건설하였다.

(2) 민족적 특성과 현대성 구현에 대한 사상과 이론[73]

1) 도시공간형성에서의 민족적 특성

민족의 심리적 특성이 서로 다르기 때문에 도시 공간 형성에서 자기 민족의 감정을 표현할 수 있는 공간형태와 건축물을 만들었다. 서양의 도시 형태는 사람의 의지를 강조하면서 자연환경에 맞지 않는 기하학적 구도를 항상 적용하였으며, 도시의 윤곽선에서 높은 것과 낮은 것의 대비 관계를 강조하였으며, 색깔의 조화에서 어울리는 색 배합을 조성하였다.

아시아, 특히 중국, 한국, 일본에서 옛 도시의 공간형태는(궁궐을 제외하고) 서양보다 자연공간을 결합한 비기하학적 배치방법을 더 많이 적용하였으며 건축물의 높낮이의 대비상태를 그다지 강조하지 않으면서 일정한 규칙성이 있다.

북한은 고유한 건축문화전통을 계승 발전시키는 것과 함께 세계적인 건축문화를 받아들여 현대적인 사람들의 생활방식과 미학적 관념을 반영할 뿐만 아니라 자기 민족의 생활풍속과 감정에 맞는 새로운 민족적 형식을 계속 창조하여야 한다고 주장한다.

이에는 북한사람들의 감정에 맞는 생활공간환경의 창조와 현대적인 공간건축형성의 방법과 수법을 위주로 적용하면서 북한의 고유한 민족형식을 변화, 발전시킨 새로운 민족적 형식의 창조가 있다. 또한 현대적인 도시녹화체계구성으로 북산석공원의 계획도 포함되어 있다.

---

73) 김립명, 앞의 논문, p. 185.

2) 도시공간형성에서 현대성의 형성요인과 주요 요구

도시공간형성에서 현대성의 형성요인은 다음 세 가지로 요약할 수 있다.

첫째, 현대적인 과학기술의 발전에 의한 생산력의 발전에 따라서 사회주의 도시 주민들의 물질생활 및 문화생활의 수준이 높아지기 때문에 도시에 필요한 생활공간과 과외생활공간의 비율관계는 양적·질적으로 근본적인 변화를 가져온다.

둘째, 현대적 사회주의 도시 생활수준의 제고에 따라 전통적인 생활방식을 점차 변화시켜 새로운 생활방식을 형성하는 것이다.

셋째, 현대적 교통수단의 발전으로 사람의 활동범위가 확대되었다.

위와 같은 주요 형성요인에 따라 현대적인 도시주민들에게는 ① 공간과 거리 관념 변화, ② 시간관념 변화, ③ 문화와 미학 수준의 변화 같은 주요한 변화가 있다.

현대적 사람의 생활방식과 정신 관념은 현대적 미학관념의 기초이다. 현대적 사람은 일반적으로 높이, 길이, 너비의 세 가지 좌표를 지닌 공간을 관찰하는 시공간 개념으로부터 높이, 길이, 너비, 시간의 네 가지 좌표를 지닌 공간 환경을 관찰하는 시공간 개념으로 변화발전하고 있다.

또한 현대적 사람은 도시 공간과 건축물을 과거의 피동적이고 맹목적으로 관찰하던 데에서 주동적이고 자각적으로 관찰하는 데로 점차 변화 발전하고 있다. 사회주의국가 국민들이 옛날 도시 공간과 건축형성을 피동적이고 맹목적으로 본 것과는 달리 오늘날 주동적이고 자주적으로 관찰할 수 있게 변화한 것은 역사발전의 추세이다. 국민이 나라의 주인이 되었을 뿐 아니라 도시 공간과 건축형성을 과학적으로 평가할 수 있는 주인이 되었다는 변화는 도시계획과 건축설계에 더 높은 요구를 끊임없이 제기하고 있다.

중요한 위치에 민족적 특성을 지닌 건축물을 배치하는 데 대한 이론과 방법을 적용하였다.

3) 도시중심영역 공간형성에서 민족적 특성과 현대성의 정확한 결합

민족성과 현대성의 상호관계를 어떻게 정확히 보는지는 사회주의국가 도시계획가와 건축가에게 매우 중요한 문제이며, 도시중심부 공간형성을 깊이 연구해야 할 문제이다. 따라서 자기의 민족적 형식을 현대적인 방법으로 개조하고 현대적 미감에 맞는 건축공간형식과 결합시킴으로써 사회주의적 내용을 훌륭히 나타낸 민족적 형식을 새롭게 독창적으로 창조하였다. 그들이 도시공간형성에서 내놓은 이론의 요점은 다음과 같다.

첫째, 자본주의국가의 도시형성에서 한때 유행하던 '국제식'에 관한 선행사조를 철저히 비판하고 현대적인 과학기술을 적극적으로 적용하여 자기 민족의 생활풍속과 감정에 맞는 물질생활 공간 환경을 창조하는 문제를 정확히 해결하였다.

둘째, 현대적 도시생활방식에 맞는 종합적 중심부, 종합적 거주구역, 환경구역 등 모든 면에 선진적인 이론과 방도를 적극적으로 적용함으로써 조선의 현실경제발전과 국민들의 물질문화생활의 수준에 맞는 조선인민들의 생활상 편리를 최대한 보장할 수 있는 종합적 중심부, 종합적 거주구역에 관한 기능구조를 독창적으로 창조하였다.

셋째, 현대적 도시주민의 시공간관념과 미학적 관념에 맞는 개방적이고 동태적이며 입체적인 도시공간형성을 자기 나라의 자연지리적 조건과 충분히 결합시켜 자기 민족이 즐기는 북한식 공원으로서의 도시녹화형성에 관한 원칙과 방법을 독창적으로 제기하였다.

넷째, 현대적 건설시공방법과 재료를 이용하여 북한의 고유한 목조기둥-보식 건축구조형식을 현대적 기능에 맞게 새로 창조하기 위한 이론과 방도를 독창적으로 제기하였다. 그러면서 도시공간형성에서는 중요한 위치에 민족적 특성을 가진 건축물을 배치하는 데 대한 이론과 방법을 적용하였다.

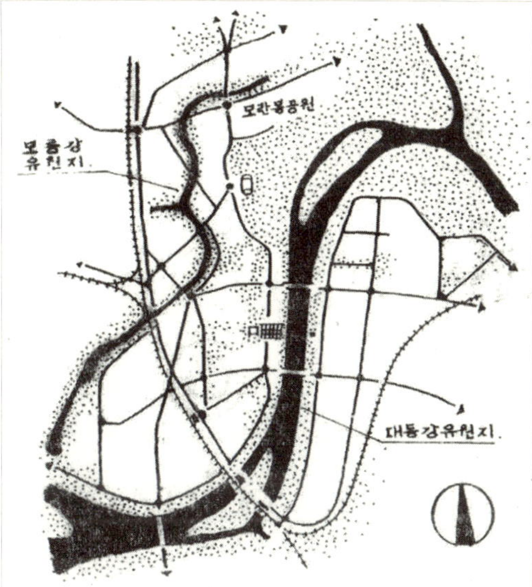

[그림 37] 평양중심부의 녹화체계형성도

출처: 김립명, 평양시 중심영역 형성이론 과 그 빛나는 구현, 건설건재대학 박사학위논문, 1987, p. 206.

(3) 자연환경과 인공환경의 조화에 의한 공원도시의 창조이론[74)]

1) 자연환경과 인공환경 결합에 대한 전형적인 이론과 제안

도시공간형성에서 자연환경과 인공환경 결합 문제는 최근 많은 나라의 도시계획가들이 깊이 연구하는 문제이다. 또한 일반적으로 도시중심부 위치의 선정에서는 도시건설영역에서 가장 유리한 자연조건을 가진 지대를 도시중심부로 규정한다.

도시중심부의 녹화체계를 잘 구성하는지 못하는지는 현대 도시중심부의 자연환경수준을 평가하는 중요한 기준의 하나이며 현대도시중심부 인공환경과 잘 결합하기 위한 주요한 측면이다. 도시중심부의 녹화체계는 도시의

74) 김립명, 앞의 논문, p. 199.

전반적인 녹화체계의 유기적인 조성부분이다. 따라서 도시중심부의 녹화체계를 잘 세우기 위해서는 도시의 녹화체계에 관한 주요한 법칙성을 이해해야 한다.

도시녹화체계 구성의 세 가지 기본방식에는 ① 도시의 기능구조에 복종된 특화체계, ② 도시의 녹화체계에 복종된 기능구조, ③ 혼합한 방식이 있으며, 도시녹지배치의 8가지 기본형식은 점형, 환형, 방사형, 방사환형, 그물형, 쐐기형, 띠형, 손가락형이 있다.

도시녹지배치형태는 도시의 규모와 용지배치에 따라 일정한 규칙성이 있는데, 일반적으로 도시규모 확대에 따라서 비교적 간단한 형태에서 복잡한 형태로 변화된다.

2) 평양의 중심공간에서 자연환경과 인공환경 결합에 의한 공원도시형성에 관한 이론

북한의 도시계획가들이 내놓은 공원도시이론은 독특한 견해가 있으며 실천 활동에서 성공적 경험을 쌓았다. 이 이론의 주요한 점은 다음과 같다.

첫째, 아름다운 자연지리적 조건을 충분히 이용하여 자연산림과 강물을 도시녹화체계의 골격으로 삼았고 도시중심부에 들어간 개방적인 녹화체계를 이루었다.

둘째, 인공환경중심이 자연환경에 복종하는 것을 전제로 하였다. 인공환경형성 가운데(도시중심부에서 위치를 선택, 도시기능요소배치, 도시도로망의 설정, 도시환경보호의 대책 등)에 자연환경을 근거로 하여 자연공간을 개방하는 인공공간을 조직함으로써 대자연 경치를 나타내었다.

셋째, 건축공간의 배치에서 기념성 있는 도시중심부 축선공간배치를 강조하는 외에 대부분은 불규칙의 자유식 배치를 위주로 함으로써 자연환경, 지형조건에 잘 조화된다. 이렇게 하여 자연속의 산과 물을 긴밀히 결합하여 한 덩어리의 도시인공환경을 창조하였다.[75]

(4) 다양성, 입체성, 통일성을 구현하는 이론과 방법

도시중심부 공간형성은 주로 거리, 광장, 주택 등 세 가지 기본요소로 나눌 수 있다. 도시중심부 공간형성의 다양성 문제는 거리와 광장의 형성과 긴밀히 관련되기 때문에 다양성 문제를 서술할 때 거리와 광장 공간형성의 다양성 문제를 중점적으로 고찰한다. 그리고 입체성 문제는 거리와 주택구역 형성과 많이 관련되기 때문에 입체성 문제를 서술할 때 거리와 주택구역 공간형성의 입체성 문제를 고찰한다. 통일성에 대한 서술은 원칙적인 측면에서 개괄적으로 고찰하고자 한다.

1) 다양성

도시중심부를 지나는 거리는 사명과 기능이 상이하며 서로 다른 형성 방법과 수법을 적용하기 때문에 거리공간과 건축형성에서 상이한 특성을 표현할 수 있게 된다. 뿐만 아니라 거리의 형성연대 차이, 거리가 차지한 자연지리적 조건 차이, 거리 옆 건축물 배치방법 차이, 거리 옆 건축물 세부형성요소 색의 차이는 다양한 거리 공간과 건축형성 특색을 조정할 수 있다. 따라서 거리공간형성의 다양성 문제를 잘 해결하자면 여러 연관 측면을 연구함으로써 비교적 전면적인 해결방법을 찾아볼 수 있다

거리공간 형성의 다양성을 잘 창조하자면 ① 거리의 사명과 기능에 따르는 다양한 해결, ② 거리 옆의 인공적 구성요소에 의한 다양한 해결, ③ 거리주변의 자연적 구성요소에 의한 다양한 해결의 세 가지 기본 방법들을 합리적으로 적용해야 한다고 한다.

2) 입체성

도시공간형성의 입체성을 창조하려면 가로면에만 건축물을 주변식으로 배치하고 폐쇄적인 낡은 구획과 제2대 거리건축형성을 만든 것과 달리 사람

75) 김립명, 앞의 논문, p. 206.

들의 현대적 생활방식에 맞게 도시공간을 깊이 있게 형성하고 그 안에 건축물을 통이 크게 덩어리적으로 해결하여 어디에서나 볼 수 있게 만들어야 한다. 입체성을 만들려면 도시의 공간과 건축형성뿐 아니라 도시의 매개구성요소의 입체적 기능조직방식으로도 해결해야 한다. 그것은 입체성이 도시공간과 건축형성의 형식문제와만 관련되는 것이 아니라 도시기능요소조직의 입체성과도 관련되기 때문이다. 그러므로 도시형성의 입체성을 잘 만들자면 입체성을 잘 해결하면서 동시에 도시기능요소조직의 입체성도 잘 해결해야 한다. 도시의 전반적인 입체성은 각 구성요소의 입체성을 잘 보장하는지 못하는지에 주요 평가기준이 되며, 반대로 각 구성요소의 입체성은 도시의 전반적인 입체성을 잘 해결하는 부분에서 중요한 영향의 요인이 된다.

3) 통일성

통일성은 도시중심부 공간형성에서 나오는 모든 문제들의 기초적 문제이다. 도시중심부 공간형성에서의 다양성과 입체성은 통일성의 기초 위에서 구상하고 작성해야 하며, 통일성이 없으면 다양성과 입체성을 생각할 수 없다.

통일성 해결을 위한 기본적 원칙은 도시중심부의 기능요소의 선택과 배치 공간 및 건축 형성에 구체적 대책을 확정하는 것이다. 이것은 도시중심부 공간형성에서 통일성의 기본조건이다.

다음으로 통일성을 보장하기 위하여 몇 가지 측면에서 효과적인 대책을 열거한다.

"첫째, 도시의 전반적 공간구성에서는 명확한 인공공간구성 축선체계와 자연공간구성 축선체계를 확립해야 한다. 또한 중심부의 세 가지 기본적 구성요소인 광장, 거리, 구획은 도시전반적인 공간축선체계에 의거하여 자체의 공간축선체계를 명확히 가져야 한다.

둘째, 명확한 주종관계를 확정하면 통일성을 효과적으로 보장할 수 있다.

북한의 전반적 도시중심부에서 보면 가장 중요한 중점은 김일성 동상이 있는 중심광장이다. 다른 요소들은 이 중심점을 나타내기 위해 보조적 작용을 해야 한다.

셋째, 어느 단위를 적용하여 형성한 도시중심부에 한 개 또는 몇 개 구획공간체계를 작성함으로써 이런 단위공간체계의 통제 밑에 구획의 기능요소들을 규칙적으로 배치하며 반복적으로 나타날 수 있는 공간형태와 기능요소 사이의 규칙성 있는 관계를 통해서 통일적인 공간형성을 할 수 있으며, 도시구획 안 또는 거리 옆에 율동과 척도가 통일적인 공간형성 및 여러 요인에 의해 확정된 공간비례관계는 통일성을 보장하는 데 적극적으로 역할을 할 수 있다.

넷째, 공간의 연속성과 방향성은 공간의 전일성과 통일성을 보장할 수 있는 중요한 요소이다."[76]

3. 평양 도시중심부 도시설계

(1) 유일사상교양을 중심으로 도시중심영역 형성에서의 독창성 구현[77]

북한의 도시는 남한 도시의 생성이나 발전요인과 달리 사상문화 교육장소 역할이 강조되어 인위적인 계획과 통제에 의해 건설되었다.

사상성과 인민성은 평양 중심부 형성에서 가장 중요한 본질적 특성이다. 김일성은 "과거 일부 도시설계에서 다른 나라의 본을 그대로 따는 경향이 나타났다. 실례로, 큰 광장 옆이나 번화한 거리에 정부기관들을 배치하는 것을 들 수 있다. 이것은 우리 설계자들이 아직 국가관료기관들이 틀을 만들어 놓고 인민들을 관료주의적으로 통치하던 자본주의 사회에서 물려받은 낡은 사상 잔재를 완전히 없애지 못하고 있는 데로부터 나온 것이다.

---

76) 김립명, 앞의 논문, p. 235.
77) 김립명, 앞의 논문, p. 273.

큰 광장 옆이나 번화가에는 국가기관을 배치하기보다는 근로자들을 위한 궁전, 극장, 영화관 같은 문화시설들을 건설하는 것이 훨씬 더 좋을 것이다." 라고 지적하였다.

이에 따라 평양의 도시계획가과 건축가들은 기존의 틀을 벗어나 인민을 위한 사회주의국가의 수도중심부를 형성하였다.

1) 도시중심부에 사상성과 인민성을 지닌 기능요소 선택

"우리가 건설하는 공공건물들은 근로자들에게 만족을 줄 뿐 아니라 더 나아가서 근로자들을 사회주의적으로 개조할 수 있는, 교육적 의의를 가지는 건물이 되어야 한다."(김일성 저작집 제10권, p. 41)라는 김일성의 교시가 북한 평양중심부의 공공건물 배치에 대한 기본지침이다.

중심부 기능요소의 일반적인 배치원칙은 일반적으로 물질적 이용측면을 위주로 하였다. 일부 사회주의국가 건축가들이 제기한 계획원칙은 자본주의 국가의 것과 본질적으로 구별되지만 항상 물질적 이용측면을 기본으로 하였다. 또한 기능지상주의 경향을 비판하고, 사상교육에 큰 의의를 부여한 사회주의 성격에 맞는 도시형성원칙을 내세웠다.

평양 중심부의 중요한 자리에 위치한 기능요소로는 김일성이 제시한 원칙에 따라 사상성과 기념적 의의가 있는 김일성 동상, 조선혁명박물관, 주체사상탑, 조각군상을 비롯한 기념비적 건축물과 기념구조물을 선차적으로 선택함으로써 민족의 혁명정신으로 국민을 교육시킬 뿐 아니라 김일성의 혁명사상으로 무장시키기 위한 교육장소가 되었다.

이러한 기능요소 선택은 다음의 네 가지 실례에서 뚜렷이 보인다. 첫째, 평양 핵심 중심부의 만수대 언덕에 세운 만수대기념비 건립은 평양시의 전반적인 형성과 관련된 배치형식을 잘 보여주며 사상성을 더 잘 구현하기 위한 점이 엿보인다. 둘째, 주체사상탑을 세워 북한주민의 확고한 신념과 주체정신을 구현하여 평양 중심부의 사상성을 두드러지게 함으로써 기념비적 주제와 공간구도의 중심이 되게 하였다. 셋째, 김일성광장은 여러 정치활

[그림 38] 평양 핵심부 조감도

출처: 김립명, 평양시 중심영역 형성이론과 그 빛나는 구현, 건설건재대학 박사학위논문, 1987, p. 273.

동을 진행할 수 있는 도시중앙광장이며 도시핵심 중심부의 사상성과 기념성의 뜻을 중심적으로 표현한 광장이다. 광장 주변에 조선혁명박물관과 미술박물관이 배치되어 있고, 광장 공간구성축의 동쪽에는 주체사상탑이, 서쪽에는 인민대학습당이 배치되었다. 넷째, 개선문을 설치하여 김일성의 혁명역사를 반영하고 김일성에 대한 북한주민의 감정을 표현하도록 하였다. 이처럼 평양 중심부의 중요한 자리에 높은 사상성과 기념성을 지닌 건축물과 기념물이 설정됨으로써 사회주의적인 도시중심부의 기능요소 배치에서 사상성을 반영하였다.

사상성을 지닌 요소의 배치뿐 아니라 인민성을 지닌 구성요소의 배치 또한 사회주의도시의 중심부 형성의 중요한 측면이다. 이 측면에 대해, 평양 중심부 계획에서는 인민적 도시구성요소로서 문화생활을 위한 장소와 과학기술을 학습하기 위한 장소를 우선적으로 설정하고 배치하였다. 많은 사회주의국가 수도중심의 가장 중요한 자리에는 일반적으로 국가행정기관을 중심으로 배치하고 나머지 자리에 문화적 기능요소를 설정하나, 평양에서는 시대의 발전 추세에 맞고 국가의 전망과 국민의 긴요한 요구를 충족시킬 수 있도록 독창적인 방법을 적용하였다. 예를 들면 평양중심부 가장 중요한 자리에 설치된 인민대학습당은 이를 잘 보여준다. 인민대학습당은 평양 중심부의 공간과 건축형성에 근본적 변화를 가져왔을 뿐 아니라 사회의 인텔리화를 실현하려는 북한주민의 지향과 교육의 나라라는 뜻 깊은 의의를 표현하고 있다.

도시중심부 계획에서 근로자의 물질문화적 생활상 편의가 충분히 고려되도록 하는 것은 사회주의, 공산주의의 전망목적에 부합되는 가장 근본적 원칙이다. 이 원칙에 의하여 도시중심부기능요소 선택에서는 보편성을 지닌 요소들을 설정하고 전문성 있는 각각의 사용대상을 설정하였다. 이것이 평양 중심부 기능요소 선택에서 나타나는 또 하나의 특성이다.

북한주민의 생활풍속에 맞는 기능요소를 설정하는 것은 인민성 구성요소의 배치요소 중 주요한 측면의 하나이다. 예를 들어 북한 사람들이 일상생활에서 흔히 이용하는 시설인 김치공장과 김치창고를 충분히 배치하고, 주기적으로 이용하는 국수집 등을 주요 거리 또는 주요 교차점 부근에 배치하며, 명절 때 놀 수 있도록 크고 작은 공원, 유원지 안에 그네뛰기와 널뛰기를 할 수 있는 장소를 배치하였다.

2) 조선로동당의 유일사상교육의 거점을 중심으로 한 독창적 도시중심부 형성

평양 중심부의 핵이라 할 수 있는 김일성광장의 동서축은 평양중심부 공간구성의 가장 주요한 축이다. 이 축에 어떤 기능요소를 배치하느냐는 수도중심부 구성에 매우 중요한 의의가 있을 뿐 아니라 사회주의 수도의 성격을 나타내는 데 결정적 의의가 있다.

이 축의 서쪽에는 인민대학습당을 배치하여 국민들이 마음껏 공부할 수 있게 하였고, 동쪽에는 주체사상탑을 배치하여 사회주의 성격과 혁명적 사상을 완전히 나타내고자 하였다. 뿐만 아니라 축에 따라 인민성과 사상성을 나타낼 두 가지 기능요소가 잘 나타난 건축양식과 주변공간형태를 통해 이런 특색을 더욱 강조하였으며, 두 기능요소 사이를 축으로 연결함으로써 사상성과 인민성을 유기적으로 잘 결합하여 주체사상의 인민성을 더욱 강력히 나타내고자 하였다.

평양에는 주요한 공간형성축이 하나 더 있는데, 이는 만수대 언덕 위에 있는 조선혁명박물관에서 대동강 건너 문수거리에 있는 청년회관까지 뻗은 축이다. 이 축에 위치한 조선혁명박물관과 그 옆의 조형예술품은 높은 사상적 내용을 지닌다.

이상에서 본 바와 같이 평양 핵심 중심부에 있는 두 개 주요 대칭축으로 된 공간형성은 자체의 상징 의의뿐 아니라 수도 중심부의 전반적인 공간체계의 축좌표와 결합한 도시의 건축형성을 배경으로 매우 깊은 의의가 있다.

평양중심부의 전반적인 공간체계의 축은 두 가지 인공축과 하나의 자연축으로 구성된다. 두 개의 주요한 인공축은 앞에서 말한 공간형성축을 말하는 것이며, 하나의 자연축은 평양중심부의 북쪽 모란봉에서 남쪽으로 흘러내려가는 넓은 개방적 공간을 뻗은 축을 의미한다. 이러한 인공적 축과 자연적 축이 결합한 수도중심부의 공간형성체계를 보인다.

(2) 평양 중심부 형성에서 현대성과 민족적 특성의 반영 사례

1) 도시중심부 공간형성에서의 민족적 특성과 구현[78]

평양 중심부 공간조직에서 민족적인 고유한 특성 중 좋은 부분을 분석하여 살리고 그것을 현대적 수법으로 개조하여 사회주의 수도중심부의 민족성과 현대성을 가진 전체 미와 자연미를 창조하고자 하였다. 규칙적 수법과 불규칙적 수법을 결합한 공간조직법을 사용하는데, 규칙적 공간조직 수법은 축선대칭에 대한 수법, 계수체계에 의한 수법, 기하학적 형태에 대한 수법 등을 포괄하며, 이는 어떤 공간체계로 통제된 중심부에서 질서미와 통일성을 조성하거나 공간구도의 중점을 강조하는 기능이 있다.

평양 중심부 공간조직의 규칙적 수법은 앞에서 언급한 축대칭 수법을 기하학적 수법과 결합한 수법이다. 핵중심부에는 김일성광장에서 주체사상

78) 김립명, 앞의 논문, p. 289.

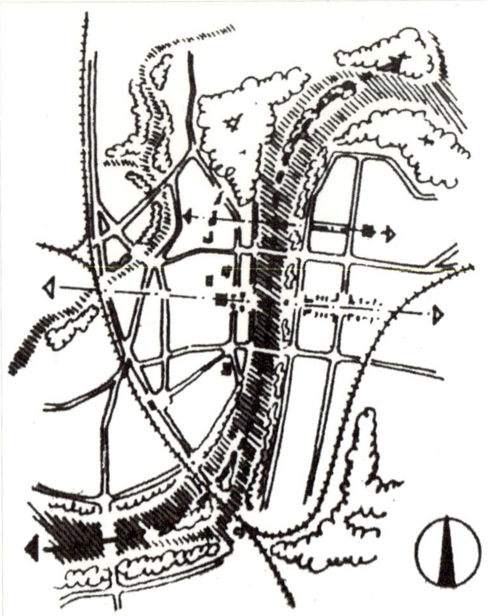

[그림 39] 평양 중심부 공간형성의 축 체계

출처: 김립명, 평양시 중심영역 형성이론과 그 빛나는 구현, 건설건재대학 박사학위논문, 1987, p. 273.

탑을 지나 동평양 쪽으로 뻗은 한 축이 있고, 북한혁명박물관에서 문수거리 쪽으로 뻗은 한 축이 있다. 두 공간구성 축은 핵심 중심부일 뿐 아니라 전반적인 수도중심부 공간체계를 통제하는 주요한 두 세로 축이다. 그리고 인민대학습당에서 김일성동상까지 연결된 축은 앞의 두 세로축과 수직 교차하는 가로축선이다. 이러한 축 체계에 의해 도시 핵심 중심부에 있는 주요한 공간구성요소(주요 건축물, 기념건물, 도로, 광장, 녹지 등)를 질서 있게 통제하는 개념이다. 이 축의 교차점에는 도시중심부와 건축형성에 중점이 될 만한 주요한 건축물과 기념물이 설정되어 있다. 한 교차점에 세워진 인민대학습당은 민족성을 뚜렷이 표현하고자 한 의지를 나타낸다.

모란봉에서 대동강을 따라 남쪽으로 뻗은 자연적 공간구성 축은 두 세로

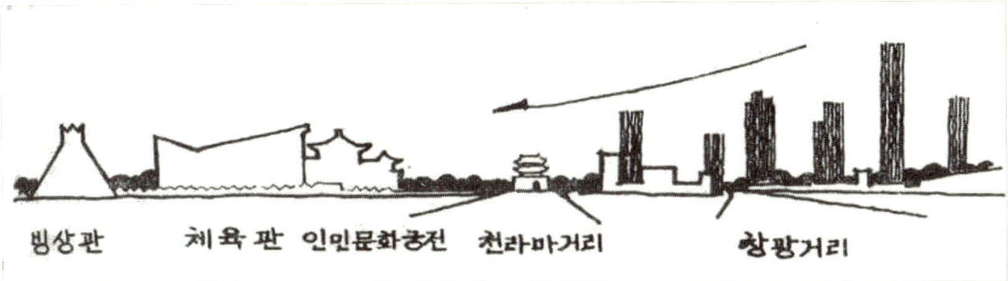

[그림 40] 평양 중심부 전개도

출처: 김립명, 평양시 중심영역 형성이론과 그 빛나는 구현, 건설건재대학 박사학위논문, 1987, p. 289.

축을 수직으로 해서 이뤄진 축이다. 이 축에 따라 대동강 안에 개방적이고 자유롭게 형성된 녹지공간이 불규칙적 자연공간이다. 이러한 불규칙적 자연공간은 규칙적으로 형성된 인공공간과 결합하고 대조되어 도시중심부 공간 형성의 전체성과 연속성을 나타내며 중심부 공공공간의 특색과 자연공간의 특색을 분별하여 나타낸다.

중심부 공간에서는 민족성을 더 잘 구현하기 위해 축대칭식 수법을 적용하면서 기하학적 수법을 사용하였다. 즉 중심부에 강력한 북한 민족적 형식을 지닌 매개 건축물을 정삼각형 구도로 배치하여 유기적으로 연결시킴으로써 도시중심부 공간과 건축형성의 민족적 특색을 전반적으로 나타내고자 하였다.

이러한 토대를 바탕으로 중심부의 건축윤곽선 조직에서 민족성을 더 잘 반영하기 위해 중심부에 놓이는 주요한 공공 건축물을 민족적인 것을 바탕으로 지었다. 평양대극장과 옥류관에서 민족적 형식은 조선식 지붕과 세부 장식요소, 색채로 표현되며 만수대예술극장에서는 기둥-보식 구조법식의 강한 노출부분, 지붕돌출부의 서까래를 형성한 세부요소로 표현되어 있다. 이렇게 형성된 건축물들은 평양의 건축윤곽선에서 매우 중요한 위치를 차지한다. 또한 인민대학습당은 주요한 축상에 위치하며, 기단층의 충도리부터 난간대, 벽면, 창문, 두공, 지붕, 색채에 이르기까지 조선식으로 지어, 현대성보다 민족성을 더욱 강조하고 있다.

2) 도시중심부의 색채조직에서 나타나는 민족적 특성

도시공간과 건축형성은 공간형태와 건축물 양식, 색채의 종합적 작용을 통해 사람들에게 종합적 미감을 준다. 평양 조선식 건축물들(인민대학습당, 평양대극장, 인민문화궁전, 옥류관)의 지붕은 조선식 합각지붕으로 하였고, 조선식 단청의 색채조직을 현대적 수법으로 개조하여 색채조화를 이루었다. 공공건물의 예로 만수대예술극장의 외벽체는 붉은색, 등황색, 황색, 녹색, 푸른색을 적용하여 무지개처럼 구성된 외벽과 〈꽃 파는 처녀〉의 주제를 묘사한 벽화가 색채조화의 민족적 특성을 강조한다.

3) 현대적 북한식 공원 창조

북한의 공원 창조의 주요한 방법은 네 가지이다. ① 자유식 배치수법, ② 북한식 구성요소 창조, ③ 나무, 꽃, 잔디밭의 조원학적 배치, ④ 분수와 조각의 조화로운 결합이다.

만수대예술극장 앞에 조성된 분수공원은 이 같은 수법을 적용한 실례이다. 분수공원의 주요 축을 만수대예술극장의 건축 형성축에 맞추어 국부적인 축대칭식 공간과 축비대칭식 공간이 조화롭게 조직하였다. 또한 공원요소 구성에서 여러 형태의 분수와 수조, 바위와 계단, 다리와 공원길, 나무와 꽃, 울타리와 장식 등을 잘 배합하여 자연지형의 고도차를 이용해 폭포를 만들었으며, 만수대예술극장의 무지개네온등을 조명계획의 중심으로 삼아 공원의 야경을 더욱 다채롭게 하였다.

(3) 평양 중심부에서 나타나는 다양성, 입체성, 통일성[79]

1) 전체적인 중심부 형성

평양 핵심 중심부에는 뚜렷하고 강한 공간구성축이 두 개 있다. 즉, 인민대

---

79) 김립명, 앞의 논문, p. 329.

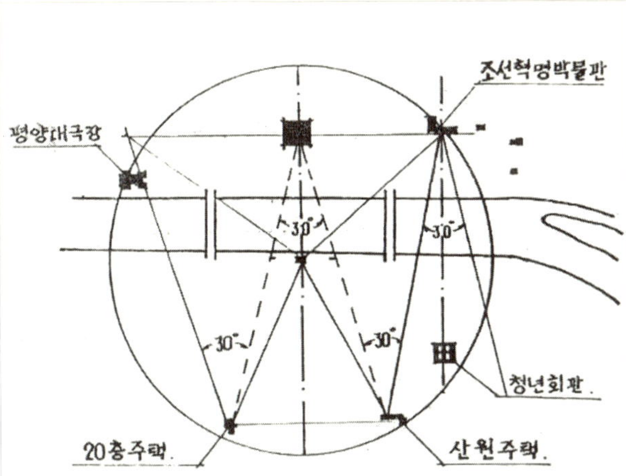

[그림 41] 핵심중심부 주요한 건축물들 사이의 공간 기하학적 관계도

출처: 김립명, 평양시 중심영역 형성이론과 그 빛나는 구현, 건설건재대학 박사학위논문, 1987, p. 329.

학습당, 김일성광장에서 주체사상탑을 지나 동평양으로 뻗는 축과 김일성동상에서 동평양 문수거리 청년회관에 이르는 축이다. 이 두 축은 총체적인 중심부 공간구성축체계의 주요 축일뿐 아니라 평양의 전반적인 도시공간 형성축의 핵심축이다. 두 축의 통제 아래에서 핵심중심부뿐 아니라 보조중심부의 모든 구성요소가 설정되고 배치되었다. 두 축의 통제 아래 배치된 주요한 구성요소는 사상성과 기념성 있는 공공건축물과 기념물이다. 그것들을 설정함으로써 주체적 사상과 대표적 건축특징을 집약적으로 강력히 나타낸다.

또한 핵심 중심부 주요건축물 사이에는 기하학적 관계가 있으며, 주체사상탑의 기본시점을 인민대학습당과 김일성광장주석단으로 보고 입체시각을 고려하였다. 평양중심부의 거리와 광장공간구성에서는 황금분할비례관계를 고려해 실례를 만들었고, 평양중심부 주요 거리의 비례관계 역시 성립시켰다. 그들은 이러한 통일성을 기초로 하여 다양성과 입체성을 추구하고 있다.

2) 중심광장 형성

북한의 광장은 도시중심부 공간의 핵이다. 광장형성은 그 성격과 목적에 맞게 해당 구성요소들을 합리적인 기능구조에 따라 선정하고 배치함으로써 광장형성의 통일성을 보장하게 하였다. 평양 중심부에 있는 정치활동을 위주로 한 중앙광장, 문화활동을 위주로 한 광장, 교통기능을 위주로 한 광장, 주택구역 광장 등 형성은 먼저 광장마다 성격과 목적에 따라 해당 구성요소를 선정하고 광장의 규모와 기능구조에 따라 기능별로 각 광장공간과 건축형성의 특징을 찾아 도시형성과 거리형성을 결합하여 자연조건에 맞게 자체의 형성을 특색 있고 조화롭게 만들었다. 또한 명확한 공간구성축의 설정에 의해 통일성을 주고 방향성을 강조하였다. 김일성광장과 만수대기념비 앞 광장에는 김일성동상, 조선혁명박물관, 주체사상탑, 인민대학습당을 구성축에 맞추어 광장형성에 역점을 둠으로써 주종관계를 뚜렷이 나타나게 하였으며 광장 주변의 구성요소들이 구성축을 따라 대칭식으로 배치하여 공간형성의 방향성을 강조하였다. 김일성광장을 살펴보면, 주변에 배치된 건물들이 비슷한 건축형성을 표현함으로써 광장건축형성의 연속성을 강조하였고 대칭으로 배치된 건물들이 균형성을 강조하였다. 마지막으로 조각, 분수, 녹지, 소건축 등을 구성축을 따라 대칭으로 배치 또는 율동적으로 배치하여 통일감을 주었다.

이러한 통일성 아래에서 다양성을 잘 구현하는 것은 도시중심부 공간형성에서 결정적 의의가 있다. 평양 중심부에 건설된 광장들의 다양한 해결방법은 다음과 같다.

① **평양 중앙광장:** 평양 중심부에 자리 잡은 김일성광장에는 여러 정치활동을 성과적으로 진행할 수 있는 기본요구를 특별히 고려하면서 광장의 높은 사상성과 웅장함을 강조하기 위해 엄격한 가로 세로 축 대칭식 공간체계를 적용하였다. 광장공간형성의 모든 구성요소를 통제할 수 있는 세로축이 중심축이 되며, 주요한 세로축을 강조하기 위해 김일성광장에서는 다음과

같은 공간조직 수법을 적용하였다.

먼저 건축물로 공간을 질서 있게 둘러싸서 공간을 형성하였다. 이러한 규칙적인 공간에 두 개의 보조 가로축을 하나의 주요한 세로축과 직각으로 교차시켜 공간체계에 질서를 둠으로써 공간에 명확한 방향성을 주었다. 그리고 세로축상에 인민대학습당과 주체사상탑을 위치시킴으로써 두 건축물이 지니는 사상성과 인민성을 더욱 강조하였다.

다음으로 광장공간구성에서는 넓은 공간을 더욱 강조하기 위해 좁은 공간을 넓은 공간 앞에 우선적으로 배치하는 공간대조수법을 적용하였다. 김일성광장 동쪽의 조선역사박물관과 미술박물관 사이의 폭은 광장 중간 폭보다 좁게 함으로써 대동강 쪽으로 가는 사람들이 먼저 이런 공간을 지날 때 축소감을 느끼고 이 공간을 지나 동평양 대동강 안쪽을 바라보면 더 넓은 공간감을 느낄 수 있다. 이로써 대동강 안의 넓은 공간을 바탕으로 한 주체사상탑의 웅장함과 기념성을 더욱 강조하고자 한 것이다.

② 문화활동을 위주로 한 광장: 만수대예술극장 앞 광장과 천리마거리 옆 광장은 문화활동을 위주로 한 광장이다.

만수대예술극장 앞 광장은 문화적 기능을 위주로 한 세 가지 중요한 공공건축물(만수대예술극장, 인민대학습장, 평양학생소년궁전) 주변에 자체 기능지대를 잘 조성하였으며 광장의 예술성을 강조하기 위해 중요 건축물의 건축을 특색 있게 하고 광장공간조직에서 새로운 처리수법을 도입하였다. 광장은 전반적으로 개방식 공간배치를 하였으며, 개방식 공간배치는 명확한 방향성을 지니지 않고 다양한 방향의 공간을 구성함으로써 광장 안과 밖 공간의 연속성과 유동성을 강조할 수 있다. 광장공간형성은 국부적으로 축대칭식 공간형태를 적용하면서 자연지형에 맞게 자연경관을 최대로 결합하여 축비대칭식 공간형태를 많이 배치하였다. 또 한 가지 특이할 점은 사람들이 주요한 관찰점에서 광장의 전경을 잘 볼 수 있게 시각적 조건을 고려한 것이다. 승리거리에서 광장을 보는 경우, 지하철도역에서 광장을 보는 경우,

분수공간 앞길에서 분수공원과 만수대 예술극장을 보는 경우 서로 다른 시각적 효과를 누릴 수 있게 고려하였다.

천리마거리 옆 광장은 주요한 공공건축물 가까이에 주차장, 대형분수, 녹지, 보도, 차도 등 기능요소를 합리적으로 배치하였다. 광장의 주요 배치수법은 다음과 같다. 자유식 공간으로 건축물을 둘러싼 개방적 공간형태를 적용하여, 천리마거리 동쪽의 높고 낮은 주택들로 한쪽은 폐쇄되고 보통강안 유원지 쪽으로는 개방되게 함으로써 천리마거리의 인공적인 공간과 보통강의 자연적인 공간과의 연속성과 유동성을 강조하였다. 그리고 자유로운 배치수법으로 건축물의 스케일의 균형감과 공간적 위치의 균형감을 통해 연계하였다. 천리마거리 옆 두 개 광장평면의 비례는 각각 1:2, 2:3이다.

③ **거리형성:** 도시중심부 거리형성에서는 성격과 목적, 위치에 따라 일정한 특징을 표현하게 된다. 이런 특징은 거리주변의 건물의 유형, 배치방식, 거리와 너비, 노선, 단면, 거리의 공간형태 등을 비슷하게 표현하였다. 예를 들어 도시중심부의 통과간선도로에서는 일반적으로 큰 폭을 가지고 도로를 따라 연속적 공간형태를 구성하게 된다. 이러한 가로의 교차점 사이 거리는 일반적으로 목적이 다른 거리보다 커진다. 실례로 동평양의 새생활거리는 평양 중심부 남쪽에서 개성방향으로 가는 통과간선도로이다. 이 거리형성에서는 거리의 목적에 맞게 대동교에서 동평양 도시입구에 이르는 평평하고 곧은 도로를 따라서 비교적 거리가 큰 교차점 사이의 구간에 탑식 건물을 다층주택과 배합하여 넓은 간격을 두고 배치함으로써 큰 스케일의 공간형태를 율동적으로 구성하였다. 이렇게 형성된 거리공간과 건축형성은 통과간선도로의 특징을 명확히 나타내준다.

개별적 거리건축형성에서 통일성을 나타내기 위해 거리의 주요부분을 강조할 수 있는 건축적 형성중심과 보조중심(변화부)을 두고 그것을 연결하는 전개구간(연결부)을 설정하였다. 그리고 뚜렷한 구성축을 가지면서 거리의 끝점을 인상적으로 강조해 주는 방법을 이용했다. 거리에는 같은 종류의

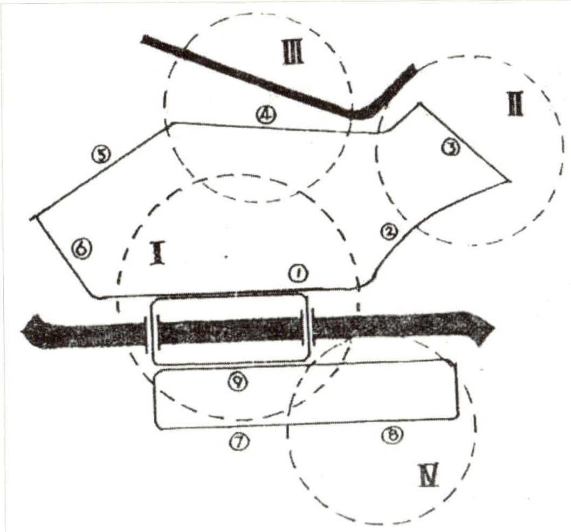

[그림 42] 평양 중심지대의 순환선도로 배치도식

Ⅰ-핵심중심부, Ⅱ-보조중심부(개선문주변), Ⅲ-보조중심부(천리마거리주변), Ⅳ-보조중심부(문수지구)
① 승리거리 ② 칠성문거리 ③ 봉화산거리 ④ 천리마거리 ⑤ 서성거리 ⑥ 버드나무거리 ⑦ 청년거리 ⑧ 문수거리 ⑨ 주체탑거리
출처: 한번조, '공원속의 도시 평양,' 조선화보사, pp. 4-5.

가로수를 심음으로써 어느 한 거리의 전반적인 조화를 통일적으로 강조한다. 예를 들어 버드나무거리 양 옆에 버드나무를 가로수로 한 것, 승리거리 양 옆에 은행나무를 가로수로 한 것, 칠성문거리 양 옆에 살구나무를 가로수로 한 것, 금성거리 양 옆에 향오동나무를 가로수로 하여 사철에 따라 거리가 특색을 띠고 통일된 조화를 이루도록 하였다. 이밖에도 색의 조화, 소건축물들과 가로시설물, 조명, 야경을 통해 통일성을 추구한다.

이러한 통일성을 바탕으로 평양 중심부의 거리형성은 다양한 성격과 기능의 거리에 따라 각 특색을 나타내려 하였다.

도시중심부 거리에서는 일반적으로 명확한 방향성과 주종관계가 있다. 명확한 방향성을 강조하기 위해 거리 양 옆의 건물을 서로 비슷한 평면과 층수로 계획하였고, 이런 특성은 문수거리나 주체사상탑 뒤의 거리에서 보인다. 주종관계를 강조하기 위해서는 공간축상에 위치한 건축물 주변공간을 제일 주요한 대칭공간으로 하고 다른 부분을 일정한 질서대로 보조공간으로 계획하였다.

문화위주로 된 거리형성에서는 거리형성축이 있지만 공간구조와 형태는 자유롭게 비대칭적으로 계획하여 변화 있고 불규칙한 공간형태를 구성하였다. 천리마거리가 이 특성을 잘 나타낸다.

상업기능이 위주인 거리에서는 변화함을 조성하기 위해 스케일이 작은 거리공간구조를 하였고, 거리 양 옆에는 스케일이 작은 공간을 구성한 봉사시설을 법칙성 없이 배치하였다. 창광거리 제2단계에서 잘 나타난다.

주거구역 거리에서는 축이 명확한 축대칭식 공간과 대형 스케일 공간을 피하였으며, 잘 조성된 녹지와 소건축물을 배합하여 다양하고 조용한 공간환경을 마련하였다. 문수지구 일부와 북새거리공간에서 이 특성이 잘 나타난다.

평양의 거리형성에서는 자연조건을 이용해 다양한 공간형태를 창조하고자 하였다. 평양 중심부의 칠성문거리, 비파거리, 개선거리, 낙원거리, 서성거리 등 공간조직에서 원래 있던 땅의 지형을 그대로 거리에 반영함으로써 자연과 어울리게 하고, 공사량을 줄였으며 자연속의 도시 면모를 더 잘 표현하고자 하였다.

4. 평양의 대표적 거리와 광장

평양은 북한의 수도로서 시의 중심부에는 높지 않은 모란봉이 있고 좌우에는 대동강과 보통강이 흐른다. 평양은 산과 강, 언덕 등 자연지리적 조건이 도시와 어우러져 있다. 중심구역은 남산재우에 있는 인민대학습당을 건축형성상 축으로 하고 그 앞의 김일성광장을 중심으로 전개되었다. 여기에는 만수대의사당, 평양학생소년궁전, 만수대예술극장, 평양제1백화점, 조선중앙역사박물관, 분수공원 등이 있다.

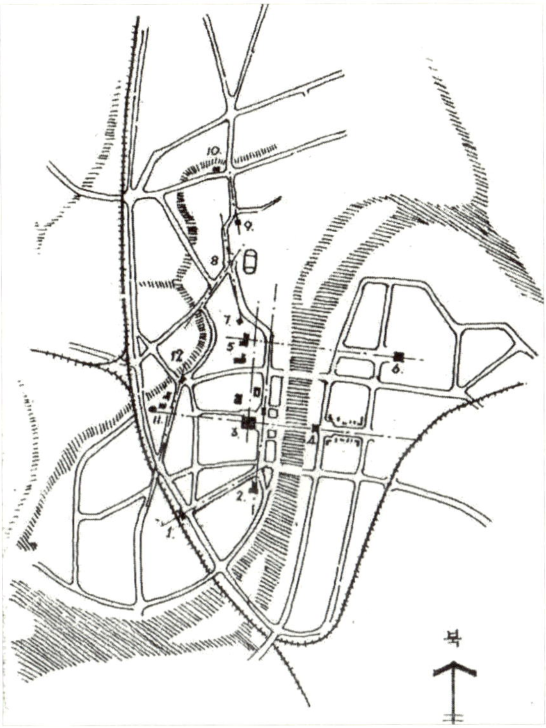

[그림 43] 평양 중심부 주요 간선거리 배치도(축선분석도)

1-평양역, 2-평양대극장, 3-인민대학습당, 4-주체사상탑, 5-조선혁명박물관, 6-청년회관, 7-천리마동상, 8-개선문, 9-우익탑, 10-2.8문화회관, 11-체육관, 빙상관, 인민문화궁전, 12-보통문

출처: 한번조, '공원속의 도시 평양,' 조선화보사, pp. 4-5.

도시는 대동강을 사이에 두고 동쪽과 서쪽으로 펼쳐져 있다. 강의 동쪽에는 문수거리를 비롯하여 동대원거리, 새살림거리, 대학거리 등이 있다. 강의 서쪽에는 김일성광장과 연결된 승리거리, 대동문거리들이 강줄기를 따라 뻗어 있고 영광거리, 칠성문거리 등이 이 거리들을 이어준다. 그리고 대동강의 샛강인 보통강을 따라 창광거리, 천리마거리, 혁신거리, 영웅거리, 낙원거리 등이 전개되어 있다. 이 일대에는 기념비적 건축물인 인민문화궁전, 평양체육관, 창광원, 빙상관, 청류관, 조국해방전쟁승리기념관 등이 독특한 건축형식으로 들어서 있다.

모란봉 주변으로는 개선거리, 모란봉거리 등이 뻗어 있다. 수도의 거리들은 순환선으로 연결되어 있으며 주택구획은 주민들의 생활단위를 기본으로 이루어져 있다.

대동강변으로는 유원지들이 있어 휴식공간을 제공하고, 대동강 위에는 대동교, 옥류교, 양각다리, 충성의 다리, 능라다리, 청류다리가 있다.

평양은 한국전쟁(1950.6~1953.7)으로 대부분 파괴되었다가 1951년 1월 평양시복구건설총계획도를 작성해 10년 이내에 복구되었다. 1960, 70년대에 들어 현대적 도시로 변모한 평양은 고층탑식건물을 입체적으로 형성한 창광거리건설을 시발점으로 1980년대에 들어 일대 변혁을 맞는다. 창광거리에 이어 문수거리, 안상택거리, 광복거리, 통일거리들이 특색 있게 완공된다.[80]

(1) 천리마거리[81]

천리마거리는 본평양 서쪽에 흐르는 보통강 기슭에 있다. 이 거리 서남쪽을 지나가는 철도는 평양에 들어오는 중요한 철도이다. 해방 전에는 이 지대를 '토성랑'이라고 했는데 이곳에서 살던 사람들은 보통강 범람으로 늘 홍수피해를 입었다. 당시에 토성랑에서 사는 근로인민들은 착취계급의 탄압과 자연적 재해에서 벗어나지 못한 빈민들이었다.

1969년 11월에 김일성의 교시에 따라 조선로동당 제6차 대회를 맞으며 천리마거리 제1단계공사가 시작되었다. 설계가와 건설자들은 빠른 속도로 계획설계제안과 시공준비사업을 빠르게 진행해 1970년 10월에 제1단계공사를 마쳤다.

천리마거리의 총길이는 4.4km이며 그중 제1단계(보통문~동성입체다리) 길이는 2.7km이다. 제1단계의 건설규모는 1,000세대의 낡은 집을 헐고

80) 한번조, '공원속의 도시 평양', 조선화보사, 2002, pp. 4~5.
81) 김립명, 앞의 논문, pp. 138~139.

[그림 44] 천리마거리 인공위성 사진

출처: Google, 2006.

[그림 45] 변모된 천리마거리: 인민문화궁전과 현대적인 살림집들

출처: 조선건축사2.

6,060세대의 새살림집을 건설한 큰 규모의 건설이었다(그중 3,000세대가 거리를 향한 살림집에 배치된다). 새로 건설된 살림집은 주로 8층을 기본으로 하면서 10층, 12층, 15층이다. 동시에 여러 가지 상점, 양복점, 식당, 수리소, 특산물 상점, 사진관, 꽃방, 책방을 비롯한 시급봉사시설들을 거리 옆의 다층살림집 아래층에 배치하여 건설하였다. 거리 옆에 인민학교, 중학교, 탁아소, 유치원, 진료소, 가내작업반, 경공업분공장, 밥공장, 김치공장을 비롯한 문화시설과 편의봉사시설이 있는 소구역을 잘 구성하였다.

천리마거리에 건설된 살림집에는 조선 사람의 생활풍속과 감정에 맞는 온돌방으로 되어 있으며 부엌과 위생실은 여러 가지 현대적 시설과 가구를 갖췄다. 천리마거리의 난방체계는 평양시 건설역사에서 처음으로 중앙난방이 전반적으로 적용되었다.

천리마거리의 건설은 평양의 도시계획설계수준과 시공수준을 보여주는 중요한 성과이자 도시건설에서 더욱 빛나는 시대를 창조한 중요한 역사적 이정표로 평가된다.

이후 천리마거리에는 대동강과 보통강유원지 사이의 넓은 공간에 기념비적 창조물인 인민문화궁전, 평양체육관, 창광산여관, 창광원, 빙상관, 청류관과 각기 다른 형태의 세 개 분수공원이 순차적으로 구성됨으로써 천리마거리의 웅장함과 아름다움을 한층 높였다.

(2) 비파거리[82)]

비파거리는 평양 중심부에서 서평양을 연결하는 중요한 간선거리이다. 김일성 탄생 60년을 맞아 진행한 비파거리 건설은 1971년 4월에 시작하여 1972년 4월에 준공되었다.

비파거리의 총길이는 2.8km이다. 여기에는 4,000여 세대의 살림집과 여러 상점, 식당, 양복점, 미용소, 수리소, 진료소, 남새상점, 수산물상점, 도서

---

82) 김립명(1987), 앞의 논문, p. 142.

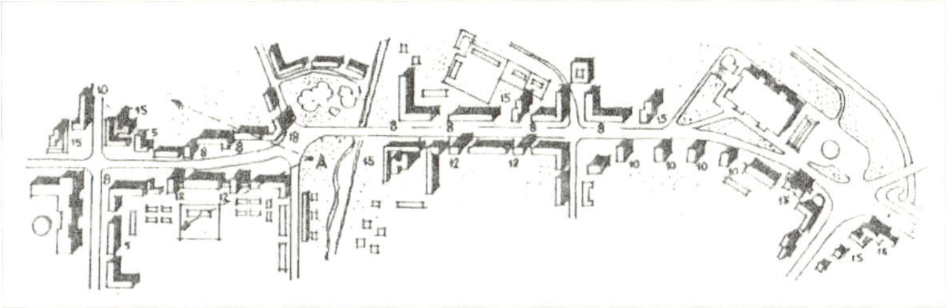

[그림 46] 비파거리 전개부형성도(평면도)

출처: 김립명, 평양시 중심영역 형성이론과 그 빛나는 구현, 건설건재대학 박사학위논문, 1987, p. 142.

[그림 47] 비파거리 인공위성 사진

출처: Google, 2006.

관 등 봉사시설들, 소구역 안에 탁아소, 유치원, 인민학교, 목욕탕 등 문화시설과 편의시설들이 체계적으로 건설되었으며 기념비적 건축물(2.9 문화회관: 6만여 m^2, 조국해방전쟁승리기념관: 5만 2,000m^2, 서평양여관: 18층, 모란봉여관: 16층)이 차례로 건설되었으며 거리에는 하나의 가로공원이 잘 꾸려졌다.

비파거리의 건축형성은 세 부분인데, 서쪽에 있는 낙원다리부터 조국해방

전쟁승리기념관 앞에 있는 교차점까지(혁신거리), 조국해방전쟁승리기념관 앞에 교차점부터 서평양까지, 서평양여관 앞에 흐르는 보통강기슭부터 전승지하철도역까지로 하였다.

비파거리의 동쪽에는 원래 구릉지대였는데 이 거리를 동쪽에 있는 금성거리와 연결시키기 위하여 약 20만 m³의 토량을 처리하였으며, 북쪽의 구릉지대에는 2.8문화회관을 배치하고 남쪽에는 지형에 따라 4동의 10층탑식아파트를 배치하였다. 이렇게 함으로써 비파거리를 금성거리와 연결했을 뿐 아니라 원래 지형조건을 고려하여 토공사량을 최대한으로 축소할 수 있고 건축형성을 지형에 맞게 더 풍부하고 변화 있게 구성하였다.

비파거리의 형성에서 관심을 끄는 것은 이미 건설된 김일성종합대학 정면도로같이 도로너비를 넓게 잡고 건물의 기본층수를 10층으로 거리건축형성 척도를 통이 크게 하여 웅장하고 화려한 면모를 힘 있게 부각한 것이다.

또한 보통강가의 녹지공간과 자연 언덕을 이용하여 아름다운 건축적 윤곽을 형성하게 12, 15, 18층의 다양한 탑식건물과 시설물을 배치하고 중요도로와 사귀는 거리의 축공간에는 2.8문화회관, 조국해방전쟁승리기념관, 18층서평양여관, 15층겹친형건물을 배치하여 거리의 기념성과 웅장성, 다양성을 나타내게 했다.

비파거리의 전반적인 건축형성은 자연지형조건을 잘 고려하였을 뿐 아니라 자연하천(보통강)과 녹지를 잘 결합하여 구성하였다. 이 거리는 보통강과 두 번 교차됨으로써 보통강 안의 자연경치를 거리형성에 유기적으로 이끌어 감으로써 소구역의 생활환경을 잘 창조하는 데 매우 유리한 조건을 주었다.

(3) 낙원거리

낙원거리 건설은 조선로동당 창건 30년을 맞으며 평양시 근로자들과 각 도에서 올라온 건설자의 노력으로 짧은 기간에 완공되었다.

낙원거리는 봉화산 남쪽에 차지하고 동쪽에 있는 비파거리와 연결된다. 낙원거리가 차지한 지대는 해방 전 살기 힘든 진펄지대였다. 당시에 이

[그림 48] 낙원거리 인공위성 사진

출처: Google, 2007.

[그림 49] 낙원거리의 모습

출처: 조선건축사2.

지역은 '적굴동'이라고 불렀다.

1973년 3월 13일 김일성주석이 건설현장에 나가 낙원거리 이름을 명명하였고, 수도시민과 전국의 지원자들이 한 달 만에 시공 준비사업을 마쳤다.

전국적인 지원 속에 건설자들이 연장 3km의 낙원거리에 총건평 26만

m^2(3,400세대) 35동의 살림집(8층 이하: 19동, 10~12층: 10동, 15층: 4동, 19층: 1동, 20층: 1동)을 건설하였으며 낙원영화관을 비롯한 여러 공공문화시설들과 편의봉사시설(총건평 5만 2,000여 m^2)을 함께 건설하였다. 자연지리적 조건을 효과적으로 이용하여 거리의 풍치를 돋울 수 있게 봉화산과 보통강유원지를 녹지띠로 연결하고 서장대 언덕과 도로주변을 잘 녹화하여 하나의 녹지체계를 구성하였다. 또한 거리건축형성에서 주목을 끄는 것은 봉화산과 서장대, 주택지역과 철길이 만나는 낙원입체교차로 주변에 겹친 쌍통 20층 살림집을 배치함으로써 이곳에 낙원거리의 가장 중요한 건축역점이 이루어지게 한 것이다. 보통강역 주변에 거리의 규모에 어울리게 보통강역사를 크게 늘임과 동시에 18층살림집을 배치하고 일정한 거리시점에 15층살림집을 지어 공간깊이를 보장하면서도 입구공간을 두드러지게 한 것이다. 거리의 모든 건물에는 중앙난방이 들어가 있고 조선인민의 생활양식에 맞는 넓은 온돌방과 부엌, 위생실, 목욕탕, 창고, 김장고 들로 한세대살림이 이루어져 있다. 그리 살림집소구역마다에는 탁아소, 유치원, 학교, 진료소가 있고 밥공장, 김치공장, 식량공급소, 식료품상점, 식당, 빨래집, 공업품상점, 수리소를 비롯한 편의봉사건물이 있다.

이처럼 낙원거리는 김일성, 김정일의 주체적인 건축사상에 의해 로동당시대에 화려하게 건설된 거리로서 평양시 서부지대입구형성에서 중요한 의의가 있다.83)

낙원거리의 형성구간은 건물공간과 녹지공간으로 나눌 수 있다. 건물공간 안의 자연지형은 한 면은 비탈로 되었고 다른 한 면은 평지대로 되었다. 녹지공간 안은 남쪽에 조그마한 언덕과 보통강유원지가 있으며 북쪽에는 넓은 보통강유원지 안의 강과 섬들로 아름다운 풍치를 형성하였다.

낙원거리 공간조직에는 이런 자연조건을 충분히 이용하여 다양한 해결수법을 적용하였다.

먼저 건물공간 안에는 한면 비탈에 맞게 계단식 건물부지를 설정하고

83) 김립명, 앞의 논문, p. 143.

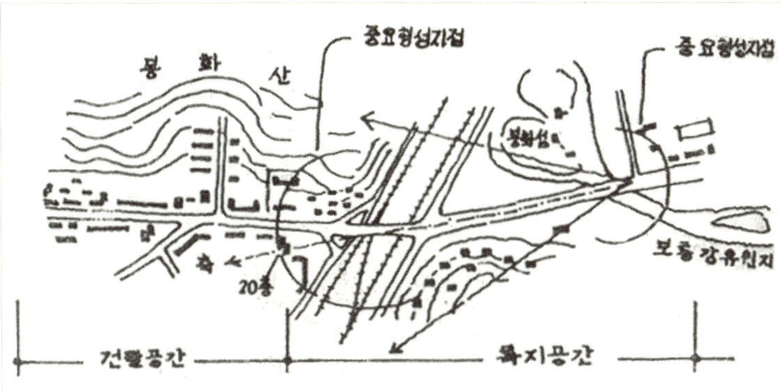

[그림 50] 낙원거리 공간조직도

출처: 김립명, 평양시 중심영역 형성이론과 그 빛나는 구현, 건설건재대학 박사학위논문, 1987, p. 336.

탑식건물을 계단식부지에 엇바꾸어 떼어놓았으며 맞은편에 탑식건물과 다층살림집들을 율동적으로 변화 있게 배치하였다.

다음으로 녹지공간 안에는 보통강의 자연풍치를 최대로 살리기 위해 남쪽에 있는 자그마한 언덕에 소층전원형살림집을 자연지형에 따라 자유롭게 배치하였다. 보통강살림집구획에는 41층의 탑식살림집과 언덕 밑의 나무속에 조선식건물인 수예연구소를 놓았으며 보통강 안의 유원지공간을 될수록 열어주도록 구성하였다. 이리하여 아름다운 보통강유원지의 자연풍치를 거리 양 옆의 건축군과 유기적으로 연결시킴으로써 낙원거리와 비파거리의 중요성지점(낙원거리의 동쪽 입구와 비파거리의 서쪽 입구)의 건축형성을 열린 자연공간의 바탕과 대조하여 더 풍부하고 더 특색 있게 나타내게 하였다. 뿐만 아니라 사람들이 이런 아름다운 열린 공간을 통하여 보통강 안쪽에서 거리의 건축형성을 바라보면 더 깊이 있는 입체적 효과를 받을 수 있도록 하였다.[84)]

84) 김립명, 앞의 논문, p. 336.

[그림 51] 평양시 중심부

출처: 조선건축사2.

(4) 김일성광장

평양 도시계획에 의해 핵심중심부에 김일성광장을 배치한 것은 핵심중심부의 기능을 잘 수행하고 핵심부의 공간형성을 창조하는 데 매우 중요한 작용을 한다.

김일성광장은 여러 가지 정치활동(정치집회, 군중시위, 열병식, 민족적 명절행사, 경축야회, 귀중한 외국손님을 환영하는 행사 등)을 진행할 수 있는 도시중앙광장이며, 도시핵심중심부의 사상성과 기념성의 뜻을 집중적으로 표현한 광장이다. 광장주변에 조선혁명박물관과 미술박물관이 있고 광장공간구성축선의 동쪽에는 주체사상탑이 그리고 서쪽에는 인민대학습당이 있다. 두 개의 강력한 사상성과 인민성을 지닌 기념비적 건축물을 공간구성축선을 통해서 연결함으로써 김일성광장의 기념적 주체와 공간구도의 고조를 더욱 강화하였다.[85]

전반적으로는 대칭구성을 하여 광장의 기념성과 웅장성을 주고 부분적으로 비대칭구성을 하여 형성상 변화를 주고 있다. 김일성광장의 건축형성에서는 광장공간을 만수대분수공원과 대동강유보도 쪽으로 연결함으로써 수

85) 김립명, 앞의 논문, p. 277.

도의 면모에 어울리게 하면서 접근성을 높였다.86)

김일성광장 공간형성에서는 여러 가지 정치활동을 효과적으로 진행할 수 있는 기본요구를 특별히 고려하면서 광장공간형성의 높은 사상성과 웅장성을 강조하기 위하여 엄격한 가로세로축대칭식 공간체계를 적용하였다.

광장공간형성의 모든 구성요소들을 통제할 수 있는 세로축은 광장공간형성에서 강조하는 중심축이 된다. 광장의 웅장성과 기념성은 이런 세로축을 통해 더 강조될 수 있으며, 세로축선에 따라 자리 잡은 구성요소 사이의 연계는 더욱 유기적이고 뚜렷해진다.

김일성광장 공간형성에서 주요한 세로축선을 강조하기 위하여 다음과 같은 공간조직수법을 효과적으로 적용하였다.

먼저 공간조직에서는 건축물들로 공간을 질서 있게 둘러싼 규칙적 공간형태이다. 이런 규칙적 공간형태에는 두 개 보조가로축을 하나의 주요한 세로축과 직각으로 교차시켜 공간체계의 질서를 세움으로써 공간의 명확한 방향성을 확정할 수 있게 하였다. 명확한 방향성이 있는 공간체계는 계획가가 강조하려는 대상에 사람들의 주의력을 최대로 이끌 수 있다. 김일성광장의 서쪽에 자리 잡은 인민대학습당과 동평양 대동강 기슭에 있는 주체사상탑을 광장의 세로축상에 배치함으로써 광장에서 활동을 진행하는 사람들이 광장 공간체계의 명확한 방향에 따라 바라보면 두 건축물에 대한 인상을 더 깊이 받을 수 있게 하였을 뿐 아니라 두 개의 중요한 건축물을 세로축선으로 유기적으로 연결함으로써 광장의 공간구도를 더 웅장하고 더 완전하게 형성하였으며 두 개 중요한 건축물이 지닌는 깊은 사상성과 인민성을 더 강조하였다.

다음으로 광장공간구성에서는 광장공간형성에서 절정을 이루게 될 넓은 공간을 더 강조하기 위하여 좁은 공간을 넓은 공간 앞에 우선적으로 배치하는 수법을 잘 적용하였다. 이런 공간조직수법은 흔히 적용하는 공간대조수법이다. 이런 대조수법을 잘 적용하면 사람들에게 계획 구상에서 강조하려

86) 리수남, 강영환, 김명성, 도시계획, 건설건재대학, 고등교육도서출판사, 1989, p. 197.

[그림 52] 김일성광장 인공위성 사진

출처: Google, 2006.

는 대상공간과 대상건축물에 대하여 더 강한 인상을 줄 수 있다. 김일성광장 동쪽의 조선역사박물관과 미술박물관 사이의 폭은 광장중간의 폭보다 좁게 함으로써 대동강 방향으로 가는 사람들이 먼저 이런 공간을 지나갈 때 축소감을 받고 이 공간을 다 지나가서 동평양 대동강 안쪽을 바라보면 더 넓은 공간감을 이내 받을 수 있다. 이런 좁은 공간과 넓은 공간과의 대조수법을 잘 적용하였기 때문에 대동강 안의 넓은 공간을 바탕으로 한 주체사상탑의 웅장성과 기념성도 더욱 강조되었다. 뿐만 아니라 김일성광장 북쪽 광장과 연결된 좁은 거리공간을 통과하는 사람들도 광장에 들어가서 바라보면 넓은 공간감을 느낄 수 있다. 따라서 광장 서쪽에 자리 잡은 인민대학습당의 웅장성도 더 강하게 표현된다.87)

87) 김립명, 앞의 논문, pp. 329~330.

제6절 결론

사회주의 도시계획의 이론적인 측면에서 도농의 균형발전, 도시규모의 성장억제, 자족계획단의 구성 등 옛 소련의 도시계획 이론은 동유럽과 사회주의 중국과 북한의 도시계획의 기초적 이론으로 향후 북한의 유일사상(주체사장)에 기반한 도시계획이론의 이론적 기초를 형성하였다.

실제 북한은 1950, 60년대는 지역의 균형발전과 산업의 전시를 대비한 지방분산책으로 일부 지방에 대규모 산업도시를 육성하며 평양과 균형발전을 이루어 왔다. 그러나 1970년대의 남부지역의 저발전과 북부지역의 급속한 발전, 나아가 1970년대 후반 남부와 북부지역의 저발전과 평양 위주의 발전으로 기존의 사회주의 평균성장의 틀을 깨고 개발도상국의 성극화 발전 양상을 보였다.

주거지계획 분야에서는 기존의 주택개량과 소규모 살림집건축으로 도시의 새로운 살림집지구(주거지) 건설에 큰 발전을 가져왔다. 평양의 문수거리, 남포 와우도지구, 남청진지구, 원산 동명산지구 등은 소규모의 도시로서 새로운 살림집지구로 건설되었다.

도시설계 분야는 평양의 중심영역에서 특징적으로 볼 수 있다. 북한의 사회제도가 도시의 형성과 성격을 결정한다고 하듯이, 이익 최대화를 위한 도심 고밀개발 때문에 교통, 주거, 환경문제가 나타나는 서방에 반해, 김일성의 유일사상의 부각과 일반 민중을 위한 공간 마련이라는 공간구조를 지향한다.

전체적으로 북한의 국토와 도시계획분야 고찰로 사회주의 이념체계에서 북한의 기본적 도시공간의 변화와 발전 과정을 알아보았으며 앞으로 더 깊이 있는 연구를 위하여 기초적 자료를 분석하였다.

▌부록▐

〈제2장〉 북한의 상하수도 실황에 대하여

– 정인숙(평화통일 탈북인 연합회장, 전 평양시 교량도로 설계실 비서)

1. 지도기관은 어디인가?

정무원 산하에는 따로 지도하는 부서가 없다. 건설은 각 도 직할시 산하 도시건설총국에 시설사업소가 담당하여 진행한다.

경영단체는 중앙의 도시경영성이 맡아 하는데 그 산하에 있는 도시건설총국이 전문적으로 관리, 유지, 보수를 한다. 시 산하 군(구역)에는 상하수도 사업소, 도시경영사업소가 별도로 있는데 상하수도 사업소에는 기술망을, 도시경영사업소에서는 건축물과 기타 토목구조물의 경영을 담당한다.

시, 군(구역)에는 도시경영과가 있는데 여기서는 산하 시설사업소를 지도한다. 평양시를 제외한 기타 시, 군(구역)에는 상하수도 사업소가 따로 있지 않고 시설사업소가 있는데 여기서 관리한다.

2. 교육체계는 어떠한가?

북한에서 고등교육성에 속하는 대학으로 평양건설건재대학(1급 대학으로 중앙대학)과 보통교육성에 속하는 청진건설건재대학(기본은 상하수도전문), 함흥건설건재대학(기본은 건설기계), 평양건설건재대학(건축물, 교량), 청주건설건재대학(철도전문), 평양도시경영대학 들이 있다.

평양건설건재대학에는 도시경영학부가 있는데, 이 학부에 상하수도과가 있다.

상하수도과에는 구조물 건공과, 기술망 전공과로 구분된다.

구조물과에서는 배수지, 수원지, 정화장 등을 비롯한 상하수도 구조물 설계를 담당하고 있다.

기술망 전공에서는 상수도, 하수도, 우수 등으로 기술 시설망 설계를 전공하는데, 여기서는 전기, 체신, 열 난방관 등에 관한 제반 규정과 법 규정에 따라서 배치하되 관경, 구배, 관 재질 등을 설계에 반영한다.

해마다 수십 명의 대학 졸업생들이 과학연구기관, 설계기관, 시공기관 등에 배치 받는다.

청진 건설단과대학에서는 기본적으로 상하수도를 비롯한 기술망 건설과 설계, 운영에 대한 것을 배운다.

3. 상하수도 설계는 어떻게 하는가?

모든 구조물은 일반 토목 건설 구조물과 동일하게 한다. 기술 시설 망들은 각종 규정에 준하되 모든 설계문건 작성 시 다음과 같이 한다.

① 도면목록

② 위치 평면도

③ 종합 평면도

④ 분야별 도면에 따르는 구조도, 배근도, 기술망 배치도

⑤ 기타 등등

종합 평면도는 무조건 최종 심사기관의 비준을 받아야 한다.

이 도면에는 모든 기술망들의 배치와 건물들의 표고, 층고, 면적 등을 한눈에 볼 수 있게 작성되어 있다. 북한에서는 주로 러시아 규정을 많이 참조하였다.

1980년대 들어서는 주체시대에 맞는 건축물과 구조물로 우리식대로 설계 시공하는 데에 대한 김정일의 친필 지시에 따라 많은 부문이 수정 보충되었다. 예를 들면 1980년대 이전까지 설계에서는 우수관이 차도 중심에 배치되었다. 그러나 이곳은 유지 보수에 커다란 지장을 주었다.

북한에서는 새로운 도로를 건설할 때나 보수 정비할 때에는 무조건 모든 운수 수단의 통행을 금지시키고 우회시키는데 이러한 현상은 교통에 커다란 불편을 조성하고 있다. 그 이후로는 우수관도 차도와 보도 사이에 즉 연석으로부터 차도 쪽으로 배치하였다. 그러나 우수관이 함거로 된 경우에는 차도 중심에 배치한다.

도면에는 (우), (상), (오)로 관경과 구배를 표시하며 맨홀을 표시한다.

오수관에는 --오--라고 표시한다.

상수도관은 동결심도 밑에만 묻히면 된다.

상수는 자연수압이 아니라 동력으로 흐름을 조절한다.

그 외 오수나 우수는 관경에 따르는 최대 최소 구배에 맞게 배치하되 각종 기술 시설 망과의 간격은 규정대로 한다. (이에 대해서는 구체적으로 모르겠음)

4. 현황

설계 기준 및 규정에는 상하수도 편에, 계획, 설계, 시공, 예산, 관리운영 등으로 세분화되어 있다.

상하수도는 원래 주철관이 기본이었는데 자재가 없어 강관 심지어 건물내부에는 단접강관까지도 사용되고 있다. 설계에 이렇게 반영하여도 심사 비준된다. 대기오염과 지층의 오염으로 땅속에 있는 관들이 산화되어 녹물이 나오거나 상수가 24시간 흐르지 않는 틈을 타서 관이 구멍 뚫린 속으로 지렁이를 비롯한 기생충이 나올 때가 있다. 이러한 경우에도 보수를 못하고 있는 사정이다.

우수관은 대부분 철근 콘크리트 흄관을 사용하며 평양시 중심가로에는 조립식 철근콘크리트 함거(박스)를 사용한다.

모든 우수는 무조건 평양시에서는 대동강과 보통강으로 흘려보낸다. 공업용 폐수와 생활폐수는 오수정화장에서 정화한 다음 대동강으로 방출한다.

현재 평양에는 오수정화장이 두 개 있는데 이로써는 모든 하수를 다 정화할 능력이 못된다. 결국 대동강 물도 흙탕물이 되었다.

해방 전이나 전후(1960년대)에는 대동강물이 맑아 숭어 떼가 줄지어 다니었고 평양시 중구역 경림동 대동강 변에는 대동강 숭어국집이 있어 흥성거리였는데 현재는 숭어는 전혀 살지 못하고 식당 명칭도 대동강 동태국집으로 바뀌기까지 하였다.

하수 처리 능력이 부족한 데다 남포에 서해갑문을 설치해 놓아 대동강이 담수로 변한 것도 하나의 요인이 된다. 대동강 오염을 막으려고 김일성 교시에 의해 유해물이 나오는 고무공장, 주철관공장, 화학공장, 유리병공장은 지방으로 이주시키게 되었으나 엄청난 비용 때문에 실현되지 못하였다.

보통강은 오염이 더 심하여 어떠한 고기도 살 수 없고, 이를 막기 위해 평양 화력발전소에서 난방용으로 쓰고 회수되는 물을 보통강에 내보내는데 이것을 '보통강 물 환수'라고 한다. 이것으로 오염된 물을 희석시킬 수 없고 보통강 하류에서는 악취가 나서 보트도 탈 수 없다고 한다. 또한 보통강 유원지를 다니는 청춘 남녀들도 마음껏 즐기지 못하고 있다.

– 평양시 상수도 공급은 어떠한가?

본평양과 서평양은 능라도(대동강 중심에 있는 섬으로 현재는 5.1경기장을 포함한 각종 체육문화 오락시설이 있음) 수원지에서 공급되고 동평양 쪽은 녹산수원지(대동강구역 의암동)에서 생산된 물로 주 공급하고 있다.

상수 체계는 다음과 같다.

6층 이상 아파트에는 옥상에 물탱크를 설치하게 되어 있고 이 물로 아침, 저녁 1시간 정도씩 급수하게 되어 있다. 그 이하는 자연 수압으로 공급하게 되어 있다. 아파트 1, 2층까지는 비교적 수돗물이 정상 공급된다. 옥상에 물탱크가 없는 아파트 3~5층에 사는 주민들은 1, 2층에서 물을 길어다 먹는다. 그러므로 물이 나오는 시간이면 아파트 층계에는 어른아이 할 것 없이 양동이를 들고 줄지어 서 있다.

화장실에 있는 욕조는 물 담아 쓰는 용기로 변했다. 이 물로 집안 청소나 화장실 퇴수로 이용한다. 물을 밑층에서 길어다 먹는 세대에서는 적은 양의 생활하수도 버리지 않고 모았다가 화장실 변기에 사용하고 있다. 그러므로 집안에는 악취가 심하다.

단층집에서는 수돗물이 나오지 않아 저마다 부엌바닥에 배근되어 있는 상수도 본관에 구멍을 뚫어 물을 길어 먹다 보니 수도꼭지에는 물이 거의 나오지 않고 있다.

하수체계는 다음과 같다.

평양시내에는 어디나 하수체계가 다 되어 있다. 지방도시에는 도로변에 접한 아파트에만 하수 체계가 되어 있고 기타 단층집에는 침투조(땅을 3m 이상 파고 거기에 삼투 잘되는 막돌, 자갈을 깔고 그 위에는 공간을 두고 뚜껑을 설치한 다음 하수관을 연결해 놓고 천천히 자연스럽게 침투되게 하는 것)를 사용하는데 2~3년에 1회씩 밑바닥을 청소하는데 큰 공사이다. 만일 제때에 씻어내지 않으면 하수도가 월류되어 집에서 악취가 날 때도 있다.

우수체계는 다음과 같다.

평양시와 지방 도시의 중심에는 우수함을 통해 우수관으로 빗물이 흘러들어 지정된 하천에 방류된다. 단층집에서는 이러한 시설이 없이 빗물이 자연발생적으로 흘러 하천으로 가는데 표고가 낮은 지대에 사는 주민들은 비만 오면 온 가족이 떨쳐나서 빗물을 막기 위한 고역을 치르며 살고 있다.

그러나 물이 잘 안 나오는 아파트에서는 비만 오면 수채통에서 나오는 빗물을 모든 용기에 받아다가 청소나 화장실에서 쓰고 있다. 상수도 체계가 없는 외진 마을에서는 펌프와 우물을 사용하기도 한다.

상수도 요금은 일률적으로 물고 있다. 그러나 이 값은 월급에 비해 매우 적은 양이다.

지금 북한에서는 월급은 거의 주지 않고 채권 달아놓듯 하면서도 나오지 않는 상수도 요금은 매번 정확히 징수해 가기 때문에 의견이 대단히 많다. 심지어 전기 사용료, 상수도요금도 채권처럼 달아놓자고 하는 현상까지 일부 지역에서 나오고 있다.

* 그 어떤 경우를 막론하고 모든 것은 국가가 책임지고 관리 운영한다. 개인적으로서는 아무것도 할 수 없다.

〈제6장〉 도시계획 · 설계 관련 북한어 정리

북한어	설명
ㄱ	
가로자름면	횡단면
가로타다	길 따위를 가로질러 가다
가지물길	줄기 물길에서 갈라진 물길
각이하다	각기 다름
간살, 칸살	일정한 간격으로 어떤 건물이나 물건에 사이를 갈라서 나누는 살. 사이를 띄운 거리
강철구조(鋼鐵構造)	강철구조(鋼鐵構造)
거님길	산책로
건늠길	횡단보도
건물묶음	단지
건설촌(建設村)	건설이 집중적으로 진행되고 있는 지역
건설총계획	건설종합계획, 마스터플랜
걸음길 사이록지	보도와 보도사이의 녹지대
건축용지(建築用地)	건축지(建築地)
건축형성	건축계획설계, 건축디자인
꺾어진 골목형	후프형(Hoop type)
꺾음식 살림집	하나의 아파트 단위동이 꺾여서 배치된 평면
계단형 살림집	상층부가 계단식으로 만들어진 아파트
고등중학교	중· 고등학교를 한 과정으로 묶은 교육과정의 학교
고루널린짐	등분포하중
관통홀	상하층을 오픈시킨 통층, 홀 상부의 보이드(void)된 부분을 말함
구획공간체계	계획공간체계
기발형살림집	아파트의 상층부가 위로 계단처럼 갈수록 뒤로 물러난 형태
기술설계서(技術設計書)	실시설계도(實施設計圖)
ㄴ	
내민대, 펀펀대(--臺)	테라스

내민퇴	발코니
ㄷ	
다락밭	계단밭
다리밑공간한계(---空間限界)	다리 밑 공간
다층살림집	4층 이상으로 지은 살림집≒다층주택
달린다리	현수교
두방세대	방의 숫자를 기준으로 부르는 붙인 명칭인데 평면에서 방 2개에 부엌, 간단한 수납공간으로 계획된 아파트 또는 주택
띠형주택	판상주거
ㄹ	
라선형층대(螺旋形層臺)	나선 계단(螺旋階段)
련결부	전개구간
로대	테라스, 발코니
로대형계단식살림집	경사지 테라스하우스
로대형 살림집	위로 갈수록 뒤로 물려 아래층 옥상을 윗층 테라스로 사용하는 주거형태로서 테라스하우스와 같은 것. 경사지 테라스하우스
립체교(立體橋), 립체다리(立體--)	입체교차로(立體交叉路)
ㅁ	
막다른 골목형	쿨데삭(Cul-de-sac)
만장층	경사지붕의 밑 부분 층
모란봉경기장	오늘 김일성경기장
무지개식	아치식
묶음식살림집	아파트 단위 동을 서로 연결시킨 배치
물놀이장	수영장
물면공간	수면공간
물모임우물	집수정(集水井)
물속다리	잠수교(潛水橋)
ㅂ	
바닥그림	평면도

바람하중	풍하중(風荷重)
반다리	폭이 좁은 도로에서 규정된 너비를 확보하기 위하여 길옆에 덧달아 건설하는 다리
방별거주형 살림집	부엌은 공동으로 사용하고 방은 가구마다 별도로 나누어 쓰는 주거 형태
병풍식살림집	아파트 동 건물이 약간 휘어져 배치된 모양
보임-	시각적→ 보임특성, 보임효과
복합공간(複合空間)	복합건물
봉사건물	관리사무실, 상점 등 편의시설을 말함
분기되다	나뉘어서 갈라짐
비탈길	경사로
ㅅ	
사귐점	교차점
살림집	주택살림집과 일상생활에 필요한 봉사 시설이 충분히 갖추어진 도시 주거 지역 구성의 기본 단위. 탁아소, 유치원, 학교, 세탁소, 목욕탕, 밥 공장, 김치 공장, 수리소 따위의 여러 편의 시설을 갖추고 있다
살림집아래층봉사	주택단지 저층상업시설
삼치집(三--)	ㄷ자집
상원선거리	오늘 새살림거리
세로자름면	종단면
섹찌야형 아파트	'섹찌야(Sekciya)'는 러시아어로 '부분'이란 의미이다. 섹찌야형 아파트는 하나의 현관에 2~3개의 주거가 묶여지는 홀형과 같은 것인데 이 홀형이 5~6개가 연결되는 형도 있다. 하나의 작은 홀형인 경우 '독립섹찌야형,' 홀이 길에 이어져 복도형일 경우 '외랑섹찌야형'이라 한다.1)
소리막이벽	방음벽
소철길	협궤
수역공간	수공간
쓰딸린거리	오늘 승리거리
ㅇ	
아빠트	아파트
안공간	내부공간

어김형살림집	아파트 주거동이 'ㄴㄱ'자 모양으로 어긋나게 계획된 형태
여러층건물	다층건물
외랑형 주택, 바깥복도식 주택	복도를 밖으로 배치한 편복도형 주택. 한쪽복도형
유보도	오솔길
위생실	화장실 또는 욕실 겸 화장실.
음폐	숨은 곳
인민군거리	오늘 버드나무거리
인민학교	초등학교
인입시키다	끌어오다
일등강산	명승지
일떠서다	건축물 따위가 건설되어 땅 위에 솟다
일자형살림집	판상주거
일조격리거리	인동간격
ㅈ	
짝지바리형살림집	건물의 평면이 'Y'자 모양으로 된 살림집
적용설계(適用設計)	건설 입지 조건에 맞추어 보충하거나 개조하여 만든 설계
전람관	전시장
전원형살림집	전원주택
절충식공원(折衷式公園)	혼합식공원
정양소(靜養所)	휴양소(休養所)
젖힘다리	도개교(跳開橋)
주석단	로열박스
직선형살림집	판상형 아파트 또는 판상형 연립주택
짐	하중
ㅊ	
차도통과식살림집	필로티형구조 주택
차길과 걸음길사이록지	차도와 보도 사이의 녹지대
차길중심축록지	차도 가운데 설치된 녹지대

착각현상	착시현상
ㅌ	
탑건물, 탑식건물	탑을 이룬 건물
탑형살림집, 탑식살림집	타워형 아파트
톱날형살림집	아파트주거동이 '⊔⊓'자 모양으로 길게 이어진 형태
통방주택	공장에서 제작된 방을 아파트 현장에서 조립해 만드는 공업화 주택의 일종. 거실,안방, 부엌, 화장실 등 유닛화된 각종 실을 현장에서 조립하여 주거단위로 만들고 이것을 상하좌우로 조립해 공동주택이 된다[2]
통집	원룸 아파트
퇴칸	아파트에서는 바란다, 단독주택에서는 방 앞에 있는 퇴를 말함
ㅎ	
한 살림이층집	한 세대가 위아래층을 쓰는 이층 살림집. 농촌지역 연립주택에서 주로 채택
한쪽복도형	아파트에서 한쪽 편으로 복도를 둔 측복도형 또는 편복도형을 말함
해맞이칸	베란다
호상관계	상호관계
홍예문(虹霓門)	무지개문

1) 이왕기, 북한건축 또 하나의 우리 모습, (주)서울포럼, 2000.

2) 이왕기, 위의 책.

참고문헌

〈제2장〉

건설교통부, 수자원장기종합계획, 2001.7.
건설교통부, 치수사업 중장기계획 수립연구, 2000.1.
김정인, 북한의 물 관리 현황과 국제 환경협력 전망, 2002.
김진수, 남북한 환경 분야 협력 사업의 현황과 문제점, pp. 6~8, 2001.
민족통일연구원, 남북한 환경분야 교류, 협력 방안 연구: 다자적, 양자적 접근, 1996.
박희경 등, 북한수도사업 참여를 위한 제언, 물 산업동향 Vol. 4 pp. 30~44, 2005.8.
법제처, 수도법, 2001.3.
변병설, 통일시대에 대비한 국토환경관리 방안, 한국환경정책 평가연구원, 2001.
장재연, 북한의 물과 환경문제, 황해문화 2005 겨울호, pp. 294~310, 2005.12.
정회성, 남북 경제협력의 전망과 환경문제, 2000.
정회성, 북한의 환경문제와 남북환경협력의 추진방안, 한국환경기술개발원, 1996.
한국수자원공사, 북한수도현황조사연구, 대한상하수도학회, 2005.
한무영의 물이야기, UPKOREA.NET, http://www.upkorea.net
UNEP-SNU 빗물연구센터, 제3회 빗물 모으기 국제 워크샵, 2003.10.

〈제3장〉

김경술, 손기웅, 강광규, 통일한국시대를 대비한 남북환경협력 활성화 전략 연구, 에너지경제연구원, 2002.
김광규 외 6인, 남북 환경 및 에너지 협력 활성화와 전략 연구 I, 한국정책평가연구원, 에너지경제연구원, 통일연구원, 2002.
김정인, 남북환경포럼 자료집, 제 5장 북한의 물 관리와 환경협력 전망: 두만강

유역진단 분석(TDA)을 중심으로, 한국정책평가연구원, 2002.
남북민간과학기술교류추진협의회, 북한의 과학기술에 관한 조사연구 보고서 II~II, 한국과학기술단체총연합회, 1992.
내외통신 9812호, 1995.
리우의 UNCED에 제출한 북한의 국가환경보고서, 1992.
세계일보, 1992.8.12.
손기웅, 북한의 환경파괴 실태와 환경정책현황, 환경과 생명, 36~47, 1995.
______, 북한환경관련 기초연구, 통일부, 2003.
정회성, 강광규, 강철구, 북한의 환경문제와 통일한국의 환경정책방향, KETRI/1996/RE-14연구보고서, 한국환경기술개발원, 1996.
정회성, 북한의 환경문제와 남북환경협력의 추진방안, 한국환경기술개발원 RE-12, 연구보고서, 1995.
중앙일보, 1993.9.10.
Environmental Quality Survey for KEDO Nuclear Power Station 1, 2. Final Report. Environmental Planning Institute Graduate School of Environmental Studies. Seoul National University, 1998.

그 밖에 인용하지 않았으나 참고한 문헌

강광규 외, 남북한 환경포럼, KEI, 2004.
김태구, 동서독 환경통합과 그 교훈, 환경과 생명, pp. 71~83, 1995.
남북민간과학기술교류추진협의회, 북한의 과학기술에 관한 조사연구 보고서 II-II, 한국과학기술단체총연합회, 1992.
박수혁, 독일 통일과 환경문제, 남북한 환경공동체를 위한 협력방안 세미나 주제발표, 한국환경기술개발원, 1995.
손기웅, 북한환경관련 기초연구, 통일부, 2003.
정회성 외, 북한의 환경문제와 통일한국의 환경정책방향, KETRI/1996/RE-14연구보고서, 한국환경기술개발원, 1996.
______, 남북한 환경실태 및 협력방안, 남북한 환경공동체를 위한 협력방안 세미나 주제발표, 한국환경기술개발원, 1995.

______, 북한의 환경실태와 통일시대의 환경정책과제, 통일환경정책 집담회 자료, 서울, 2003.
UNEP, DPR KOREA: State of the Environment 2003.

〈제4장〉

단행본

강광규, 김미숙, 남북환경포럼: 자료집, 한국환경정책평가연구원, 2002.
강광규 외, 남북 환경 및 에너지 협력 활성화전략 연구 I, KEI, 2002.12.
서울시, 2005년 6월 대기오염도 현황, 2005.
손기웅, 북한환경관련 기초연구, 통일부, 2003.
연합뉴스, 북한연감2005, 2005.
이상준, 이성수, 안형도, 조명철, 이홍식, 홍익표, 이종운, 김종혁, 방호경, 남북경제통합에 대비한 북한 주요 도시의 산업발전 방향과 남북협력 방안, 국토연구원, 2004.
장재연, 북한의 환경, 서울: 아주남북한보건의료연구소, 2005.
정용승, 북한의 기상과 대기환경 자료 조사, 한국과학기술단체총연합회, 1992.
정회성, 강광규, 강철구, 북한의 환경문제와 통일한국의 환경정책방향, 한국환경기술개발원, 1996.
정회성, 북한의 환경문제와 남북환경협력의 추진방안, 한국환경기술개발원, 1995.
______, 환경친화적 남북경협사업 추진 방안에 관한 연구, 한국환경정책·평가연구원, 2003.
조광명, 대기오염, 청문각, 1999, p. 556.
조선민주주의인민공화국 법전(대중용), 법률출판사, 2004.
최철영, 북한과 베트남의 환경보호법제 비교연구, 한국법제연구원, 1999.
평화문제연구소, 조선향토대백과 1: 평양시, 서울: 평화문제연구소, 2003.
한국과학기술단체총연합회 편, 남북의 과학기술에 관한 조사연구 보고서 II-II, 1992.12.

한국산업은행, 북한의 산업, 2005.

환경부, 2007환경백서, 2007.

Kim Jung-Wk, Environmental Quality Survey for KEDO Nuclear Power Station 1,2 – Final Report, Environmental Planning Institute Seoul National University, 1998.

UNEP, DPR Korea: State of the Environment 2003, 2003.

논문

곽승준, 조승국, 북한의 대기오염발생량 추정 – OLS 모형 및 벡터자기회귀모형을 이용하여, 경제학연, 제47집 제4호, 1999.

김강녕, 남북한의 환경문제와 환경정책, 국제정치논총, 제34집 1호, 1994.

김영재, 북한의 환경실태와 환경정책, 한국정치외교사논, 제21집 1호, 1999, pp. 376～380.

김정인, 박창원, 북한의 환경오염 현황과 오염배출량 추정에 관한 연구: 대기오염을 중심으로, 자원경제학회지, 1997.

려충명, 박영순, 기상조건에 따른 대기오염물질들의 분포상태, 〈기상과 수문〉, 농업출판사, 1999년 제3호, 루계 제317호, pp. 32～33.

리성란, 환경오염방지사업을 현명하게 이끄신 위대한 령도, 〈기상과 수문〉, 농업출판사, 1999년 제1호, 루계 제315호, 1999, pp. 5～7.

박송동, 북한의 환경 실태와 장단기 과제, 통일경제, 1997.

박수혁, 독일 통일과 환경문제, 남·북한 환경공동체를 위한 협력방안, 한국환경기술개발원, 1995.

손기웅, 북한의 환경정책과 환경상태, 국제정치논총, 제35집 2호, 1995.

이상환, 북한의 환경오염문제 해결을 위한 동북아 협력방안, 21세기 정치학회보, 제12집 2호, 2002.

정우진, 북한의 에너지 실태, 서울대학교 환경집담회 발표자료, 2004.

진상문, 북한의 환경문제와 남북환경협력의 추진방안, 연세대학교 경제대학원, 1999.

최세현, 북한의 환경실태와 환경정책, 농업정책연구, 1996.

Kim Jung-Wk et al., Greenhouse Gas Reduction Potential for South Korea, 환경논총, 41, pp. 99~120, 2003.

〈제5장〉

강광규, 김경술, 손기웅, 정회성, 이창희, 김미숙, 남북 환경 및 에너지협력 활성화 전략 연구, 한국환경정책·평가연구원, 2002.

강옹룡, 환경관리계획 작성에서 나서는 몇 가지 문제, 지리과학, 북한, 1: pp. 11~13, 1997.

김영재, 북한의 환경실태와 환경정책, 한국정치외교사논총, 21: pp. 373~405, 1999.

김정민, 북한의 후진형 환경오염과 주민들의 열악한 환경의식, 북한 278: pp. 76~87, 1995.

김정인, 북한의 환경정책 변화와 국제협력 협안, 민족발전연구, 9~10: pp. 177~202, 2004.

김철만, 열린 운수문제를 이용한 도시오물 최량관리방법에 관한 연구, 김일성종합대학학보, 북한, 49(2): pp. 161~165, 2003.

남성욱, 북한의 수산업 실태와 향후 남북 수산협력 방안, 남북 수산협력에 관한 세미나, pp. 21~75, 2001.

내외통신, 내외통신 종합판 58, pp. 242~243, 1995.

내외통신, 환경 보호 잘 되고 있는가, 내외통신 주간판, 제1101호, 1998.3.19.

류준명, 김석중, 디옥신에 의한 환경오염과 그 예방, 예방의학, 북한, 2: pp. 48~50, 2004.

리봉락, 김철만, 폐기물의 자원화에 기초한 환경보호 계획작성에서 제기되는 몇 가지 문제, 지리과학, 북한, 3: pp. 40~42, 1992.

박상철, 김창규, 북한의 환경보호관계법제, 한국법제연구원, 1995.

박수혁, 북한의 환경법과 남북한 환경협력, 통일논총, 20: pp. 73~92, 2001.

박창석, 북한 농촌지역의 환경오염에 대응한 환경친화적 농촌마을 개발방향 연구, 남북회담사무국, pp. 64~118, 2001.

박호영, 공업생산이 자연환경변화에 미치는 영향평가방법에 대하여, 지리과학, 북한, 4: pp. 23~25, 1990.

정회성, 강광규, 강철구, 북한의 환경문제와 통일한국의 환경정책방향, 한국환경기술개발원, 1996.

최선화, 북한의 환경오염 실태와 환경정책, 농어촌과 환경, 제69호, 2000.

통계청, 통계로 본 남북한의 모습, 2005.

통계청, 남북한 경제사회상 비교 2006, 2006.

통일원, 북한개요: 2000, 통일원 정보분석실, 2000.

한국언론인협회, 북한경제연감 2002, 한국언론인협회 편집부, 2002.

환경부(역), 북한 국가환경상태 보고서 2003, DPR Korea: State of the Environment 2003, UNEP, 2004.

환경부, 폐기물 관리법 해설, 2004.8.11.

홈페이지

경향신문: http://www.khan.co.kr/. 2001.12.2.

국가정보원: http://www.nis.go.kr/.

동아일보: http://www.donga.com/. 2000.7.27.

미국 중앙정보국(CIA):
http://www.cia.gov/library/publications/the~world~factbook/

서울신문: http://www.seoul.co.kr/. 1998.3.23.

산업자원부: http://www.mocie.go.kr/.

에너지경제연구원: http://www.keei.re.kr/.

조선일보: http://www.chosun.com/. 1995.5.19.

통계청: http://www.nso.go.kr/.

통일부: http://www.unikorea.go.kr/.

한국은행 북한경제자료: http://www.bok.or.kr/index.jsp.

행정자치부: http://www.mogaha.go.kr/.

환경부: http://www.me.go.kr/.

〈제6장〉

단행본

김경호, 통일한국을 위한 북한연구, 세종출판사, 2000.

리수남, 강영환, 김명성, 도시계획, 건설건재대학, 고등교육도서출판사, 1989.

리화선, 조선건축사2, 과학백과사전종합출판사, 1989.

북한연구학회, 분단 반세기 북한 연구사, 한울아카데미, 1999.

염형민, 북한의 국토개발: 도시와 교통을 중심으로, 공보처, 1994.

윤기관 외, 현대북한의 이해, 법문사, 2004.

윤여운, 키워드로 읽는 북한경제, 비봉출판사, 2003.

윤혜정, 장성수, 통일시대 국토개발의 방향, 태림문화사, 1997.

이왕기, 북한건축, 또 하나의 우리모습, (주)서울포럼, 2000.

최종고, 북한법, 박영사, 1996.

한국토지공사, 통일과 토지정책, 한국토지공사, 1997.

한번조, 공원속의 도시 평양, 조선화보사, 2002.

조선민주주의 인민공화국 도시경영법, 사회과학출판사, 1993.

논문

강부구, 남북한 도시 관련 법규의 비교연구, 서울시립대대학원 석사학위논문, 2003.

강영원, 북한지역의 토지관리 현황과 통일 후 토지정책과제에 관한 연구, 서울시립대도시과학대학원 석사학위논문, 2000.

김기덕, 북한 도시개발에 관한 연구, 건국대 행정대학원 석사학위논문, 1996.

김남일, 북한의 개혁 개방정책에 따른 북한지역 도시개발의 정책방향에 관한 연구, 한양대 도시대학원 석사학위논문, 2003.

김립명, 평양시 중심영역 형성이론과 그 빛나는 구현, 건설건재대학 박사학위논문, 1987.

김병국, 북한의 도시정책에 관한 연구, 건국대 행정대학원 석사학위논문, 1982.

김진선, 사회주의 국가의 도시계획에 관한 연구, 건국대 행정대학원 석사학위논문, 1998.
김현수, 북한의 도시계획에 관한 연구, 서울대대학원 박사학위논문, 1994.
송신배, 북한 도시체계에 관한 연구: 대외개방에 따른 도시체계발전 전망, 시립대대학원 석사학위논문, 2002.
신희룡, 통일을 대비한 국토개발계획에 관한 연구, 경기대 행정대학원 석사학위논문, 1998.
양승희, 통일 후 북한 토지관리방안 및 지적의 역할, 대구대 사회개발대학원 석사학위논문, 1998.
이종렬, 통일 후의 북한 토지소유제도에 관한 연구, 동의대 행정대학원 석사학위논문, 1997.
최완규, 북한 도시의 형성과 발전: 청진, 신의주, 혜산, 경남대학교 극동문제연구소 북한연구 시리즈 21, 2004.
최장근, 남북통일 이후 토지정책에 관한 연구: 북한토지 사유화를 중심으로, 한남대 지역개발대학원 석사학위논문, 1996.
하경준, 북한의 도시규모분포에 관한 연구, 서울대 환경대학원 석사학위논문, 1988.

정기간행물

강부구, 김창석, 북한의 도시관련법규에 관한 연구, 대한국토도시계획학회 추계학술대회 논문집, 2002.
고일동, 정회성, 남북한 환경공동체를 위한 협력방안, 국토와 건설: v. 135, 1995.
김동찬, 김광래, 안봉원, 서주환, 김신원, 북한의 도시광장 및 거리형성에 관한 연구, 국토계획: v. 30, n. 6, 1995.
김원, 기획논단: 북한의 도시계획, 북한, v. 229, pp. 121～135, 1991.
김현수, 체제변화에 따른 북한도시의 변화, 통일과 국토: 여름호, 2001.
______, 개방·개혁에 따른 북한도시의 공간구조변화전망, 국토계획, v. 35, n. 4, 2000.
______, 오늘의 북한: 북한의 도시계획과 그 변화, 북한, v. 282, 1995.
배병일, 북한의 토지개혁과 토지소유권 변천과정, 통일과 국토: 겨울호, 2001.

서우석, 통일 후 북한지역의 주택공급체제, 대한국토도시계획학회 추계학술대회 논문집, 2000.
송신배, 이영웅, 북한 도시체계에 관한 연구– 대외개방에 따른 외향적 도시체계 발전 전망, 대한국토도시계획학회 추계학술대회(2001.10), 2001.
양지청, 국토, 통일 그리고 동북아, 국토계획, v. 38, n. 2, 2003.
이상준, 경제체제 변혁에 따른 북한의 도시성장 전망에 관한 연구, 국토계획, v. 35, n. 4, 2001.
이상진, 초점: 남,북한 도시개발의 과제, 도시문제:, v. 36, n. 387, pp. 72~, 2001.
이왕기, 사회주의 모범도시를 향한 평양의 도시계획과 개발, 대한국토도시계획학회 추계학술대회 논문집, 2000.
이용범, 북한의 토지이용제도, 통일과 국토: 겨울호, 2001.
이원준, 북한의 토지 및 재산소유제도와 주거실태에 관한 연구– 통제적 경제생활을 중심으로, 부동산정책연구 v. 1(1991.6), 1991.
조진철, 북한의 도시 및 지역계획(1945~1998), 국토계획, v. 36, n. 4, 2001.
주종원, 김현수, 류영욱, 북한국토 및 도시설계 연구, 국토계획, v. 29, n. 4, 1994.
주종원, 김현수, 북한의 주거지계획에 관한 연구, 국토계획, v. 28, n. 3, 1993.
최상철, 통일 후 북한지역에서의 토지소유 및 이용에 관한 연구, 환경논총, n. 36, 1998.
통일부, 북한 및 통일관련 논문집 제1~5권, 2001.
허재완, 북한의 국토개발 현황과 특성, 통일과 국토, v. 1, 2000.

보고서

김원배, 북한의 개방개혁과 공간구조 변화전망, 국토연구원, 1995.
변병설, 윤갑식, 통일시대에 대비한 국토환경관리 방안, 환경정책평가연구원, 2001.
이상준, 체제전환국의 도시발전과 북한에 대한 시사점, 국토연구원, 2001.
이상준 외, 통일독일의 지역개발경험과 북한의 지역개발 과제, 국토연구원, 2000.
이현, 강운산, 북한의 건설제도 조사연구, 한국건설산업연구원, 1998.

정회성, 북한의 환경문제와 통일한국의 환경정책방향, 한국환경기술개발원, 1996.

한국토지공사 기술연구소, 남북 교류확대에 대응한 한국토지개발공사의 역할, 한국토지개발공사, 1992.

찾아보기

Abstract

A Comparative Study on Environmental Policy in South and North Koreas, volume 2

Kim, Jung-Wk, Han, MooYoung, Lee, DongSoo, Park, Soonae, Kim, Ki-Ho

This study compares the policies and states of the environment of South and North Korea in the field of water resources, water supply and wastewater systems, water quality, air quality, solid wastes, and urban planning, using limited data scattered around the world and surveys and measurements in some areas of North Korea, to seek a vision for an environmental policy for a unified Korea. North Korea claimed it completed its water supply and sewer system in the early 1970's, but due to economic and electricity failure, the water systems collapsed, necessitating the need for cooperation in water resources such as in rainwater harvesting. The water and air qualities of Pyongyang and some rural areas measured turned out to be much cleaner than those of South Korea. Future economic development in North Korea must accompany elaborate environmental impact assessment, environmental planning and monitoring. North Korea does not seem to experience any serious solid wastes problems and practices recycling fairly well, but effective measures should be established to prevent the import of toxic wastes from abroad and to treat industrial wastes. North Korea developed a land use system aimed at the balanced development between cities and countries, urban sprawl control and the self-sufficiency of communities. In order to maintain environmentally-friendly and efficient land use after unification, further in-depth researches are needed.

| 저자 약력 |

김정욱(金丁勖), Kim, Jung-Wk

서울대학교 학사(토목공학)
University of Rhode Island 석사(환경공학)
The University of Texas at Austin 박사(환경공학)
현, 서울대학교 환경대학원 교수
물포럼 코리아 이사장
에너지나눔과 평화 이사장
아시아태평양환경회의 사무총장

· 저서
『자연과학』, 생능출판사, 1997(공저)
『새천년환경위기와 생존대안』, 푸른미디어, 2000
『에너지혁명: 21세기 한국의 에너지환경전략』, 매일경제신문사, 2004(공저)

한무영(韓武榮), Han, MooYoung

서울대학교 학사, 석사(토목공학)
The University of Texas at Austin 박사(토목환경공학)
서울대학교 빗물연구센터 소장
한국빗물모으기 운동본부 회장
현, 서울대학교 건설환경공학부 교수

· 역서
『정수장 최적설계 및 유지관리』, 대한상하수도학회, 2003
『빗물이용 지구사랑』, 대한상하수도학회, 2001
『하수와 우수의 관리를 위한 환경친화적 기술』, 대한상하수도학회, 2003
『WHO 음용수 수질 가이드라인』, 대한상하수도학회, 2000

이동수(李順炯), Lee, DongSoo

서울대학교 학사, 석사(화학공학)
The University of Texas at Austin 박사(환경공학)
현, 서울대학교 환경대학원 환경계획학과 교수

· 저서
『환경학교』, 도서출판 따님, 1994
『땅과 한국인의 삶』, 나남출판, 1998

Emission, Contamination and Exposure, Fate and Transport, and National Strategy of Persistent Organic Pollutants in South Korea. In: Persistent Organic Pollutants in Asia, Elsevier, UK, 2007.

박순애(朴順愛), Park, Soonae

연세대학교 학사, 석사, 미국 미시간대학교 박사(행정학)
서울시정개발연구원 부연구위원
환경정책학회 이사
환경부 자체평가위원
현, 서울대학교 행정대학원 부교수

· 저서
『지속가능한 사회이야기』, 법문사, 2008(공저)
『국가운영시스템: 과제와 전략』, 나남, 2008 (공저)
『행정학의 주요이론』, 법문사, 2006(공저)

김기호(金基浩) Kim, Ki-Ho

서울대학교 공과대학 건축학과 학사, 석사
미국 미네소타 대학 석사(건축학)
미네아폴리스시, 세인트루이스팍시 도시설계 Project Architect
한국도시건축연구원(도건연)운영위원장
감사원 명예감사관
서울대학교-MIT International Urban Design and Architecture Studio Organizer
「서울대학교 환경대학원 도시·환경고위정책과정: CEO 환경경영포럼」, 주임교수
현, 서울대학교 환경대학원 원장

· 저서
『도시의 생명력 그린웨이』, 랜덤하우스중앙, 2006

서울대학교 통일학 연구총서 5

남북한 환경정책 비교연구 2

저자 김정욱 · 한무영 · 이동수 · 박순애 · 김기호

2008년 12월 25일 초판 제1쇄 인쇄
2008년 12월 30일 초판 제1쇄 발행

발행인 이장무
발행처 서울대학교출판부
151-742 서울시 관악구 관악로 599
마케팅과 02-889-4424, 02-880-7995
Fax 02-888-4148
E-mail snubook@snu.ac.kr
Home-page http://www.snupress.com

출판등록 제15-3호

ISBN 978-89-521-0967-5 94340
978-89-521-0965-1 (세트)

값 13,000원